企业级卓越人才培养解决方案"十三五"规划教材

# 基于工业互联网的工程实践创新

## ——智慧工厂中央管理系统开发

天津滨海迅腾科技集团有限公司　主编

南开大学出版社

天　津

**图书在版编目 (CIP) 数据**

基于工业互联网的工程实践创新:智慧工厂中央管理系统开发 / 天津滨海迅腾科技集团有限公司主编 . —天津:南开大学出版社,2018.7

ISBN 978-7-310-05605-7

Ⅰ.①基… Ⅱ.①天… Ⅲ.①制造工业－工业企业管理－管理信息系统－研究 Ⅳ.①F407.406.14

中国版本图书馆 CIP 数据核字(2018)第 117076 号

主 编 王新强 刘 坤

副主编 高冬冬 张启才 靳启健 刘 涛 李树真

**南开大学出版社出版发行**

出版人:刘运峰

地址:天津市南开区卫津路 94 号 邮政编码:300071

营销部电话:(022)23508339 23500755

营销部传真:(022)23508542 邮购部电话:(022)23502200

\*

唐山鼎瑞印刷有限公司印刷

全国各地新华书店经销

\*

2018 年 7 月第 1 版 2018 年 7 月第 1 次印刷

260×185 毫米 16 开本 16 印张 399 千字

定价:52.00 元

如遇图书印装质量问题,请与本社营销部联系调换,电话:(022)23507125

# 企业级卓越人才培养解决方案"十三五"规划教材
## 编写委员会

# 企业级卓越人才培养解决方案简介

企业级卓越人才培养解决方案(以下简称"解决方案")是面向我国职业教育量身定制的应用型、技术技能型人才培养解决方案,以教育部-滨海迅腾科技集团产学合作协同育人项目为依托,依靠集团研发实力,联合国内职业教育领域相关政策研究机构、行业、企业、职业院校共同研究与实践的科研成果。本解决方案坚持"创新校企融合协同育人,推进校企合作模式改革"的宗旨,消化吸收德国"双元制"应用型人才培养模式,深入践行"基于工作过程"的技术技能型人才培养,设立工程实践创新培养的企业化培养解决方案。在服务国家战略,京津冀教育协同发展、中国制造2025(工业信息化)等领域培养不同层次的技术技能人才,为推进我国实现教育现代化发挥积极作用。

该解决方案由"初、中、高级工程师"三个阶段构成,包含技术技能人才培养方案、专业教程、课程标准、数字资源包(标准课程包、企业项目包)、考评体系、认证体系、教学管理体系、就业管理体系等于一体。采用校企融合、产学融合、师资融合的模式在高校内共建大数据学院、虚拟现实技术学院、电子商务学院、艺术设计学院、互联网学院、软件学院、智慧物流学院、智能制造学院、工程师培养基地的方式,开展"卓越工程师培养计划",开设系列"卓越工程师班","将企业人才需求标准、工作流程、研发项目、考评体系、一线工程师、准职业人才培养体系、企业管理体系引进课堂",充分发挥校企双方特长,推动校企、校际合作,促进区域优质资源共建共享,实现卓越人才培养目标,达到企业人才培养及招录的标准。本解决方案已在全国近几十所高校开始实施,目前已形成企业、高校、学生三方共赢格局。未来三年将在100所以上高校实施,实现每年培养学生规模达到五万人以上。

天津滨海迅腾科技集团有限公司创建于2008年,是以IT产业为主导的高科技企业集团。集团业务范围已覆盖信息化集成、软件研发、职业教育、电子商务、互联网服务、生物科技、健康产业、日化产业等。集团以产业为背景,与高校共同开展产教融合、校企合作,培养了一批批互联网行业应用型技术人才,并吸纳大批毕业生加入集团,打造了以博士、硕士、企业一线工程师为主导的科研团队。集团先后荣获:天津市"五一"劳动奖状先进集体,天津市政府授予"AAA"级劳动关系和谐企业,天津市"文明单位",天津市"工人先锋号",天津市"青年文明号""功勋企业""科技小巨人企业""高科技型领军企业"等近百项荣誉。

# 前　言

互联网的发展速度日新月异，Java 目前已成为世界上使用率最高的语言，并应用于许多工业互联网网站应用程序的开发中，而在众多 Java 开发框架中，SSH 框架以其良好的可扩展性、可维护性和开源特性在企业开发平台中占有绝对的优势。智慧工厂中央管理系统在使用 SSH 框架的基础上，添加现阶段流行的 Angular 前端技术框架，衍生出更加适合本系统开发的 ASSH 框架。

本书以项目为导向结合软件工程相关内容，详细讲解智慧工厂中央管理系统开发流程及如何使用 ASSH 框架对系统进行开发。本书共分为九个模块，分别讲解了可行性研究、需求分析、系统设计、数据库设计、系统编码、测试和部署等项目开发各个阶段要完成的工作。

本书各模块均分为学习目标、内容框架、知识准备、模块实施、模块小结等。学习目标和知识准备主要是对本章知识进行简介；模块实施部分主要对主要知识进行详细讲解；模块小结部分是对本模块主要知识学习后需要完成的技术文档等内容的总结。

本书由王新强、刘坤任主编，高冬冬、张启才、靳启健、刘涛、李树真任副主编，王新强、刘坤负责全面内容规划及统稿。具体分工如下：模块一到模块三由王新强、刘坤、高冬冬编写；模块四由张启才、靳启健编写；模块五到模块八由靳启健、刘涛、李树真编写；模块九和附录由王新强、刘坤编写。

本书结合企业的实际需求，全面又系统地介绍了软件工程基本内容及 ASSH 框架的实战技术，内容丰富，技术新颖，注重实践。本书可作为高校软件工程企业级实践的教学用书，对于 Java EE 中高级开发人员及相关专业人士，本书也是不可多得的参考书。

天津滨海迅腾科技集团有限公司

技术研发部

# 目 录

# 模块一　项目背景

本模块主要介绍智慧工厂中央管理系统的概念、开发背景和开发要求。通过本模块的学习,掌握智慧工厂中央管理系统开发过程中各阶段的主要任务,这些知识将为系统开发打下扎实基础。

- 熟悉智慧工厂中央管理系统的背景和特征。
- 掌握智慧工厂中央管理系统的功能和优势。
- 熟悉系统开发中常用的建模工具。
- 掌握智慧工厂中央管理系统的可行性研究方法。

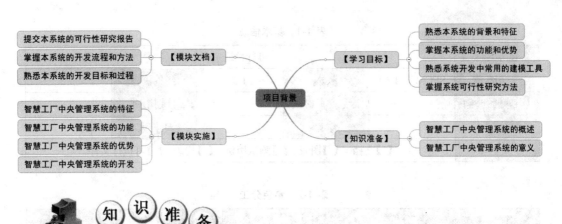

智慧工厂中央管理系统是在工业信息化发展的大趋势下提出的,通过信息化的结合、科学化的管理,实现对生产流程的监控以及对生产设备的维护。

- 智慧工厂中央管理系统的概述

智慧工厂中央管理系统为工业化工厂生产的信息化提供了强有力的支撑,在物联网技术的基础上,采用信息传感设备进行数据采集。并对其进行分析,将结果作为生产中的生产条件依据。为了更好地实现信息化,本系统将其采集到的数据存储,通过系统调用数据并对其分析,实现数据分析和对运行值超过正常值的设备进行预警。

　　智慧工厂中央管理系统的提出,为工业化发展提出了新的方向,通过对设备运行状态的监控和故障的监测,提高设备运行状态信息反馈的及时性和准确性,从而满足工厂对生产流程监控的要求。智慧工厂中央管理系统能够提高工厂生产过程的可控性,包括设备的运行信息及生产中能源的消耗情况,减少生产线上人工的干预,及时地采集生产线准确数据,提高企业工作效率和生产能力。

　　● 智慧工厂中央管理系统的意义

　　智慧工厂中央管理系统科学有效的管理能够充分发挥设备潜力,使设备达到运行最优化。将信息技术用于工业化产品的制造,以提高企业市场应变能力和竞争能力。开发智慧工厂中央管理系统时,在通过实地调查确定系统的开发目的之后制定系统的开发流程和开发方式,从而为系统开发作准备。

# 1.1　可行性研究任务信息

任务编号 SFCMS(Smart Factory Central Management System)-01-01

表 1-1　基本信息

| 任务名称 | 可行性研究 | | | | |
|---|---|---|---|---|---|
| 任务编号 | SFCMS-01-01 | 版本 | 1.0 | 任务状态 | |
| 计划开始时间 | | 计划完成时间 | | 计划用时 | |
| 负责人 | | 作者 | | 审核人 | |
| 工作产品 | 【　】文档　【　】图表　【　】测试用例　【　】代码　【　】可执行文件 | | | | |

表 1-2　角色分工

| 岗位 | 系统分析 | 系统设计 | 系统页面实现 | 系统逻辑编程 | 系统测试 |
|---|---|---|---|---|---|
| 负责人 | | | | | |

## 1.2 智慧工厂中央管理系统的特征

智慧工厂中央管理系统是智能工业发展的新方向,特征体现在制造生产上表现如下:

● 生产流程透明化

结合实时监控、讯号处理、推理预测,对被监控设备的运行状态进行实时更新并展示到页面的平面图中。

● 提升生产效率

系统中各模块承担各自的工作任务,组成最优系统结构,不断挖掘设备潜能,从而提高生产效率。

● 自我维护能力

在制造过程中实现系统数据自动更新及系统对设备执行故障诊断,从而提高系统的执行能力。

● 精益化生产

使用数据自动采集系统采集数据,减少人工录入环节,提高数据准确性,为生产管理提供实时准确的数据。

## 1.3 智慧工厂中央管理系统的功能

智慧工厂中央管理系统的提出是为了更好的实现生产管理一体化、实时监控以及对预警的分析,减少人为操作可能造成的误差,为工厂的管理者提供更好的管理方式,具体方式如下。

● 数据采集

生产过程中产生的数据在智慧工厂中央管理系统中具有重要价值,因此对数据的实时性、准确性、有效性有很高的要求。智慧工厂中央管理系统采用 WinCC(数据采集与监控系统)对数据进行实时采集,并编写 WinForm 项目通过相应的查询方式读取 WinCC 数据库中数据并将其传输到服务器数据库中。图 1-1 为 WinCC 的使用机制图(本书不介绍此内容)。

● 采集数据的分析与处理

通过智慧工厂中央管理系统对采集的数据进行处理,将其显示在页面中,并对数据进行分析,对于超过预警值的数据会进行页面报警处理,而对于普通数据则会进行分析并编写方法对其进行统计。

● 采集数据的输出

在将采集的数据显示在页面的过程中,可使用图表的形式(包括柱状图、饼图、趋势图和列表)对数据进行多种形式的分析,以便清晰具体地显示数据,让用户能够更加直观的分析出当前各个设备的使用状态及生产状态。

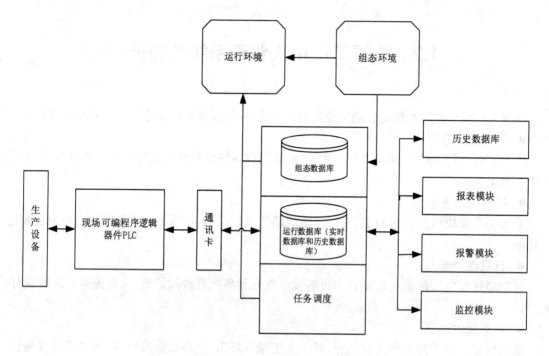

**图 1-1  WinCC 使用机制图**

# 1.4  智慧工厂中央管理系统的优势

- 图表形式展现数据

本系统使用了柱状图、饼图、折线图和图表的形式对数据进行描述,其中柱状图比较两个或两个以上分组数据,饼图反映部分与总体的关系,折线图描述了数量增减变化的趋势,用数据进行填充,利用图表可以更直观的反应问题,表现形式如图 1-2 所示。

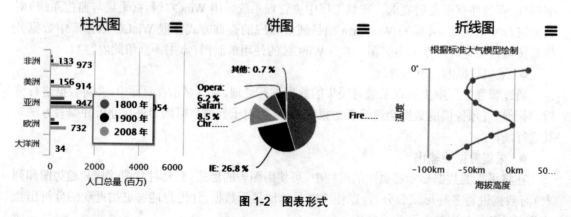

**图 1-2  图表形式**

● 分析预警值,做出优化处理

数据采集系统将数据信息在数据库中做实时的更新保存,当某一时段内的设备数据值超过系统认定的预警值,系统将在监控页面进行设备异常的报警信息提示,从而使被监控设备达到高效率的工作。

● 打印报表,导出表格

智慧工厂中央管理系统实现了对各类数据可视化图表的导出以及打印功能,用户可以将有效时段内的设备信息以及生产流程数据进行存档,方便管理及设备维修等工作。

# 1.5　智慧工厂中央管理系统的开发

## 1.5.1　智慧工厂中央管理系统的开发目标

在工业生产过程中,如何降低成本提高效率、如何提升设备可靠性和如何提升精细化管理水平是企业面临的挑战。智慧工厂中央管理系统为解决企业当前挑战提供了钥匙。智慧工厂中央管理系统的开发,实现了设备管理精细化、生产过程一体化、分析数据应用化的目标,使工厂在工业化加速发展的前提下提升自身实力。

## 1.5.2　智慧工厂中央管理系统的开发原则

智慧工厂中央管理系统的开发需要依据以下原则:

**1. 系统总体设计原则**

(1)统一设计原则

智慧工厂中央管理系统是由多模块组成的整体,具有系统的整体性特征。开发系统时需要从全局考虑,尤其是模块组成、数据模型结构、数据存储结构等内容。

(2)创新原则

系统开发可以采用先进的技术,但在保证先进性的同时还要注意技术的稳定性和安全性。

(3)标准化原则

系统的开发要符合行业各项标准和规范。

(4)扩展性原则

系统的设计要考虑业务未来发展因素,设计简明、规范,降低模块耦合度。

**2. 安全性原则**

(1)安全可靠性

使用多种处理手段保证系统安全可靠,使系统更加稳定,将各种风险漏洞降至最低。

(2)安全保密性

使用各种加密机制对数据进行隔离保护,设置用户操作权限,对用户访问进行控制。

**3. 经济和实用性原则**

经济性是衡量系统是否值得开发的重要依据,系统的设计应最大限度节省项目投资,所开发的系统应性能优良、面向实际、注重实用性,坚持经济并实用的原则。

**4. 协调原则**

组成智慧工厂中央管理系统的各子系统都有其独立功能,同时又相互联系,相互作用。某一子系统发生了变化,其他子系统也要相应的进行调整和改变。因此,在智慧工厂中央管理系统开发中,必须考虑系统的相关性,即不能在不考虑其他子系统的情况下独立地设计某一子系统。

**5. 快速开发原则**

遵循快速开发原则的系统能够快速进行二次开发,并可以在不影响系统使用的情况下快速开发新业务、增加新功能,同时可以对原有模块进行业务修改,保障了对系统版本的控制和对系统升级的管理。

## 1.5.3　智慧工厂中央管理系统的开发方法

随着智慧工厂中央管理系统需求量的增加以及需求规模的扩大,智慧工厂中央管理系统的开发将面临下面这些问题。

- 标准化应用系统应如何合理地协调人力、物力、财力进行开发。
- 如何对系统进行功能模块的划分。
- 如何确定一个实体组织拥有哪些属性。
- 如何充分发挥计算机的处理能力,更好的解决实际应用问题。

以上问题的提出,不断加速并深化了对智慧工厂中央管理系统开发方法的研究,在这个过程中形成了多种具有代表性的开发方法。其中,结构化方法和面向对象方法就是使用最广泛的两种开发方法。

**1. 结构化方法**

结构化方法全称为结构化系统分析与设计方法(简称 SSA&D 方法),是一种传统的系统开发方法。它采用结构化的技术来完成软件开发的各项工作,其特点是注重开发过程的整体性、计划性与阶段性,强调系统的结构化、模块化和规范化。

结构化方法由结构化分析方法(简称 SA 方法)、结构化设计方法(简称 SD 方法)和结构化程序设计方法(简称 SP 方法)组成,分别用于系统分析、系统设计和程序编码阶段。

(1)结构化分析方法

结构化分析方法就是按照功能分解的原则,根据系统内部数据传递、变换的关系,自顶向下逐层分解,将复杂的、难以理解的大问题变为简单的子问题,从而建立具有整体性的系统模型。

(2)结构化设计方法

结构化设计方法遵循黑箱原则和模块化原则,将结构化系统分析所建立的系统模型设计为结构相互独立、功能单一的模块,建立起表达模块之间相互关系的结构图,并给出模块说明书。

(3)结构化程序设计方法

结构化程序设计方法要求使用顺序、分支、循环等有限的基本控制结构语句表示程序逻辑,复杂结构应该用基本控制结构语句进行组合嵌套来实现,选用的控制结构语句只允许有一个入口和一个出口。此外,在程序设计中应当采取自顶向下、逐步求精的方法,把每一个模块的功能逐步分解为一系列具体的步骤,进而翻译成相应的程序语句。

结构化方法适用于一些组织相对稳定、业务处理过程规范、需求明确且在一定时期内不会发生较大变化的大型复杂系统的开发。

**2. 面向对象方法**

面向对象方法(简称 OO)是一种运用对象、类、继承、封装、聚合、关联、消息、多态性等概念来构造系统的软件开发方法。面向对象方法的突出特点是模拟现实客观世界,贴近人类习惯思维,稳定性好,具有很强的可重用性,可维护性好,易于开发大型软件产品。

面向对象方法追求的是现实世界与计算机世界的近似和直接模拟,其基本思想为:

● 客观世界是由各种对象组成的,任何事物都是对象,复杂对象可以由相对简单的对象以某种方式组合而成。

● 所有对象都划分为各种对象类,每个对象类都定义了一组数据和一组方法。

● 按照子类与父类的关系,把若干对象类组成一个层次结构的系统。

● 对象之间仅能通过传递消息互相联系。

面向对象方法包括面向对象分析、面向对象设计和面向对象编程,分别用于系统分析、系统设计、程序编码三个阶段,并构造系统的逻辑模型、物理模型和计算机可执行模型。

(1)面向对象分析

面向对象分析(简称 OOA)就是抽取和整理用户需求并建立问题域精确模型的过程。其基本任务是运用面向对象方法,对问题域和系统责任进行分析和理解,对其中的事务和事务之间的关系产生正确的认识,找出描述问题域和系统责任所需的类和对象,定义这些类的属性和操作,明确类之间的各种关系,最终产生一个符合用户需求、能够直接反映问题域和系统责任的 OOA 模型及其规约。

(2)面向对象设计

面向对象设计(简称 OOD)就是用面向对象观点建立求解问题域模型的过程。面向对象设计是在 OOA 模型基础上针对具体的实现条件进行设计,目标是建立一个满足用户要求、针对具体技术的平台、能够编程实现的 OOD 模型。

(3)面向对象编程

面向对象编程(简称 OOP)是在 OOD 模型的基础上,采用一定的程序设计语言(如 C++、Java 等),完成类中各属性的说明,实现各种操作的代码,生成面向对象的源程序,即产生计算机可执行模型。

当采取面向对象方法完成系统分析、设计以及编程时,其设计与编程相互交织在一起,不能被截然分开。这是因为在系统设计时就要把类设计成可重用的模块,并加入到类库中,而类的可重用性受到所选用的面向对象程序设计语言特性的约束。

本系统采用面向对象方法进行系统设计,首先采用面向对象方法分析出系统的模型,描述出其中的类和方法以及类之间的关系,其次,采用面向对象设计进行系统设计,最后,采用面向对象编程实现类中说明的各个属性,编写成计算机能够识别并成功运行的语言。

## 1.5.4 智慧工厂中央管理系统的开发过程

智慧工厂中央管理系统的开发过程如图 1-3 所示,一般包括计划时期、开发时期和运行时期三个时期,这些时期主要包括可行性研究、需求分析、软件设计、软件编码、测试以及部署等

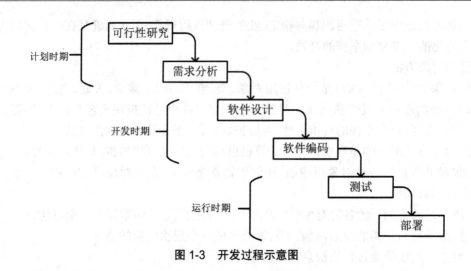

**图 1-3    开发过程示意图**

过程。

**1. 可行性研究**

可行性研究就是要在决策前对整个系统开发的必要性、可行性、有效性和合理性做出论证。业务调查需要调查用户的需求,采集原始资料,记录业务流程。可行性研究与业务调查是建设高质量智慧工厂中央管理系统的基础工作,主要解决"智慧工厂中央管理系统需要解决什么"的问题,是系统的初始定义阶段。

(1)可行性研究与业务调查的目的

系统可行性研究通过深入分析与所开发项目相关的各种因素,结合多种方案,分析各自经济效益,综合现有人、财、物等各方面资源,选择最优方案保证开发目标的实现。此外,通过周密、细致和充分的调查研究和准备工作,为系统开发提供丰富的原始资料,从而使系统开发人员对即将面临的任务有实际、直观的认识。该阶段的最终目标是通过对实际项目的详细业务流程调查和记录,为具体业务与抽象信息流的转化打下牢固的基础。

(2)可行性研究与业务调查的内容和方法

可行性研究一般包括对系统运行环境、开发技术和经济效益等方面的可行性分析。可行性研究首先应该确定分析目标,然后对系统及市场进行全面细致的调查,列出各种可能的方案,依次进行比较,同时进行技术先进性和经济效益的论证,最终得出论证结果。业务调查的主要内容有:

①准确捕捉业务流程

按照业务人员的分工、业务种类和业务处理时间的先后,深入了解现行系统的业务流程,理清各工作岗位上的业务活动,画出现行系统业务流程图,并与业务人员反复讨论,得到认可。调查中要注意定性与定量相结合,注意人、财、物和信息的流向、规格、频率、要求以及需要解决的问题等。

②全面搜集业务信息

全面搜集在业务活动时所交换的业务信息,了解各种单据、报表的数据格式、具体内容、处理时间、频率、规律及存在的问题,明确对智慧工厂中央管理系统的要求。

③明确业务的管理方式

明确对系统各方面资源的管理方式、管理细则及各种规章制度,归纳业务部门间的业务活动及交换的业务信息,确定各工作岗位的职责及管理权限。

④提出智慧工厂中央管理系统的功能和目标

了解各级领导和各类业务人员对智慧工厂中央管理系统功能的要求与期望,为进一步完善智慧工厂中央管理系统的目标做准备。

⑤掌握系统多方面约束条件

清楚智慧工厂中央管理系统面临的各方面限制条件。例如:人员、资金、时间、相关规定等。业务调查工作是与用户充分沟通交流的关键阶段,可以采用访问、调查表、开会讨论、直接参与业务实践等多种方式。调查开始要制定调查计划,确定调查的顺序,调查中对用户要采取积极主动友善的态度,同时要客观细致地记录调查结果,调查结束后要及时分析整理资料,必要时可请用户复查核对整理后的资料。

(3)业务调查常用的工具

在进行业务调查的过程中,可以利用 Visio 提供的组织结构、业务流程、业务数据以及数据间相互关系来描述系统的业务过程。

(4)可行性研究与业务调查阶段的相关文档

系统可行性研究与业务调查阶段应该产生可行性研究报告并制定项目开发计划书。可行性研究报告是可行性分析阶段结束后提交的文档,用来说明该系统在技术上、经济上和社会条件上的可行性,论述合理达到开发目标可能选择的方案并加以论证。项目开发计划书以文件形式确定开发工作的负责人员、开发进度以及软硬件等问题。

### 2. 系统需求分析

系统需求分析是将具体的业务流向抽象的信息流进行描述和转化的过程,它是智慧工厂中央管理系统开发的关键环节。

(1)系统需求分析的目的

系统需求分析在业务调查的基础上,对智慧工厂中央管理系统的功能进行细致的分析,对系统提出完整、清晰、准确的要求,为系统设计打下牢固的基础。系统需求分析的最终目标是通过对实际项目的详细业务流程进行分析,建立系统的逻辑模型,从而解决"系统必须要做什么"的问题。

(2)系统需求分析阶段工作内容

系统需求分析阶段需要完成的工作内容包括系统的总体结构描述、各子系统的功能描述、确定系统软硬件配置环境。系统需求分析工作最终以系统组织结构、系统功能图、系统需求分析报告等需求文档向下一步系统设计工作进行交接,经有关领导审批通过之后,转入系统设计阶段。

(3)系统需求分析常用的工具

在需求分析阶段,可以利用 Visio 的组织结构树、业务流程、业务数据以及数据间相互关系来描述系统的逻辑模型,也可以通过进一步细化用例图和用例活动图建立需求分析模型。

(4)系统需求分析阶段的相关文档

系统需求分析阶段的相关文档包括软件需求说明书。软件需求说明书是为了用户和开发人员对系统的初始功能有一个共同的理解而编制的,它是整个软件开发的基础。

### 3. 系统设计

系统设计主要包括总体设计(也称概要设计)和详细设计。

（1）系统设计的目的

系统设计要根据系统需求分析报告中的系统功能需求综合考虑各种约束,利用一切可利用的技术手段和方法进行各种具体设计,建立可以在计算机环境中实施的系统物理模型,解决"系统怎么做"的问题。

（2）系统设计的任务和方法

系统设计是利用一组标准的图表工具和准则,确定系统有哪些模块,用什么方法连接,如何构成良好的系统结构,并进行系统输入、输出、数据处理、数据存储等环节的设计。这一阶段的重点是设计好系统的总体结构。

总体设计阶段主要任务是选取软件体系结构,将系统划分为若干模块,确定每个模块的功能,决定模块间的调用和信息传递关系,确定本系统与其他外围系统接口,制定设计规范,确定用户界面风格,决定系统的运行平台,制定部署计划,设计类体系结构和数据库结构,进行安全性、可靠性及保密性设计,最后形成概要设计说明书。

详细设计阶段主要任务是对概要设计做进一步的细化,设计出系统的全部细节并给予清晰的表达,使之成为编码的依据。

系统设计内容如表 1-3 所示。

**表 1-3　系统设计主要内容**

| 设计内容 | 说明 |
|---|---|
| 功能模块设计 | 程序模块的分解,关于处理逻辑的说明 |
| 用户界面设计 | 用户界面风格设计,联机帮助,错误信息提示与处理 |
| 外部接口设计 | 与外部系统接口连接的实现方式 |
| 安全性设计 | 备份数据与设备,系统管理员与各级用户权限的设定,事故处理与灾难恢复 |
| 数据库设计 | E-R 图,物理数据模型,数据一致性 |
| 类体系结构设计 | 确定系统中的类以及类之间的关系 |

（3）系统设计的工具

在系统设计阶段,可以在需求分析的基础上创建 UML 的数据流图、顺序图、流程图、数据库实体图。

（4）系统设计阶段的相关文档

系统设计阶段相关的文档主要包括详细设计说明书和数据库设计说明书。详细设计说明书包括模块描述、模块功能、数据流图等内容;数据库设计说明书主要包括数据库的逻辑结构和物理结构以及安全保密设计等内容。

### 4. 系统实施

完成了系统设计后,进入系统实施阶段。该阶段的主要任务就是在计算机上真正实现智慧工厂中央管理系统。

（1）系统实施的目的

系统实施的目的是将系统设计阶段设计的系统物理模型加以实现,编写成符合设计要求的可实际运行的系统。

（2）系统实施的内容和方法

系统实施阶段的主要工作包括建立系统开发和运行环境,建立数据库系统,准备、录入系统的有关数据,编写、调试应用程序。

在系统实施阶段要成立系统实施工作领导小组,组织各专业小组组长及小组成员共同编制智慧工厂中央管理系统实施计划,保证系统实施工作可以顺利进行。

数据准备与录入工作主要是指由手工操作转入计算机处理所需的各种数据的整理、录入及计算机系统中为智慧工厂中央管理系统所用数据的转换工作。数据准备与录入工作要注意数据的准确性,在整理、录入、校验等各个环节把好关,为系统的顺利转换打好基础。

程序编码的主要工作就是利用选定的程序设计语言,将详细设计结果翻译成为正确的、易维护的程序代码。编码设计是开发全过程中重要组成部分,要求编码具有可靠性、可读性、可维护性。

（3）系统实施阶段的工具

目前,常用的程序设计语言有 Java、C#、PHP、C++ 等,常用的建模工具有 Visio、Pencil 等。

（4）系统实施阶段的管理文档

系统实施阶段的管理文档如表 1-4 所示。

表 1-4　管理文档

| 文档名称 | 描述 |
| --- | --- |
| 开发日志 | 在系统实施过程中小组成员每天进行开发日志的提交,以便对项目进度进行掌握 |
| 模块开发报告 | 模块开发完成之后提交模块开发报告,对模块开发中所遇到的问题和解决方案进行详细的介绍 |
| 技术文档 | 模块开发完成后,小组成员对本模块开发过程中所用到的技术进行整理和总结 |
| 系统测试计划 | 测试计划提供一个对系统测试活动的安排,主要包括每项测试活动的内容、进度安排、设计考虑、测试数据的整体性方法及评价准则 |
| 测试分析报告 | 测试分析报告把组装测试和集成测试的结果、发现的问题以及分析结果以文件形式加以保存 |

### 5. 系统测试和部署

系统的测试工作主要包括单元测试和系统测试。这些测试不但要检验系统的各项功能和性能,还要检验系统的可靠性、安全性、可用性和兼容性。

在进行以上各个环节的同时展开人员培训工作。培训内容包括计算机系统的基础知识和基本操作,智慧工厂中央管理系统的基础知识、基本功能和操作方法,本系统对使用人员的要求、系统操作注意事项、可能故障及排除方法、个人在本系统中应该承担的工作等,使用户理解、支持系统的实现。

为了使系统的使用者可以在浏览器上访问该系统,将该项目部署在服务器上以方便用户随时访问。

**6. 系统维护**

智慧工厂中央管理系统是一个复杂的人机系统,系统外部环境与内部因素的变化不断影响系统的运行,因此需要不断地完善系统,以提高系统运行的效率与服务水平,这就需要从始至终地进行系统的维护工作。

(1)系统维护的目的

系统维护的目的是保证系统正常、可靠、安全、稳定的运行,并不断地完善系统,以增强系统生命力,延长系统的使用寿命,提高系统的管理水平和经济效益。

(2)系统维护的内容

系统维护工作主要包括数据库维护、程序维护、编码维护、设备维护以及对机构和人员变动的调整。

## 1.5.5　智慧工厂中央管理系统的建模工具

**1. Pencil**

Pencil 是一款专业的原型图绘制软件,这款软件能够帮助原型设计师快速的进行原型图的绘制,它内置多种原型图设计模板、多种背景文档、跨页超链接、文本编辑等功能,同时还支持导出 HTML、PNG、Word 等格式文件。支持用户自定义安装用户所需要模板,Pencil 还可以用来绘制各种架构图和流程图,同时还提供 Firefox 浏览器的插件。

在智慧工厂中央管理系统中,主要使用 Pencil 绘图工具进行页面原型图的绘制,使用它内置的设计模板进行页面的设计。

**2. Visio**

Visio 是目前国内用得最多的 CASE 工具。它提供了日常使用中的大多数框图的绘画功能。Visio 的优势在于其使用方便,安装后的 Visio 既可以单独运行,也可以在 Word 中作为对象插入,与 Word 集成良好,其图像生成后在没有安装 Visio 的情况下仍然能够在 Word 中查看,同时在文件管理上,Visio 提供了分页、分组的管理方式。Visio 支持 UML 的静态和动态建模,对 UML 的建模提供了单独的组织管理。

在本系统中,使用 Visio 绘制数据库设计中的实体关系图、详细设计中的数据流图以及顺序图和一些基本的框架图。

充 电 站

软件项目开发之前,需要委托方提出需求并与被委托方签订合同,明确其各项条款,想了解软件开发合同的格式与内容,请扫描下方二维码,还有更多程序员的趣味日常在等你!

模 块 文 档

✓ 完成本模块的学习后,填写并提交智慧工厂中央管理系统可行性研究报告(样例参见本书附录1)。

| 智慧工厂中央管理系统可行性研究报告 | | |
|---|---|---|
| 项目名称 | | |
| 项目背景 | | |
| 项目研发目的 | | |
| 市场可行性 | 市场应用范围 | |
| | 产品定位 | |
| 技术可行性 | 功能方向确定 | |
| | 框架及其技术分析 | |
| 资源可行性 | 开发人员资源 | |
| | 开发周期资源 | |
| | 开发软件资源 | |
| | 开发设备资源 | |
| 社会可行性 | 法律可行性 | |
| | 政策可行性 | |
| 结论 | | |

# 模块二　需求分析

本模块主要从功能需求和非功能需求两方面介绍智慧工厂中央管理系统需要实现的功能,通过本模块的学习,掌握智慧工厂中央管理系统的主要功能以及它开发的要求。

- 熟悉需求分析说明书的主要结构。
- 掌握智慧工厂中央管理系统的主要功能。
- 熟悉需求分析的过程。
- 掌握智慧工厂中央管理系统的开发需求。

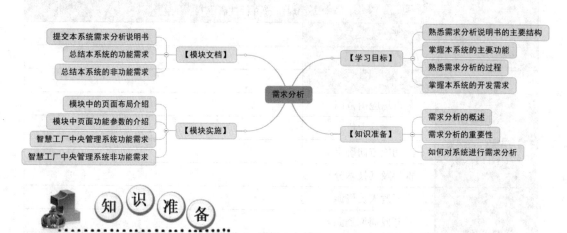

知　识　准　备

需求分析的目标是在与客户确认需求之后,整理出描述完整、清晰、规范的需求文档,确定软件开发需要完成哪些工作,实现什么功能。此外,软件的一些非功能性需求、软件设计的约束条件以及运行时与其他软件的关系等也是需求分析的目标。

- 需求分析概述

需求分析也被称作软件需求分析或系统需求分析,是开发人员通过对用户描述的功能及性能等需求进行深入的、细致的研究和分析,准确理解用户的具体要求,将用户非形式的需求表述转化为完整的需求定义,就软件功能等需求达成一致意见,从而确定系统必须做什么的过程。

● 需求分析重要性

需求分析是软件开发中一个非常重要的环节,在开发过程中起到了决定性的作用。需求分析具有方向性和决策性,为开发指明了方向,提供了策略。需求的合理性越高开发的可行性也会越高,可以说需求分析的重要性要远远大于开发过程。通过需求分析这个环节,可以明确智慧工厂中央管理系统的功能要求以及页面布局要求、确定系统开发的非功能需求等。

● 如何对系统进行需求分析

智慧工厂中央管理系统采用的是原型化方法进行系统需求分析,利用原型图来直观的分析出页面的布局和功能以及实现的难易程度,反映系统的原貌,便于开发人员根据用户需求去全面的考虑软件系统的体系结构,了解系统要做什么,怎么做,做到何种程度以及系统对数据库、开发环境、框架需求等因素的要求。

# 2.1 需求分析任务信息

任务编号 SFCMS-02-01

表 2-1 基本信息

| 任务名称 | 需求分析 | | | | |
|---|---|---|---|---|---|
| 任务编号 | SFCMS-02-01 | 版本 | 1.0 | 任务状态 | |
| 计划开始时间 | | 计划完成时间 | | 计划用时 | |
| 负责人 | | 作者 | | 审核人 | |
| 工作产品 | 【 】文档　【 】图表　【 】测试用例　【 】代码　【 】可执行文件 | | | | |

表 2-2 角色分工

| 岗位 | 系统分析 | 系统设计 | 系统页面实现 | 系统逻辑编程 | 系统测试 |
|---|---|---|---|---|---|
| 负责人 | | | | | |

## 2.2　需求概述

随着企业管理信息化建设的不断深入，各个行业都加快了信息网络平台的建设。本书所介绍的智慧工厂中央管理系统就是在这样的发展背景下提出的，为了实现工厂管理员能够对设备进行精细化管理、实时把控生产过程中各项指标并能根据系统反馈的预警分析结果做出相应的决策。本系统利用监控设备和网络对生产设备和生产线进行监测和控制，构成实时互联互通的信息交换。并且本系统将实时监控的数据以图表与报表的形式提供给工厂管理员，使数据和分析结果更为直观，实现数据的可视化。对于工业化工厂来说，除了常规的自动化系统之外，对生产过程以及设备的运行情况进行一系列的监控已经成为工业化工厂十分必要的项目，是其他手段不可代替的。

## 2.3　系统结构

智慧工厂中央管理系统主要包括登录模块、权限配置模块、人员管理模块、能源管理模块以及环境安全生产管理模块（以下简称环安管理模块），其中各个模块所包含界面如图 2-1 所示（阴影部分为框架所带功能，了解并掌握使用方法即可）。

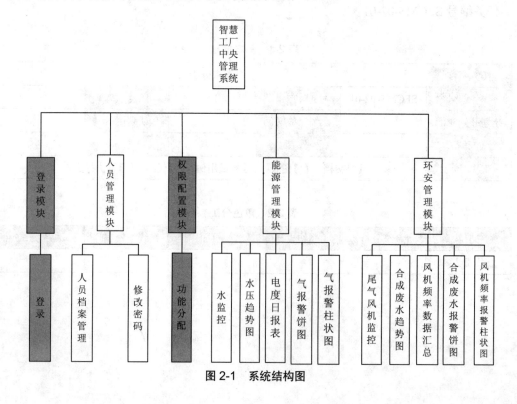

图 2-1　系统结构图

# 2.4 系统功能需求

## 2.4.1 登录模块

**登录**

（1）页面示意图

页面示意图，如图 2-2 所示。

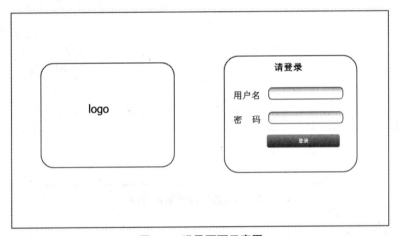

**图 2-2 登录页面示意图**

（2）页面功能描述

用户输入用户名和密码进行登录。

（3）页面参数列表

页面参数列表，如表 2-3 所示。

**表 2-3 登录页面参数说明**

| 参数 | 样式 | 值 | 备注 |
|------|------|------|------|
| 用户名 | 文本框 | 用户名称 | 用户名由管理员分配,普通用户不能注册 |
| 密码 | 文本框 | 用户密码 | 加密处理 |
| 登录 | 按钮 | | 点击登录 |

### 2.4.2　权限管理模块

**功能分组**

（1）页面示意图

页面示意图，如图 2-3 所示。

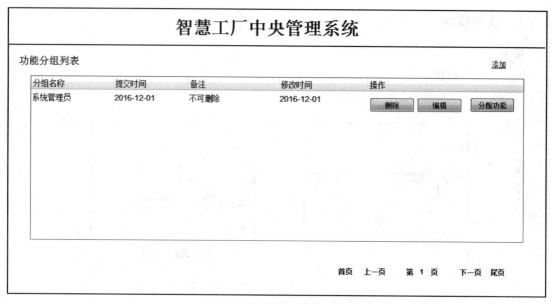

**图 2-3　功能分组页面示意图**

（2）页面功能描述

● 显示功能分组的分组名称、提交时间、备注、修改时间等详细信息。

● 添加功能分组。

● 编辑功能分组。

● 删除功能分组。

● 对功能分组的操作权限进行增加、修改、删除。

（3）页面参数列表

页面参数列表，如表 2-4 所示。

**表 2-4　功能分组页面参数列表**

| 参数 | 样式 | 值 | 备注 |
|---|---|---|---|
| 功能分组列表 |  | 显示功能分组的分组名称、提交时间、修改时间、备注以及相应操作按钮。 | 系统内所有功能分组 |
| 添加 | 按钮 | 进行点击操作 | 弹出添加功能分组页面 |
| 编辑 | 按钮 | 进行点击操作 | 弹出编辑功能分组页面 |

续表

| 参数 | 样式 | 值 | 备注 |
|------|------|-----|------|
| 删除 | 按钮 | 进行点击操作 | 弹出是否确认删除页面 |
| 分配功能 | 按钮 | 进行点击操作 | 弹出所有功能列表页面 |
| 上一页 | 按钮 | 进行点击操作 | 页面跳转至上一页 |
| 下一页 | 按钮 | 进行点击操作 | 页面跳转至下一页 |
| 首页 | 按钮 | 进行点击操作 | 页面跳转至列表首页 |
| 尾页 | 按钮 | 进行点击操作 | 页面跳转至列表尾页 |

### 2.4.3　人员管理模块

人员管理模块包括人员档案管理和修改密码,结构如图 2-4 所示。

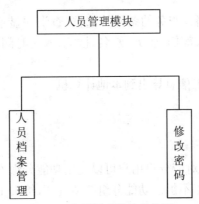

**图 2-4　人员管理模块结构图**

**1. 人员档案管理**

(1)页面示意图

页面示意图,如图 2-5 所示。

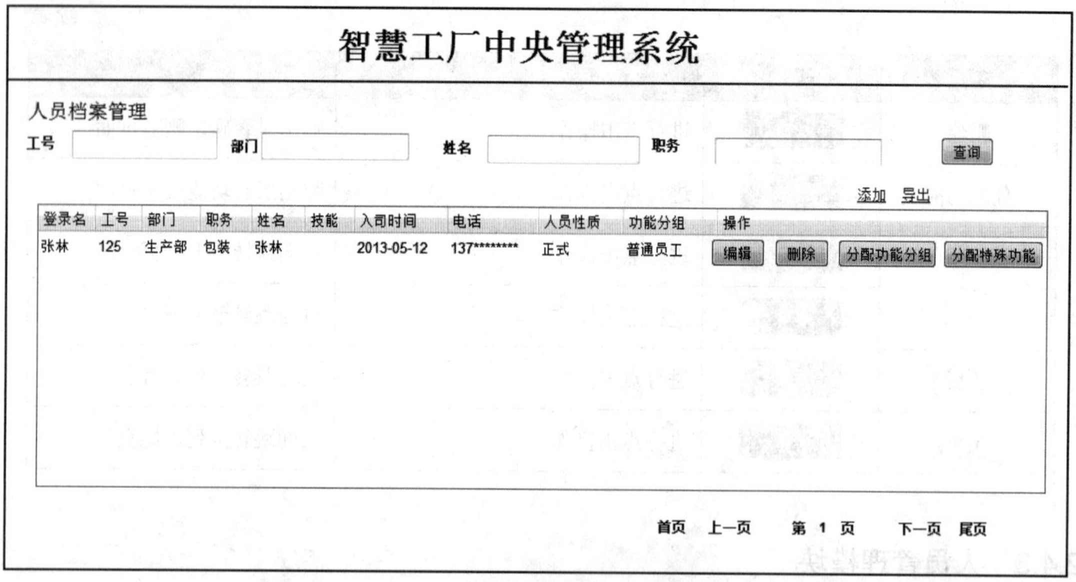

**图 2-5　人员档案管理页面示意图**

（2）页面功能描述

● 提供对工号、部门、姓名、职务的条件筛选框，查询并显示符合用户所选择条件的所有员工以及员工的登录名、工号、部门、职务、姓名、技能、入司时间、电话、人员性质、功能分组详细信息。

● 将页面中所显示的员工信息导出到本地计算机。

● 添加员工信息。

● 对员工信息进行编辑。

● 对员工信息进行删除。

● 分配员工功能分组，使对应分组用户可以使用功能分组人员所具有的所有权限。

● 分配特殊功能是在员工不加入功能分组的情况下，给员工分配特殊功能。

（3）页面参数列表

页面参数列表，如表 2-5 所示。

**表 2-5　人员档案管理页面参数说明**

| 参数 | 样式 | 值 | 备注 |
|---|---|---|---|
| 筛选条件参数说明 | | | |
| 工号 | 文本框 | 员工工号 | 一个员工对应一个工号 |
| 部门 | 文本框 | 所属部门 | 一个员工只能属于一个部门 |
| 姓名 | 文本框 | 员工姓名 | 一个员工对应一个姓名 |
| 职务 | 文本框 | 员工职务 | 一个员工对应一个职务 |
| 查询 | 按钮 | 点击查询 | 根据选择条件进行查询 |

| 参数 | 样式 | 值 | 备注 |
|------|------|-----|------|
| 列表参数说明 | | | |
| 员工信息列表 | 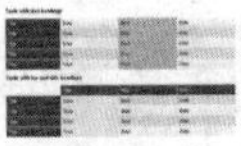 | 显示员工信息 | 显示员工信息 |
| 添加 | 按钮 | 点迴添加 | 弹出添加页面弹出框 |
| 导出 | 按钮 | 导出生成的列表 | 弹出导出报表页面弹出框 |
| 编辑 | 按钮 | 点击编辑 | 弹出层中进行编辑 |
| 删除 | 按钮 | 点击删除 | 弹出层中进行删除 |
| 分配功能分组 | 按钮 | 点击分配功能分组 | 弹出层中进行修改 |
| 分配特殊功能 | 按钮 | 点击分配特殊功能 | 弹出层中进行修改 |

## 2. 修改密码

（1）页面示意图

页面示意图，如图 2-6 所示。

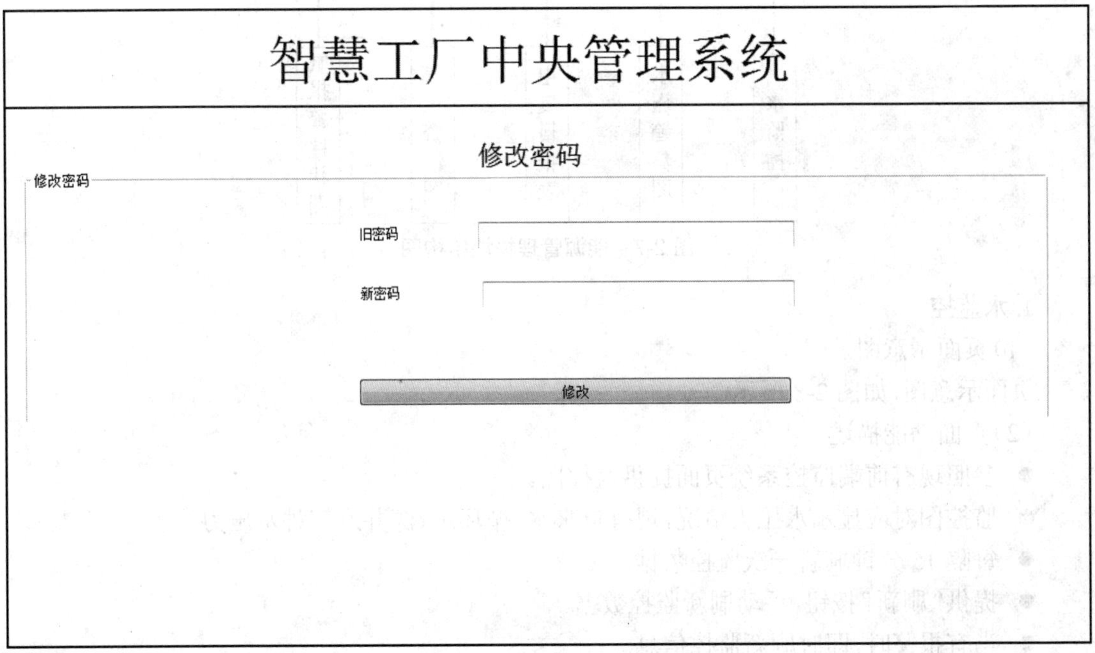

**图 2-6  修改密码页面示意图**

（2）页面功能描述

员工修改个人登录密码。

（3）页面参数列表

页面参数列表，如表2-6所示。

表 2-6　修改密码页面参数说明

| 参数 | 样式 | 值 | 备注 |
|---|---|---|---|
| 旧密码 | 文本框 | 旧密码 | 只能修改当前登录账号密码 |
| 新密码 | 文本框 | 新密码 | 输入修改后密码 |
| 修改 | 按钮 | 点击修改 | 修改成功后跳转至登录页面 |

## 2.4.4　能源管理模块

能源管理模块包括水监控、水压趋势图、电度日报表、气报警饼图和气报警柱状图，结构如图2-7所示。

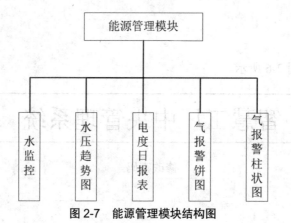

图 2-7　能源管理模块结构图

### 1. 水监控

（1）页面示意图

页面示意图，如图2-8所示。

（2）页面功能描述

● 参照现有前端监控系统页面提供监控图。

● 监控图对应显示水压力情况，现有自来水、循环水、深井水三种水压力。

● 每隔15分钟刷新一次监控数据。

● 提供"刷新"按钮，手动刷新监控数据。

● 当有报警时，即时刷新监控信息。

（3）页面参数列表

页面参数列表，如表2-7所示。

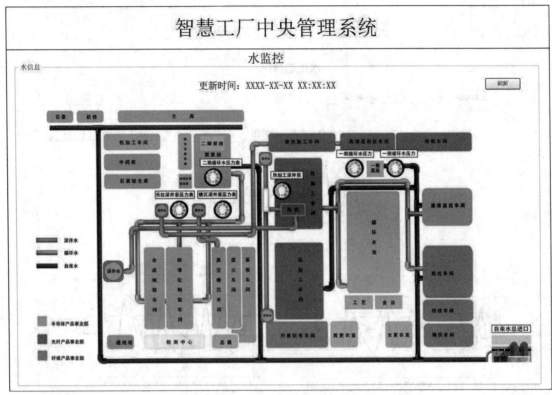

**图 2-8　水监控页面示意图**

**表 2-7　水监控页面参数说明**

| 参数 | 样式 | 值 | 备注 |
|------|------|-----|------|
| 更新时间 | Label 1 | 显示最近一次的信息更新时间 | 精确到秒；每 15 分钟更新一次信息；当有报警时，即时刷新监控信息 |
| 水压监控图 |  | 对应显示水压力情况 | 参照现有前端监控系统页面绘制 |
| 刷新 | 按钮 | 点击刷新 | 点击即时刷新监控信息 |

## 2. 水压趋势图

（1）页面示意图

页面示意图，如图 2-9 所示。

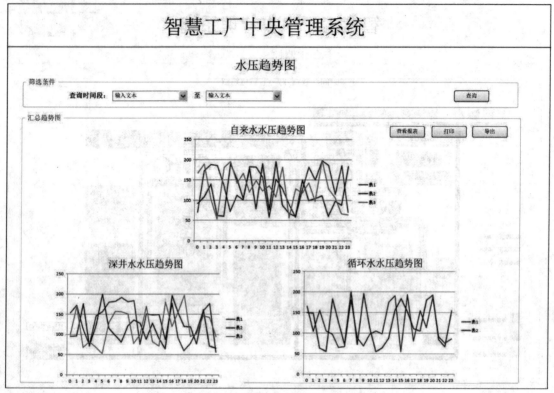

**图 2-9　水压趋势图页面示意图**

（2）页面功能描述

● 提供查询时间段进行指定时间范围的筛选查询,精确到分钟。

● 水压表分为三种类型:自来水、循环水、深井水,对三种类型分别生成折线图,同一类型的所有表对比显示。

● 趋势图横坐标固定选取 11 个点,每个点按照选择的时间段平均分为 11 个时间节点,分别获取该时间的数据,纵坐标为水压值。

● 添加趋势信息的列表明细报表显示。显示生成趋势图中的 11 个时间点的所有趋势信息明细。

（3）页面参数列表

页面参数列表,如表 2-8 所示。

**表 2-8 水压趋势图页面参数说明**

| 参数 | 样式 | 值 | 备注 |
|---|---|---|---|
| 筛选条件参数说明 | | | |
| 查询时间段 | 下拉框 | 时间格式下拉框 | 精确到分钟 |
| 查询 | 按钮 | 点击查询 | 根据选择日期进行查询 |
| 趋势图参数说明 | | | |
| 自来水水压趋势图 | 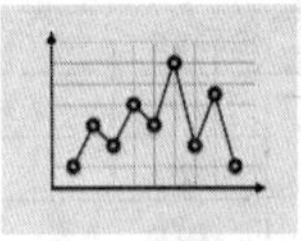 | 根据查询日期,显示所有自来水水压表指定时间范围内的压力变化趋势 | 趋势图显示指定时间段中同一类型表的水压变化趋势,横坐标固定选取 11 个点,每个点按照选择的时间段平均分为 11 个时间点,分别获取数据,纵坐标为水压值 |
| 深井水水压趋势图 | 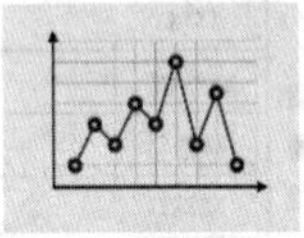 | 根据查询日期,显示所有深井水水压表指定时间范围内的压力变化趋势 | |
| 循环水水压趋势图 | 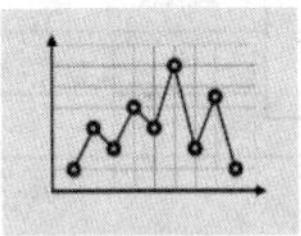 | 根据查询日期,显示所有循环水水压表指定时间范围内的压力变化趋势 | |
| 趋势信息报表 | 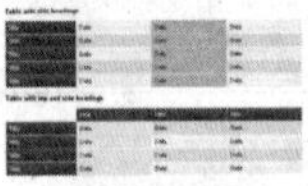 | 显示生成趋势图中的 11 个时间点的所有趋势信息明细列表 | 样式参照页面功能描述中提供格式 |
| 查看报表 | 按钮 | 点击显示趋势信息报表 | 显示趋势信息报表 |
| 打印 | 按钮 | 打印生成的趋势图 | 将生成的趋势图打印 |
| 导出 | 按钮 | 导出生成的趋势图 | 将生成的趋势图导出 |

### 3. 电度日报表

（1）页面示意图

页面示意图,如图 2-10 所示。

（2）页面功能描述

● 提供所属变压器条件筛选框及查询日期筛选框,对选择的变压器及其对应的线路进行指定日期下一天的峰用电量、平用电量、谷用电量及总用电量汇总查询。

● 查询日期筛选框精确到日。

● 一个变压器对应多条线路,现有约 10 个变压器,对应线路约 60 条。

● 对每一个线路／变压器提供峰用电量、平用电量、谷用电量的饼图显示。

（3）页面参数列表

页面参数列表,如表 2-9 所示。

**图 2-10　电度日报表页面示意图**

**表 2-9　电度日报表页面参数说明**

| 参数 | 样式 | 值 | 备注 |
|------|------|-----|------|
| 所属变压器 | Drop-down Menu | 选择所属变压器名称 | 一个变压器对应多条线路 |
| 查询日期 | Drop-down Menu | 时间格式下拉框 | 精确到日 |
| 查询 | 按钮 | 点击查钮 | 根据选择日期段进行查询 |
| 电度日报表 | | 根据筛选条件,显示选择的变压器及其对应线路一天中峰用电量、平用电量、谷用电量及总用电量的汇总;列表显示线路名称、峰用电量、平用电量、谷用电量、汇总电量及查看饼图 | 查看饼图为按钮,点击显示对应线路/变压器峰用电量、平用电量、谷用电量的饼图 |

续表

| 参数 | 样式 | 值 | 备注 |
|---|---|---|---|
| 峰平谷用电量饼图 | | 显示对应线路/变压器的峰平谷用电量饼图 | 点击电度日报表中的查看饼图按钮显示 |
| 打印 | 按钮 | 打印生成的趋势图 | 将生成趋势图进行打印 |
| 导出 | 按钮 | 导出生成的趋势图 | 将生成趋势图进行导出 |

**4. 气报警饼图**

（1）页面示意图

页面示意图，如图2-11所示。

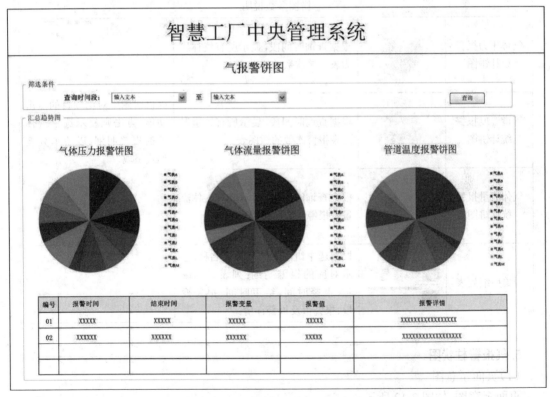

图2-11　气报警饼图页面示意图

（2）页面功能描述

● 提供查询时间段，分别进行一段时间内气体压力、气体流量报警次数及管道温度的筛选查询，精确到日。

● 分别统计气体压力、气体流量（现只涉及氢气，两块计量表）报警次数及管道温度（现只涉及氮气、氧气，各一块计量表），以饼图形式显示。

● 提供饼图中对比项目的点击功能,点击则显示选中饼图的报警明细,以清单列表形式呈现。

(3)页面参数列表

页面参数列表,如表 2-10 所示。

表 2-10　气报警饼图页面参数说明

| 参数 | 样式 | 值 | 备注 |
|---|---|---|---|
| 筛选条件参数说明 | | | |
| 查询时间段 | 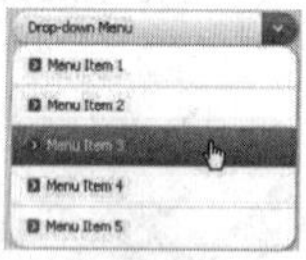 | 时间格式下拉框 | 精确到日 |
| 查询 |  | 点击查询 | 根据选择日期段进行查询 |
| 饼图参数说明 | | | |
| 气体压力报警统计饼图 | 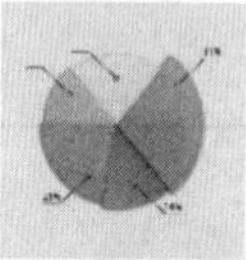 | 根据查询时间段,显示所有气体压力表报警次数的饼图表 | 提供饼图中对比项目的点击功能,点击则显示选中气体表的报警明细,以清单列表形式呈现 |
| 管道温度报警统计饼图 | 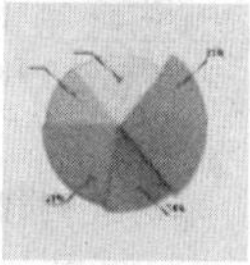 | 根据查询时间段,显示所有管道温度表报警次数的饼图表 | |
| 气体流量报警统计饼图 | 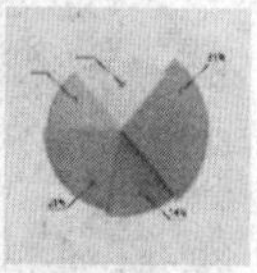 | 根据查询时间段,显示所有气体流量表报警次数的饼图表 | |
| 报警明细列表 | 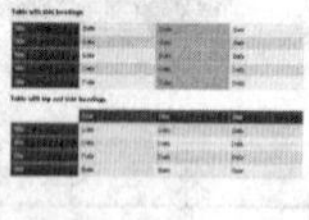 | 根据选中饼图中的气体表名称,显示对应的报警明细;列表显示编号、报警时间、结束时间、报警变量、报警值及报警详情。 | |

### 5. 气报警柱状图

(1)页面示意图

页面示意图,如图 2-12 所示。

(2)页面功能描述

● 提供查询时间段,进行一段时间内气报警次数的筛选查询,精确到日。

● 统计所有气体表的报警次数(现约有气体表 20 块),以柱状图形式对比显示,横坐标为报警次数,纵坐标为气体表名称。

(3)页面参数列表

页面参数列表,如表 2-11 所示。

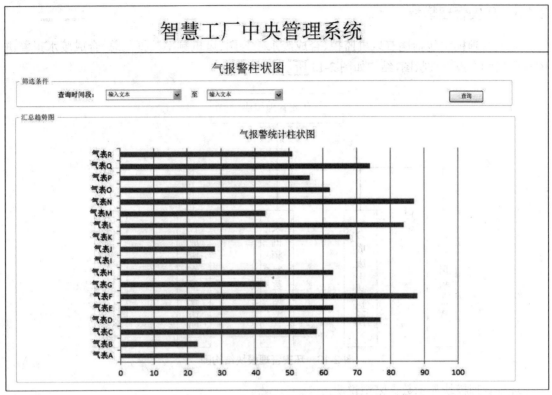

图 2-12　气报警柱状图页面示意图

表 2-11　气报警柱状图页面参数说明

| 参数 | 样式 | 值 | 备注 |
|---|---|---|---|
| 筛选条件参数说明 | | | |
| 查询时间段 | Drop-down Menu<br>Menu Item 1<br>Menu Item 2<br>Menu Item 3<br>Menu Item 4<br>Menu Item 5 | 时间格式下拉框 | 精确到日 |
| 查询 | 按钮 | 点击查询 | 根据选择日期段进行查询 |
| 柱状图参数说明 | | | |
| 气报警统计柱状图 | | 根据查询时间段,显示所有气体表报警次数的柱状图对比表 | 横坐标为报警次数,纵坐标为气体表名称 |

### 2.4.5　环安管理模块

环安管理模块包括尾气风机监控、合成废水趋势图、风机频率数据汇总、合成废水报警饼图和风机频率报警柱状图，结构如图 2-13 所示。

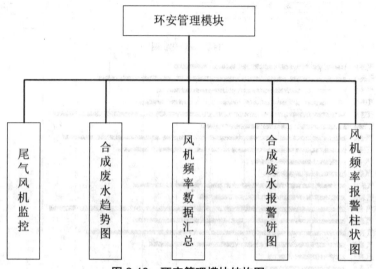

**图 2-13　环安管理模块结构图**

环安管理模块显示数据来源说明：

此模块下各页面显示数据均来自系统前端监控系统，前端监控系统将所需数据写入数据库中指定的数据表，以便完成各页面。

**1. 尾气风机监控**

（1）页面示意图

页面示意图，如图 2-14 所示。

（2）页面功能描述

● 参照现有前端监控系统页面提供监控图。

● 监控图对应显示烟道温度及风机频率情况。

● 烟道温度及风机频率各 30 组数据，1~15# 为一组，16~30# 为一组 。

● 每隔 15 分钟刷新一次监控数据。

● 提供"刷新"按钮，手动刷新监控数据。

● 当有报警时，即时刷新报警信息。

（3）页面参数列表

页面参数列表，如表 2-12 所示。

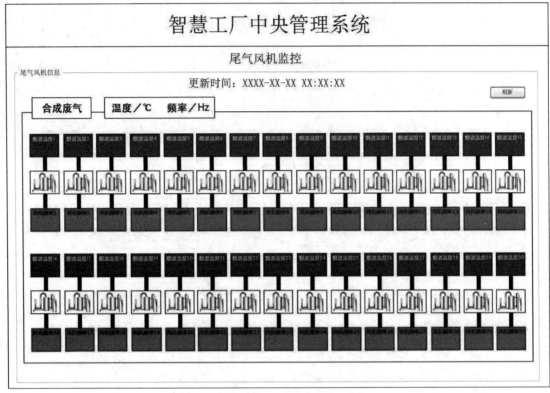

图 2-14　尾气风机监控页面示意图

表 2-12　尾气风机监控页面参数列表

| 参数 | 样式 | 值 | 备注 |
|---|---|---|---|
| 更新时间 | Label 1 | 显示最近一次的信息更新时间 | 精确到秒;每 15 分钟更新一次信息;当有报警时,即时刷新看板信息 |
| 尾气风机监控图 | | 对应显示烟道温度及风机频率情况 | 参照现有前端监控系统页面绘制 |
| 刷新 | 按钮 | 点击刷新 | 点击即时刷新监控信息 |

### 2. 合成废水趋势图

（1）页面示意图

页面示意图,如图 2-15 所示。

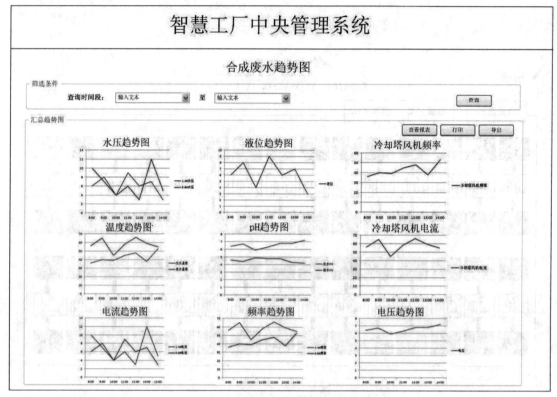

图 2-15　合成废水趋势图页面示意图

（2）页面功能描述

● 提供查询时间段进行指定时间范围的筛选查询，精确到分钟。

● 对合成废水的水压、液位、冷却塔风机频率、温度、pH、冷却塔风机电流、电流、频率及电压九种监控项目分别生成折线图，同一监控项目的记录项对比显示。

● 水压分为 1~4#, 5~8# 两个记录项，液位只有一个记录项，温度分为进水温度、出水温度两个记录项，pH 分为进水 pH、出水 pH 两个记录项，电流分为 1~4#, 5~8# 两个记录项，电压有一个记录项，频率分为 1~4#, 5~8# 两个记录项，冷却塔风机频率和冷却塔风机电流分别只有一个监控项。

● 九种趋势图横坐标固定选取 11 个点，每个点按照选择的时间段平均分为 11 个时间点分别获取数据。

● 九种趋势图要显示对应的报警值标识线（默认红色线标识）。

● 添加趋势信息的列表明细以报表形式显示。显示生成趋势图中的 11 个时间点的所有趋势信息明细。

（3）页面参数列表

页面参数列表，如表 2-13 所示。

表 2-13 合成废水趋势图页面参数说明

| 参数 | 样式 | 值 | 备注 |
|------|------|-----|------|
| 筛选条件参数说明 | | | |
| 查询时间段 | Drop-down Menu<br>Menu Item 1<br>Menu Item 2<br>Menu Item 3<br>Menu Item 4<br>Menu Item 5 | 时间格式下拉框 | 精确到分钟 |
| 查询 | 按钮 | 点击查询 | 根据选择时间段进行查询 |
| 趋势图参数说明 | | | |
| 水压趋势图 | | 根据查询时间段,显示 1~4#、5~8# 的压力变化趋势 | 趋势图横坐标固定选取 11 个点,每个点按照选择的时间段平均分为 11 个时间点分别获取数据;趋势图要显示对应的报警值标识线 |
| 液位趋势图 | | 根据查询时间段,显示液位的变化趋势 | |
| 温度趋势图 | | 根据查询时间段,显示进水温度、出水温度的变化趋势 | |
| pH 趋势图 | | 根据查询时间段,显示进水 pH、出水 pH 的变化趋势 | |
| 电流趋势图 | | 根据查询时间段,显示 1~4#、5~8# 的电流变化趋势 | |
| 电压趋势图 | | 根据查询时间段,显示电压的变化趋势 | |
| 频率趋势图 | | 根据查询时间段,显示 1~4#、5~8# 的频率变化趋势 | |
| 冷却塔风机频率趋势图 | | 根据查询时间段,显示冷却塔风机频率的变化趋势 | |
| 冷却塔风机电流趋势图 | | 根据查询时间段,显示冷却塔风机电流的变化趋势 | |

| 参数 | 样式 | 值 | 备注 |
|---|---|---|---|
| 趋势信息报表 | 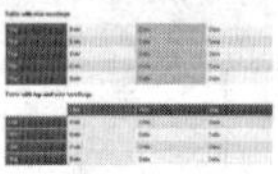  | 显示生成趋势图中的 11 个时间点的所有趋势信息明细列表 | 样式参照页面功能描述中提供格式 |
| 查看报表 |  按钮 | 点击显示趋势信息报表 | 显示趋势报表 |
| 打印 |  按钮 | 打印生成的趋势图 | 将生成的趋势图进行打印 |
| 导出 |  按钮 | 导出生成的趋势图 | 将生成的趋势图进行导出 |

### 3. 风机频率数据汇总

（1）页面示意图

页面示意图，如图 2-16 所示。

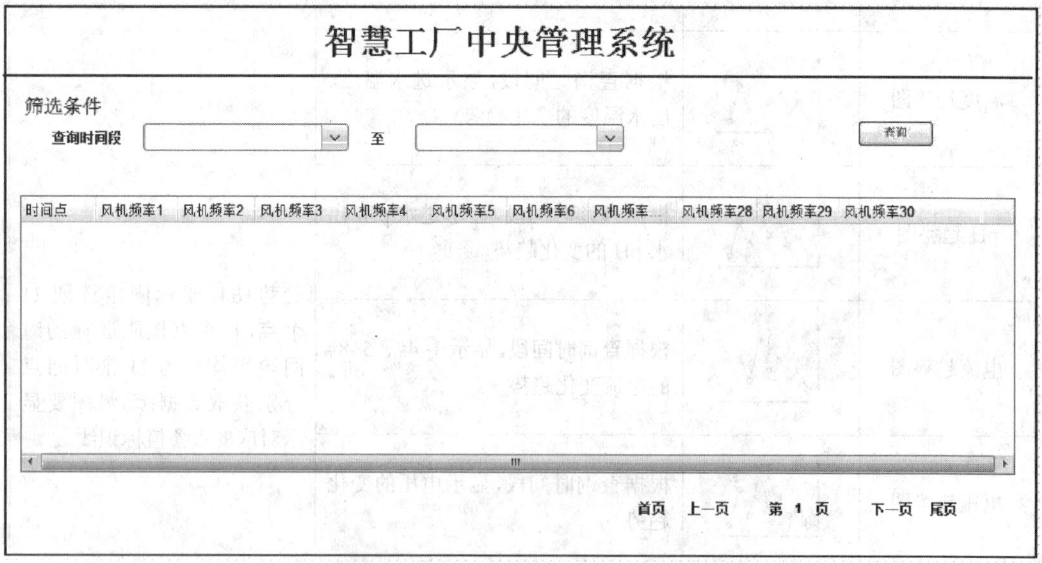

图 2-16　风机频率数据汇总页面示意图

（2）页面功能描述

● 提供查询时间段，进行一段时间内风机频率报警次数的筛选查询，精确到分钟。

● 风机频率监控项共计 30 个，为 1～30#。

● 统计所有风机频率监控项的报警次数，以柱状图形式对比显示，横坐标为报警次数，纵坐标为风机频率监控项名称。

（3）页面参数列表

页面参数列表，如表 2-14 所示。

表 2-14　风机频率数据汇总页面参数列表

| 参数 | 样式 | 值 | 备注 |
|------|------|-----|------|
| 筛选条件参数说明 | | | |
| 查询时间段 | Drop-down Menu<br>Menu Item 1<br>Menu Item 2<br>Menu Item 3<br>Menu Item 4<br>Menu Item 5 | 时间格式下拉框 | 精确到分钟 |
| 查询 | 按钮 | 点击查询 | 根据选择时间段进行查询 |
| 数据汇总参数说明 | | | |
| 风机频率报警统计柱状图 | | 根据查询时间段,显示所有风机频率监控项报警次数的柱状图对比表 | 横坐标为报警次数,纵坐标为风机频率监控项名称 |

## 4. 合成废水报警饼图

（1）页面示意图

页面示意图,如图 2-17 所示。

图 2-17　合成废水报警饼图页面示意图

（2）页面功能描述

● 提供查询时间段，进行一段时间内合成废水监控项目报警次数的筛选查询，精确到分钟。

● 现已知监控项目：1~4# 水压、5~8# 水压、液位、进水温度、出水温度、进水 pH、出水 pH、1~4# 电流、5~8# 电流、电压、1~4# 频率、5~8# 频率、合成循环水变频器 1、合成循环水变频器 2、冷却塔风机变频器。

● 统计所有监控项目的报警次数，以饼图形式显示。

● 提供饼图中对比项目的点击功能，点击则显示选中监控项目的报警明细，以清单列表形式呈现。

（3）页面参数列表

页面参数列表，如表 2-15 所示。

表 2-15　合成废水报警饼图页面参数列表

| 参数 | 样式 | 值 | 备注 |
|---|---|---|---|
| 筛选条件参数说明 | | | |
| 查询时间段 | 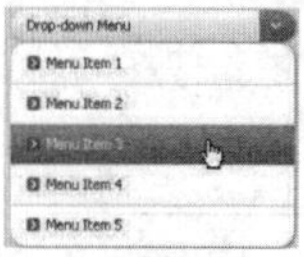 Drop-down Menu | 时间格式下拉框 | 精确到分钟 |
| 查询 |  按钮 | 点击查询 | 根据选择日期段进行查询 |
| 饼图参数说明 | | | |
| 合成废水报警统计饼图 | 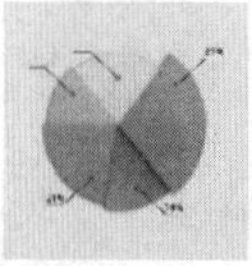 | 根据查询时间段，显示所有监控项目报警次数的饼图表 | 提供饼图中对比项目的点击功能，点击则显示选中监控项目的报警明细，以清单列表形式呈现 |
| 报警明细列表 | 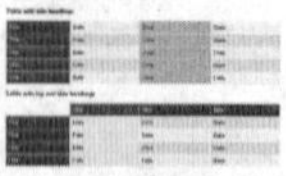 | 根据选中饼图中的监控项目名称，显示对应的报警明细；列表显示编号、报警时间、报警变量、报警阈值、报警值及报警详情 | |

## 5. 风机频率报警柱状图

（1）页面示意图

页面示意图，如图 2-18 所示。

（2）页面功能描述

● 提供查询时间段，进行一段时间内风机频率报警次数的筛选查询，精确到分钟。

● 风机频率监控项共计 30 个，为 1~30#。

● 统计所有风机频率监控项的报警次数，以柱状图形式对比显示，横坐标为报警次数，纵坐标为风机频率监控项名称。

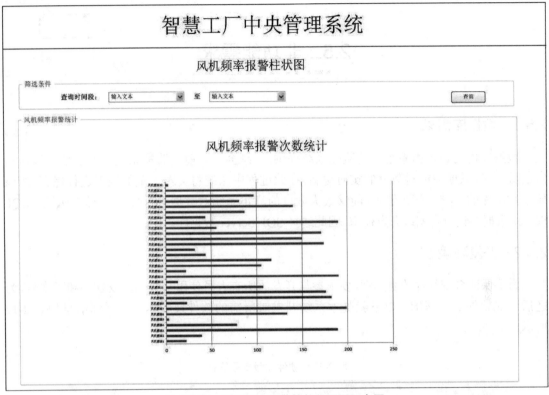

**图 2-18 风机频率报警柱状图页面示意图**

（3）页面参数列表

页面参数列表，如表 2-16 所示。

**表 2-16 风机频率报警柱状图页面参数列表**

| 参数 | 样式 | 值 | 备注 |
|---|---|---|---|
| 筛选条件参数说明 | | | |
| 查询时间段 | Drop-down Menu / Menu Item 1 / Menu Item 2 / Menu Item 3 / Menu Item 4 / Menu Item 5 | 时间格式下拉框 | 精确到分钟 |
| 查询 | 按钮 | 点击查询 | 根据选择时间段进行查询 |
| 柱状图参数说明 | | | |
| 风机频率报警统计柱状图 | | 根据查询时间段，显示所有风机频率监控项报警次数的柱状图对比表 | 横坐标为报警次数，纵坐标为风机频率监控项名称 |

# 2.5　非功能需求

## 2.5.1　数据库需求

数据库内的数据由系统前端监控系统提供,系统会要求前端监控系统将所需数据写入指定的数据表,以便完成对数据的实时更新,在此过程中系统将会对大量的数据进行保存,所以要求数据库的存储空间足够大,能够最大限度的满足系统对数据进行分析。综上所述,SQL Server 数据库较符合系统开发需求,因此选择 SQL Server 数据库。

## 2.5.2　开发环境

为了保证系统软件的协调性,要求参与开发的所有人员使用一致的开发软件和版本号,为之后合成软件奠定基础。以下就是本系统开发时所需的软件及版本号。详细信息如表 2-17 所示。

表 2-17　软件及版本号信息

| 条件 | 软件名称 | 版本号 |
| --- | --- | --- |
| 运行环境 | Eclipse | 4.5.0 |
| 服务器 | Tomcat | 7.0 |
| 环境变量 | JDK | 1.7 |
| 数据库支持 | SQL Server | 2008 R2 |

## 2.5.3　框架需求

智慧工厂中央管理系统所使用的框架为 ASSH(Angular+Struts+Spring+Hibernate),它是典型的三层架构,体现了 MVC(模型 Model、视图 View 和控制 Controller)思想。Angular 主要负责前台数据与后台代码的交互、Struts 主要负责表示层的显示、Spring 利用它的 IoC 和 AOP 来处理控制业务(负责对数据库的操作)、Hibernate 主要是数据的持久化到数据库。

## 2.5.4　开发人员需求

- 具有较强的用户需求判断、引导、控制能力。
- 优秀的业务理解、交流能力。
- 文字表达能力要强,能够快速分析功能需求涉及的文案、数据。
- 精通软件开发体系架构,熟悉管理系统开发流程,熟练掌握系统设计工具。

### 2.5.5  服务器硬件需求

开发过程中使用的硬件配置应该遵循以下原则：

● 高性能原则

在开发过程中使用的硬件不仅需要满足开发过程中的需求，而且要求硬件能够对故障进行预测报警以及处理，具有良好的故障处理能力。从发展角度看，硬件还需要满足一定时期内业务量的增长，所以还需要考虑服务器硬件的高性能。

● 安全原则

服务器处理的数据大多数是与系统相关的核心数据，并且它存放着运行的关键数据。这些数据对系统使用者来说至关重要。

● 性价比原则

在满足需求的基础上，良好的性价比是关键。设备所需要的硬件多种多样，在满足应用系统需求的前提下，不要一味追求先进，在保证能够解决主要问题，并且价格适宜时，可以进行考虑。

充 电 站

　　在一个软件项目确定下来后，需要进行需求分析，研究其可行性，想了解在需求分析这一环节所可能出现的问题及其解决方案，请扫描下方二维码，还有更多程序员的趣味日常在等你！

✓ 研究并使用建模工具完成本模块的原型图的绘制。

✓ 完成本模块的学习后,填写并提交智慧工厂中央管理系统需求分析报告(样例参见本书附录 2)

| 智慧工厂中央管理系统需求分析报告 | | |
|---|---|---|
| 项目名称 | | |
| 业务需求 | | |
| 系统总体结构设计 | | |
| 系统功能需求 | 模块划分 | |
| | 功能描述 | |
| 系统非功能需求 | 数据库需求 | |
| | 开发环境需求 | |
| | 框架需求 | |
| | 开发人员需求 | |
| | 服务器硬件需求 | |

# 模块三 系统详细设计

本模块主要介绍如何根据需求分析对智慧工厂中央管理系统进行详细设计,通过对本模块内容的学习,了解系统详细设计的过程,学习系统详细设计过程中如何对系统进行模块划分以及如何分析模块中数据的传递过程。

● 熟悉系统详细设计的基本内容。
● 掌握智慧工厂中央管理系统的设计要求。
● 熟悉系统详细设计的基本流程。
● 掌握智慧工厂中央管理系统的总体结构。

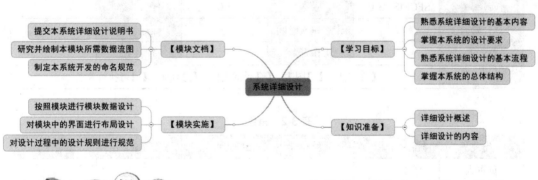

详细设计是软件工程开发中的一个重要步骤,是根据需求分析设计出的与需求一致的软件系统文档。此文档的质量基本上决定了最终软件的质量。详细设计不仅要保证逻辑正确,还要简明易懂,便于修改。

● 详细设计概述

详细设计过程是依据甲方客户提供的业务信息及需求文档,转化为软件工程标准的需求文本,主要设计元素包含页面数据设计、数据流图、页面设计以及命名规则说明,开发人员主要按照详细设计说明书编写代码。智慧工厂中央管理系统详细设计采用图形工具把过程细节清晰地描述出来。除此之外,详细设计还可以使用表格工具和语言工具。

● 详细设计的内容

详细设计的编写是为了给程序员编写程序时提供依据,其内容主要包括模块说明、流程逻辑、限制条件、需要操作的数据库表、输入项、输出项和界面设计等。智慧工厂中央管理系统根据需求分析说明书进行详细设计,它主要说明系统的整体结构以及各个模块的涉及范围,使开发人员对模块的划分有更清晰的了解,并且对模块中内部结构以及模块内部数据流的处理过程进行描述。编写系统设计说明书的过程其实就是一个模拟开发的过程,将开发过程可能产生的大部分问题挖掘出来。

# 3.1　系统详细设计任务信息

任务编号 SFCMS-03-01

表 3-1　基本信息

| 任务名称 | 系统详细设计 | | | | |
|---|---|---|---|---|---|
| 任务编号 | SFCMS-03-01 | 版本 | 1.0 | 任务状态 | |
| 计划开始时间 | | 计划完成时间 | | 计划用时 | |
| 负责人 | | 作者 | | 审核人 | |
| 工作产品 | 【　】文档　【　】图表　【　】测试用例　【　】代码　【　】可执行文件 | | | | |

表 3-2　角色分工

| 岗位 | 系统分析 | 系统设计 | 系统页面实现 | 系统逻辑编程 | 系统测试 |
|---|---|---|---|---|---|
| 负责人 | | | | | |

# 3.2　系统配置

## 3.2.1　计算机应用模式

B/S（Browser/Server，浏览器／服务器模式）结构，是一种网络结构模式，将系统核心功能的实现放在服务器上，用户只需要一台能上网的电脑，就可以通过浏览器与数据库进行交互。这种开发模式，不仅简化了系统的开发、维护和使用，而且用户可以在任何地方进行操作且不用安装任何特定的软件，实现了客户端零安装、零维护。

## 3.2.2　系统架构

为了达到"高内聚，低耦合"的设计目标，本系统将整个应用划分为：视图层、控制层以及模型层，即通常说的三层架构，本系统采用的框架是 ASSH（Angular、Spring、Struts 和 Hibernate）框架。

视图层：用户所看到的界面，主要用于向用户展示数据以及用户数据的提交，在本系统中采用前端框架 Angular 实现双向数据绑定，能够实现界面的操作并即时反映到数据库，数据库更新后即时反映到页面，通过 Angular 指令实现语义化标签。

控制层：采用 Struts 框架连接模型层和视图层，用来接收、处理、发送数据并控制流程。

模型层：用 Hibernate 框架让实体类通过配置文件和数据库生成表及关联，通过对 JavaBean 的操作来实现对数据库的操作。

而 Spring 框架整合了 Hibernate 和 Struts 透明的管理整个架构，框架结构如图 3-1 所示。

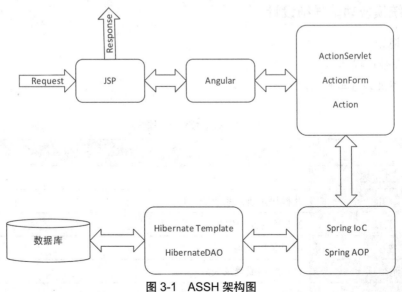

图 3-1　ASSH 架构图

在开发系统时，系统代码共分为五个包。如表 3-3 所示。

表 3-3　系统代码分类表

| 包名 | 描述 |
|---|---|
| com.xt.assh.domain | 存放实体类文件及其配置文件 |
| com.xt.assh.dao | 存放数据库操作接口类 |
| com.xt.assh.service | 存放服务接口类 |
| com.xt.assh.action | 存放调用 JSP 文件的接口类 |
| com.xt.assh.util | 存放工具类 |

# 3.3　智慧工厂中央管理系统模块简介

智慧工厂中央管理系统主要分为登录模块、权限管理模块、人员管理模块、能源管理模块和环安管理模块五个模块。登录模块主要是用户进入系统的入口,人员管理模块主要是对使用该系统的用户进行员工信息的管理并且在此模块中用户可以对密码进行修改;能源管理模块主要是对该工厂的能源信息进行管理以及分析;环安管理模块主要是对工厂产生的废水、废气进行监控以及对其数据进行分析。

## 3.3.1　系统功能具备的优势

可管理:工作分配和权限设置更清晰。

可扩展:模块化设计、标准接口、设计开放、全方位定制和全面支持二次开发。

可视化:将查询的数据以各种图表的形式直观显示。

## 3.3.2　系统模块功能详细设计

### 1. 登录模块

(1)页面数据描述

页面描述如表 3-4 所示。

表 3-4　登录模块数据描述

| 名称 | 描述 |
|---|---|
| 模块描述 | 用户登录 |
| 功能 | 此模块是进入系统的入口 |
| 性能 | 2~5 秒内操作生效 |
| 输入项 | 用户名和密码 |
| 输出项 | 登录成功或登录失败 |
| 输出方法 | 页面跳转显示 |
| 限制条件 | 无 |

（2）数据流图

在此页面,用户输入用户名和密码,系统将用户提交的数据与数据库中存储的数据进行匹配,匹配成功,跳转到主界面,若不成功,则仍然停留在登录界面。登录模块数据流向图如图 3-2 所示。

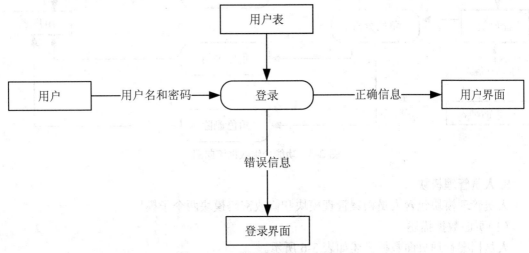

图 3-2　登录模块数据流向图

## 2. 权限管理模块

（1）页面数据描述

页面数据描述如表 3-5 所示。

表 3-5　功能分配数据描述

| 名称 | 描述 |
| --- | --- |
| 模块描述 | 分配用户可操作权限 |
| 功能 | 对登录此系统后台的用户分配操作权限,体现在用户登录后的导航栏 |
| 性能 | 2~5 秒内操作生效 |
| 输入项 | 状态选择 |
| 输出项 | 权限列表 |
| 输出方法 | 添加、修改、删除成功后都要返回角色列表,默认显示所有角色 |
| 限制条件 | 无 |

（2）数据流图

此模块主要设置使用该系统的用户访问的资源,将使用该系统的用户根据其职责不同设置不同的角色,并且具有操纵权限功能的用户可以对系统当前所拥有的角色进行添加、编辑、删除和为每个角色分配功能,功能分配模块数据流向图如图 3-3 所示。

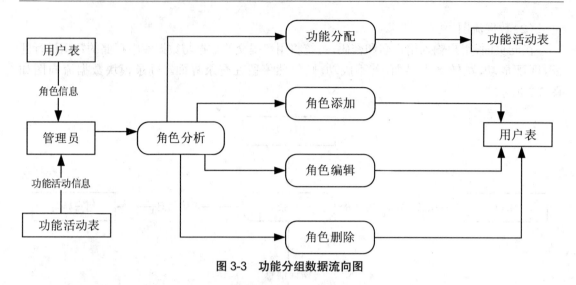

图 3-3　功能分组数据流向图

### 3. 人员管理模块

人员管理模块包含人员档案管理模块和修改密码模块两个子模块。

（1）页面数据描述

人员档案管理页面数据描述如表 3-6 所示。

表 3-6　人员档案管理数据描述

| 名称 | 描述 |
|------|------|
| 模块描述 | 用来对工厂员工进行管理 |
| 功能 | 对员工信息的增加、删除、修改、查询 |
| 性能 | 2~5 秒内操作生效 |
| 输入项 | 工号、部门、姓名、职务等 |
| 输出项 | 用户信息列表 |
| 输出方法 | 用户选择条件进行查询,得到符合条件的员工信息的列表页,并进行相应的添加、修改、删除等操作 |
| 限制条件 | 用户必须具有查询、添加、修改、删除用户信息的权限 |

修改密码页面数据描述如表 3-7 所示。

表 3-7　修改密码数据描述

| 名称 | 描述 |
|------|------|
| 模块描述 | 用户修改当前登录用户密码 |
| 功能 | 对登录此系统的用户进行的操作 |
| 性能 | 2~5 秒内操作生效 |
| 输入项 | 旧密码和新密码 |

续表

| 名称 | 描述 |
| --- | --- |
| 输出项 | 修改成功或修改失败 |
| 输出方法 | 跳转至登录页面 |
| 限制条件 | 用户登录之后才能进行的操作 |

（2）数据流图

在此模块,用户不仅可以查询用户信息,还可以对用户信息进行添加、编辑、修改和删除,可以对用户进行功能分配,分配用户所属角色即用户可操作的权限是什么。可以为用户分配特殊功能（用户不属于功能所属的角色,却可以使用该功能）。人员档案管理数据流向图如图3-4所示。

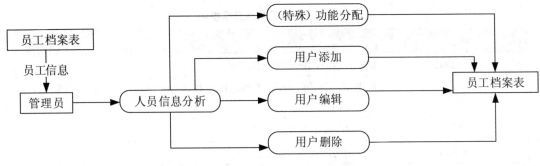

**图3-4　人员档案管理数据流向图**

在修改密码模块用户可以修改当前登录用户的登录密码,用户修改密码的数据流向图如图3-5所示。

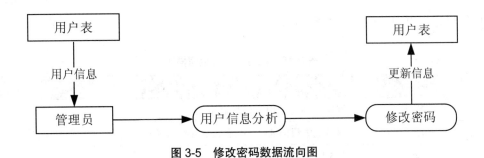

**图3-5　修改密码数据流向图**

### 4. 能源管理模块

此模块包含水监控、水压趋势图、电度日报表、气报警饼图、气报警柱状图五个模块。

（1）页面数据描述

水监控页面数据描述如表3-8所示。

表 3-8　水监控数据描述

| 名称 | 描述 |
|---|---|
| 模块描述 | 实时显示水压信息及设备运行状态 |
| 功能 | 每 15 分钟自动刷新；手动刷新 |
| 性能 | 2~5 秒内操作生效 |
| 输入项 | 系统当前时间 |
| 输出项 | 实时水压值和设备运行状态 |
| 输出方法 | 实时刷新显示 |
| 限制条件 | 无 |

水压趋势图页面数据描述如表 3-9 所示。

表 3-9　水压趋势图数据描述

| 名称 | 描述 |
|---|---|
| 模块描述 | 显示一段时间内水压变化情况 |
| 功能 | 根据用户所选时间段，查询水压值并以折线图显示，同时实现图表的打印和导出 |
| 性能 | 2~5 秒内操作生效 |
| 输入项 | 选择的时间段 |
| 输出项 | 所选时间段内水压变化情况 |
| 输出方法 | 用折线图的形式显示出所选时间段内水压变化趋势 |
| 限制条件 | 输入时间合理 |

电度日报表页面数据描述如表 3-10 所示。

表 3-10　电度日报表数据描述

| 名称 | 描述 |
|---|---|
| 模块描述 | 选中日期内的用电信息显示 |
| 功能 | 显示选中日期的峰、平、谷、总各时期内的用电情况，并实现打印、导出功能 |
| 性能 | 2~5 秒内操作生效 |
| 输入项 | 所选时间段 |
| 输出项 | 输入时间段内详细用电量 |
| 输出方法 | 用表格的形式选中日期的峰、平、谷、总各时期内的用电情况 |
| 限制条件 | 输入时间合理 |

气报警饼图页面数据描述如表 3-11 所示。

表 3-11 气报警饼图数据描述

| 名称 | 描述 |
|---|---|
| 模块描述 | 一段时间内气报警次数 |
| 功能 | 用饼图的形式显示所选时间内气报警次数,点击饼图,显示详细信息列表 |
| 性能 | 2~5 秒内操作生效 |
| 输入项 | 所选时间段 |
| 输出项 | 所选时间段内气报警次数 |
| 输出方法 | 用饼图显示所选时间段内气报警次数 |
| 限制条件 | 输入时间合理 |

气报警柱状图页面数据描述如表 3-12 所示。

表 3-12 气报警柱状图数据描述

| 名称 | 描述 |
|---|---|
| 模块描述 | 一段时间内的气报警次数显示 |
| 功能 | 用柱状图的形式显示所选时间内气报警次数 |
| 性能 | 2~5 秒内操作生效 |
| 输入项 | 所选时间段 |
| 输出项 | 输入时间段内气报警次数 |
| 输出方法 | 用柱状图显示所选时间段内气报警次数 |
| 限制条件 | 输入时间合理 |

（2）数据流向图

在此模块用户可以进行如下操作：刷新页面数据、查询某一时间段内的数据信息、将查询到的信息以报表的形式展示给用户、将查询到的数据以饼图的形式展示、将查询到的数据导出 Excel 表格以及将查询到的图表进行打印。用户操作能源管理模块的功能数据流向图如图 3-6 所示。

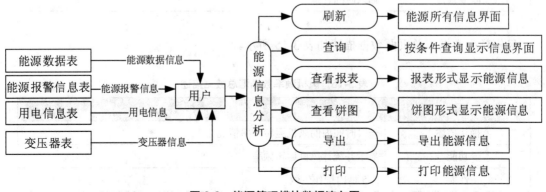

图 3-6 能源管理模块数据流向图

### 5. 环境安全生产管理模块

此模块包含尾气风机监控、合成废水趋势图、风机频率数据汇总、合成废水报警饼图、风机频率报警柱状图五个模块。

（1）页面数据描述

尾气风机监控页面数据描述如表 3-13 所示。

**表 3-13　尾气风机监控数据描述**

| 名称 | 描述 |
|---|---|
| 模块描述 | 尾气风机的烟道温度和风机频率数据的显示及设备运行状态 |
| 功能 | 实时显示尾气风机温度、风机频率以及风机运转状态 |
| 性能 | 2~5 秒内操作生效 |
| 输入项 | 系统当前时间 |
| 输出项 | 输入时间段内气报警次数 |
| 输出方法 | 实时显示当前的尾气风机温度、风机频率以及风机运转状态 |
| 限制条件 | 无 |

合成废水趋势图页面数据描述如表 3-14 所示。

**表 3-14　合成废水趋势图数据描述**

| 名称 | 描述 |
|---|---|
| 模块描述 | 合成废水过程中各项指标的变化趋势 |
| 功能 | 根据用户所选时间段用折线图表示合成废水过程中的各项指标的变化趋势,并实现图表的打印和导出 |
| 性能 | 2~5 秒内操作生效 |
| 输入项 | 所选时间段 |
| 输出项 | 输入时间段内气合成废水过程中水压、液位等九个值的变化趋势 |
| 输出方法 | 趋势图 |
| 限制条件 | 输入时间合理 |

风机频率数据汇总页面数据描述如表 3-15 所示。

**表 3-15　风机频率数据汇总数据描述**

| 名称 | 描述 |
|---|---|
| 模块描述 | 一段时间内的风机运转频率情况 |
| 功能 | 显示并统计风机运转频率 |
| 性能 | 2~5 秒内操作生效 |

续表

| 名称 | 描述 |
|------|------|
| 输入项 | 所选时间段 |
| 输出项 | 输入时间段内风机频率数据 |
| 输出方法 | 以报表方式显示数据 |
| 限制条件 | 输入时间合理 |

合成废水报警饼图页面数据描述如表 3-16 所示。

表 3-16 合成废水报警饼图数据描述

| 名称 | 描述 |
|------|------|
| 模块描述 | 显示合成废水报警的次数 |
| 功能 | 显示所选时间内合成废水过程中的报警情况 |
| 性能 | 2~5 秒内操作生效 |
| 输入项 | 所选时间段 |
| 输出项 | 输出所选时间内合成废水过程中的报警情况 |
| 输出方法 | 以饼图的方式显示数据 |
| 限制条件 | 输入时间合理 |

风机频率报警柱状图页面数据描述如表 3-17 所示。

表 3-17 风机频率报警柱状图数据描述

| 名称 | 描述 |
|------|------|
| 模块描述 | 一段时间内风机报警频率次数 |
| 功能 | 统计所选时间段内每个风机报警次数 |
| 性能 | 2~5 秒内操作生效 |
| 输入项 | 所选时间段 |
| 输出项 | 输入时间段内合成废气过程中每一个风机的频率报警情况 |
| 输出方法 | 以柱状图的方式显示数据 |
| 限制条件 | 输入时间合理 |

（2）数据流向图

在此模块用户可以在页面进行如下操作：刷新页面数据、查询某一时间段内的数据信息、将查询到的信息以报表的形式展示给用户、将查询到的数据导出 Excel 表格以及将查询到的图表打印出来。用户操作环安管理模块功能时数据流向图如图 3-7 所示（请结合页面描述补全图 3-7 缺少的功能及数据库表）。

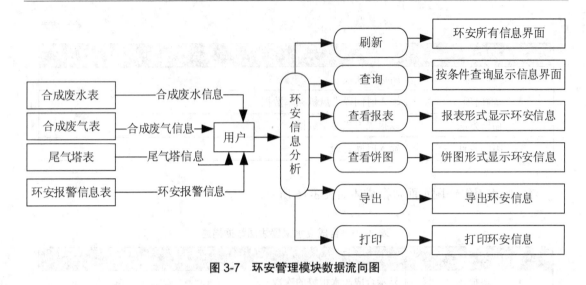

**图 3-7　环安管理模块数据流向图**

# 3.4　智慧工厂中央管理系统界面设计

用例界面以可视化的方式呈现,是对需求的进一步明确,是作为编码和实现的依据。

**用例 0501:用户登录界面**

**用例 0601：功能分配界面**

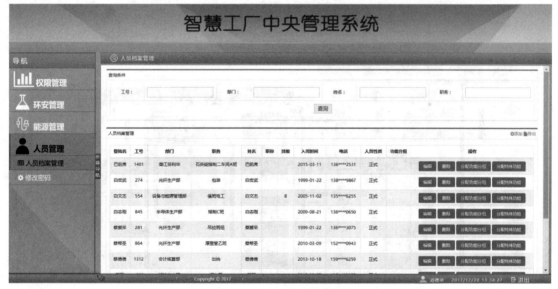

**用例 0602：人员档案管理界面**

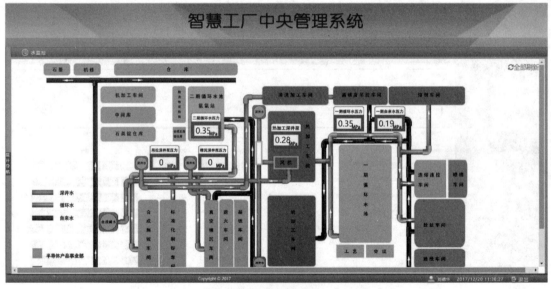

用例 0603：修改密码界面

用例 0701：水监控

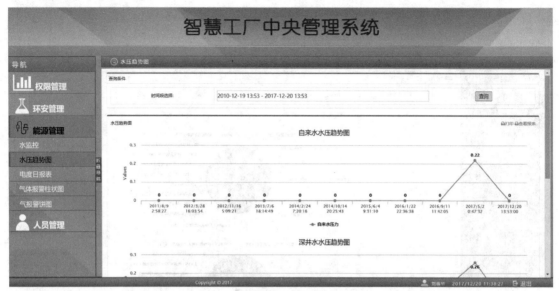

用例 0702:水压趋势图

用例 0703:电度日报表

用例 0704：气报警饼图

用例 0705：气报警柱状图

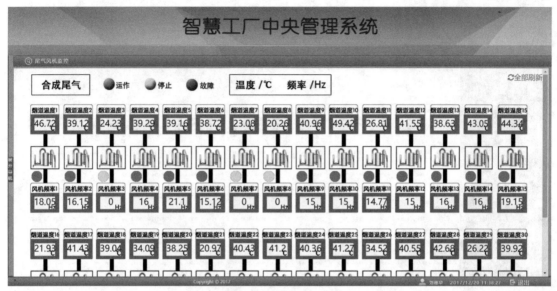

用例0801:尾气风机监控

用例0802:合成废水趋势图

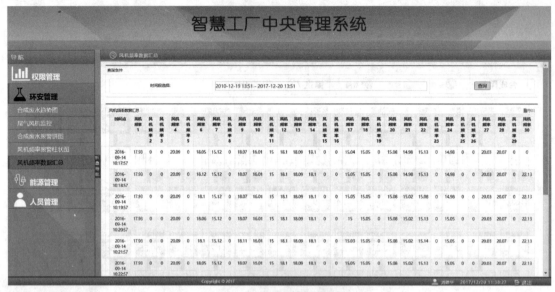

用例 0803：风机频率数据汇总

用例 0804：合成废水报警饼图

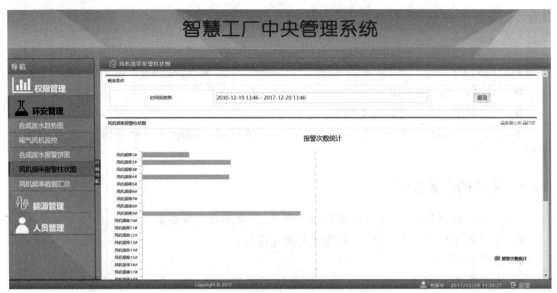

用例 0805：风机频率报警柱状图

# 3.5　软件设计规范

软件规模的扩大，使得软件的二次开发已成常态，代码的阅读次数远超过它的编写次数，良好的命名规则使程序易读、易懂、易于修改。因此，在软件开发阶段必须设计规范的命名规则。

## 3.5.1　包的命名规则

Java 中包是将相关的类和接口组织成层级结构的名称空间。包的命名规则如下：
- 包名都是由小写字母组成的。
- 包名应该能反映包中的内容。
- 包名应该是独有的，不可重复的。
- 包名可以采用倒序的公司域名，本系统所有包都以 com 开头。

## 3.5.2　类与接口的命名规则

Java 中主要是通过类与接口完成特定功能的，因此，必须要有一个中心目的，其命名规则如下：
- 类与接口的名字应该表达其中心目的。
- 类与接口的名字一般由大写字母开头。
- 类与接口的名字可以由若干单词组成，每个单词的第一个字母采用大写字母，其余字母采用小写字母。
- 一般不用动词命名类与接口。

### 3.5.3　方法的命名规则

方法反映了对象所具有的行为,一般用来描述对象所具有的功能或者对象可操作的功能,其命名规则如下:

- 方法名一般使用动词。
- 方法名第一个字母应该小写。
- 在多个单词混合的情况下,第一个单词后的所有单词的第一个字母大写,其余字母小写。

### 3.5.4　变量的命名规则

成员变量、局部变量、静态变量等都属于变量,变量的命名规则如下:

- 变量名开头必须为字母、下划线或者美元符号。
- 变量名应该易于理解。
- 在多个单词混合的情况下,第一个单词后的所有单词的第一个字母大写,其余字母小写。

### 3.5.5　常量的命名规则

- 常量的命名一般采用大写的英文单词,若有多个单词,则可以采用下划线连接。

### 3.5.6　智慧工厂中央管理系统命名方式

表 3-18　智慧工厂中央管理系统命名方式

| | | |
|---|---|---|
| 文件夹命名 | 通过名称可以确定其中的主要内容。例:Page(存放 JSP 页面) | |
| 包的命名 | 可以清晰地显示其中包含的主要内容。例:com.xt.assh.domain(存放实体类以及映射文件) | |
| JSP 页面命名 | 页面命名尽量与其内容相关。例:login.jsp(登录页面) | |
| 类的命名 | 表达其核心内容。例:UserDao(用户数据访问层) | |
| 变量的命名<br>常量的命名 | 方法的命名 | 一般使用动词。例:login()(登录方法) |
| | 开头为字母、下划线或美元符号。例:userName(用户名) | |
| | 采用大写英文单词。例:AGE(年龄) | |
| 数据库<br>数据库表的命名<br>数据库列的命名 | 数据库命名 | 以项目名称命名。例:LMS(图书管理系统) |
| | 以英文单词命名。例:UserInfo(用户信息表) | |
| | 来源于具体业务的英文单词缩写。例:username(用户名) | |

✓ 研究并使用建模工具完成本模块数据流图的绘制以及制定命名方案。

✓ 完成本模块的学习后填写并提交智慧工厂中央管理系统详细设计说明书（样例参见本书附录3）。

| 智慧工厂中央管理系统详细设计 | | |
|---|---|---|
| 项目名称 | | |
| 系统模块及子模块功能划分 | | |
| 界面效果 | | |
| 数据流图 | | |
| 数据描述 | | |
| 命名规范设计 | 包的命名规范 | |
| | 类与接口的命名规范 | |
| | 变量的命名规范 | |
| | 常量的命名规范 | |

# 模块四　数据库设计

本模块主要介绍如何根据需求分析和详细设计进行智慧工厂中央管理系统的数据库设计,通过本模块内容的学习,理解和掌握数据库设计的基本流程和注意事项。

- 熟悉数据库设计说明书的结构。
- 掌握数据库设计的流程。
- 熟悉智慧工厂中央管理系统的数据库结构。
- 掌握智慧工厂中央管理系统数据表之间的联系。

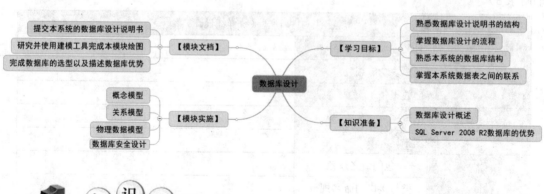

数据交互在智慧工厂中央管理系统中是必不可少的,用户登录、人员管理以及能源监控过程中产生的数据都存储在数据库中。因此,在开发项目之前需要设计数据库及相关的内容,这对于项目开发至关重要。

- 数据库设计概述

数据库设计(Database Design)是在指定的应用环境中建立数据库及其应用系统,设计者设计出最优化的数据库模式,以满足应用环境所需要的各种需求。数据库设计作为开发软件或系统时最重要、最复杂的一步,往往要耗费整个开发周期的 45% 以上。数据库设计不只是简单的设计页面所需要的字段和数据,设计者还需要设计系统运转、模块交互、中转数据、表之间的联系等所需要的字段。因此,数据库类型的选择也显得尤为重要。

● **SQL Server 2008 R2 数据库的优势**

智慧工厂中央管理系统选择使用 SQL Server 数据库管理各种数据信息,对数据信息进行分类保存。SQL Server 是一种应用广泛的数据库管理系统,能够为不同的商业环境提供不同类型的数据库解决方案。它具有许多显著的优点:易用性、数据库操作简单、与其他许多的服务器软件紧密关联的集成性以及良好的性价比等。

# 4.1　数据库设计任务信息

任务编号 SFCMS-04-01

表 4-1　基本信息

| 任务名称 | 数据库设计 | | | | |
|---|---|---|---|---|---|
| 任务编号 | SFCMS-04-01 | 版本 | 1.0 | 任务状态 | |
| 计划开始时间 | | 计划完成时间 | | 计划用时 | |
| 负责人 | | 作者 | | 审核人 | |
| 工作产品 | 【　】文档　【　】图表　【　】测试用例　【　】代码　【　】可执行文件 | | | | |

表 4-2　角色分工

| 岗位 | 系统分析 | 系统设计 | 系统页面实现 | 系统逻辑编程 | 系统测试 |
|---|---|---|---|---|---|
| 负责人 | | | | | |

# 4.2　概念模型

　　数据库概念模型设计是定义用户最终的数据需求和将元素以逻辑单位分组的过程。概念模型设计应独立于最终的物理实现,其目的是便于用户掌握其数据的组织结构以及更加全面的设计物理数据库。概念模型设计常用的方法是实体关系方法,实体关系方法是研究模块内需要什么实体以及实体间的联系方式,并画出 E-R(Entity Relationship Diagram)图。利用实体关系方法,可以建立满足用户需要的概念模型。

　　根据智慧工厂中央管理系统的各模块需求可知,系统需要保存的基本信息如表 4-3 所示。

表 4-3　模块信息表

| 模块名称 | 基本信息 |
|---|---|
| 登录模块 | 用户 |
| 权限管理模块 | 角色、用户、功能活动、角色功能、用户功能、用户角色 |
| 人员管理模块 | 员工档案、用户 |
| 能源管理模块 | 能源的数据、报警、用电、变压器 |
| 环安管理模块 | 合成废水、合成废气、尾气塔、环安报警 |

　　根据系统需要保存的信息,采用实体关系方法,确定各个实体以及实体之间的关系,可以建立如图 4-1 所示的智慧工厂中央管理系统的概念模型。

**图 4-1　智慧工厂中央管理系统实体概念模型**

## 4.2.1　登录模块

### 1. 登录模块 E-R 图

由实体和实体关系可以分析出本模块的 E-R 图,其中矩形框代表实体,椭圆代表实体的属性,如图 4-2 所示。

**图 4-2　登录模块 E-R 图**

### 2. 登录模块实体

登录模块中主要使用了用户实体,实体如图 4-3 所示。

**图 4-3　登录模块实体**

用户实体描述了用户注册的基本信息,用户的注册信息是由系统管理员输入到实体中的,实体中包含了用户的编号、用户名、密码和插入时间等属性。其中用户名和密码属性用来验证用户在登录页面输入的用户信息是否与数据库中的匹配。用户不能注册新的账号和修改自己的用户名,只能在登录成功后在修改密码页面修改当前账号的登录密码。

### 4.2.2 权限配置模块

#### 1. 权限管理模块实体关系

在本模块中,一个角色包括多个用户,但是只能具有一个功能活动权限。一名用户只能具有一个角色,但可以具有多个功能权限。一个功能活动权限可以供多个角色或多个用户使用。

#### 2. 权限管理模块 E-R 图

由上一阶段详细设计及实体关系可分析出本模块的 E-R 图,其中矩形框代表实体,菱形代表实体与实体之间的关系,如图 4-4 所示。

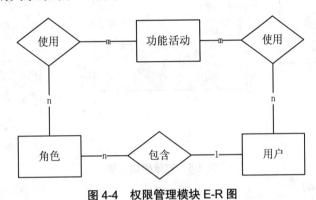

**图 4-4　权限管理模块 E-R 图**

#### 3. 权限配置模块实体

权限管理模块中使用的实体包括功能活动、用户、角色、用户功能活动、角色功能活动、用户角色 6 个实体,各个实体如图 4-5 所示。

（1）功能活动

功能活动实体描述了用户登录后根据用户所在的功能分组和具有的特殊功能确定该用户所能查看的模块,包括提交方法、父级菜单、菜单索引、菜单类型、图标等内容。

（2）用户

用户实体描述了用户注册的基本信息,用户的注册信息是由系统管理员插入到实体中的,实体中包含了用户的编号、用户名、密码和插入时间等属性。用户不能注册新的账号和修改用户名只能在登录成功后在修改密码页面修改当前账号的登录密码。

（3）角色

角色实体描述了功能分组的编号、名称、创建功能分组的时间、删除记录、修改功能分组的时间、备注等信息。这些信息都由系统管理员或具有操作权限的用户进行创建,普通用户不能进行修改。

（4）用户功能活动

用户活动实体作为用户表和功能活动表的外键关系表,存放了用户编号和活动编号。用来确认用户所属的活动。

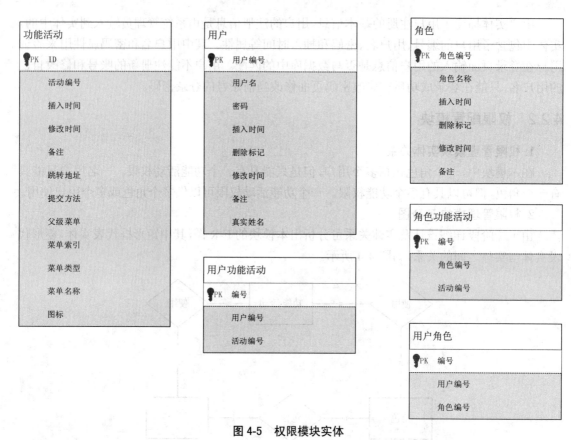

**图 4-5　权限模块实体**

（5）角色功能活动

角色活动实体作为角色表和功能活动表的外键关系表，存放了角色编号和活动编号。用来确认不同的角色所具有不同的功能活动状态。

（6）用户角色

用户角色实体作为用户表角色表的外键关系表，存放了用户编号和角色编号。用来确认用户所属的角色。

### 4.2.3　人员管理模块

#### 1. 人员管理模块实体

人员管理模块中主要使用了员工档案、用户、角色、功能活动、用户功能活动、角色功能活动和用户角色实体，人员管理模块实体如图 4-6 所示。

（1）员工档案实体

员工档案实体描述了员工注册的基本信息，员工的注册信息由系统管理员输入到员工档案实体中，实体中包含了员工的编号、工号、部门、职务、姓名、职称、技能、入司时间、联系电话、人员性质以及用户编号。用户不能修改自己的资料只能由管理员进行添加和修改。

（2）功能活动

功能活动实体描述了用户登录后根据用户所在的功能分组和具有的特殊功能确定该用户所能查看的模块，包括提交方法、父级菜单、菜单索引、菜单类型、图标等内容。

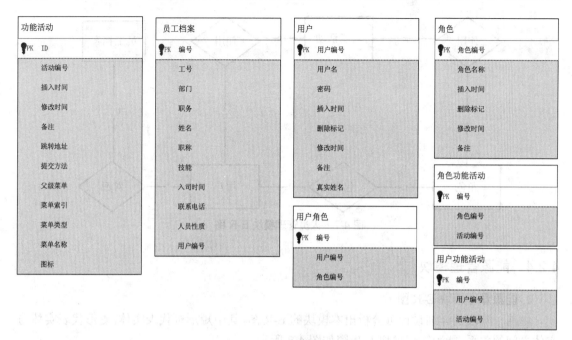

**图 4-6　人员管理模块实体**

（3）用户

用户实体描述了用户注册的基本信息,用户的注册信息是由系统管理员插入到实体中的,实体中包含了用户编号、用户名、密码和插入时间等属性。用户不能注册和修改用户名只能在登录成功后在修改密码页面修改当前账号的登录密码。

（4）角色

角色实体描述了功能分组的编号、名称、创建功能分组的时间、删除的记录、修改功能分组的时间、备注等信息。这些信息都由系统管理员或具有操作权限的用户进行创建,普通用户不能进行修改。

（5）用户功能活动

用户活动实体作为用户表和功能活动表的外键关系表,存放了用户编号和活动编号。用来确认用户所属的活动。

（6）角色功能活动

角色活动实体作为角色表和功能活动表的外键关系表,存放了角色编号和活动编号。用来确认不同的角色所具有不同的功能活动状态。

（7）用户角色

用户角色实体作为用户表角色表的外键关系表,存放了用户编号和角色编号。用来确认用户所属的角色。

**2. 人员管理模块 E-R 图**

由上一阶段详细设计可分析出本模块的 E-R 图,其中矩形框代表实体,菱形代表实体与实体之间的关系,人员管理模块 E-R 图如图 4-7 所示。

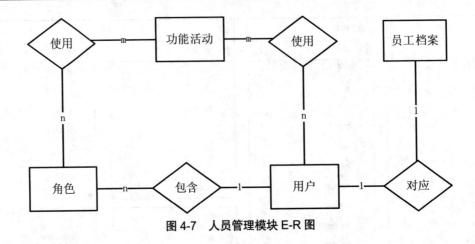

**图 4-7 人员管理模块 E-R 图**

### 4.2.4 能源管理模块

#### 1. 能源管理模块 E-R 图

由前一阶段的详细设计可分析出本模块的 E-R 图，其中矩形框代表实体，菱形代表实体与实体之间的关系，能源管理模块 E-R 图如图 4-8 所示。

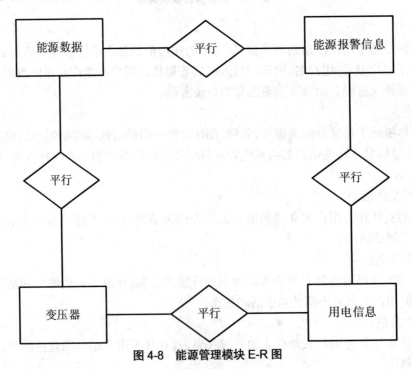

**图 4-8 能源管理模块 E-R 图**

#### 2. 能源管理模块实体

能源管理模块中使用的实体包括能源数据、能源报警信息、变压器、用电信息 4 个实体，各个实体如图 4-9 所示。

（1）能源数据

能源数据实体主要描述了合成氢气、氧气、氮气的过程中各个被监控设备及其运行状态的

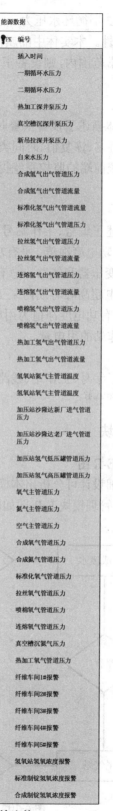

**图 4-9　能源管理模块实体**

数据,其中主要包括1-2期循环水压力、热加工深井泵压力、真空槽沉深井泵压力、新吊拉深井泵压力、自来水压力属性。本实体中的属性值由系统前端的监控系统提供并进行实时更新,当实体内的属性值在正常范围内,则设备正常运行,当实体内属性值超过正常范围,则在模块的页面中提示设备异常。

(2)能源报警信息

能源报警信息实体描述了设备报警时的报警日期、报警时间、变量名、组名、报警值、设定值、报警类型、操作员姓名、恢复值、时间类型、机器名、IO服务器名、拓展域1和拓展域2。本实体中的属性值由系统前端的监控系统提供并进行实时的更新,当有设备停止运行,页面将会显示报警信息内容。

(3)用电信息

用电信息实体描述了编号、工作站号、存入电度净值开始时间、表头值、总有功电度净值、尖有功电度净值、峰有功电度净值、平有功电度净值、谷有功电度净值等属性。其中每一个工作站都有与之匹配的变压器和线路。总有功电度净值为某一个工作站的一天内所有用电量、尖有功电度净值为用电超高峰时期内某工作站的用电量、峰有功电度净值为用电高峰时期内某工作站的用电量、平有功电度净值为用电正常时期内某工作站的用电量、谷有功电度净值为用电低谷时期内某工作站的用电量。

(4)变压器

变压器实体描述了编号、工作站、线路、变压器等属性,用户可以通过选择变压器及线路对工作站的用电情况进行分析。

## 4.2.5 环安管理模块

### 1.环安管理模块E-R图

由前一阶段的详细设计可分析出本模块的E-R图,其中矩形框代表实体,菱形代表实体与实体之间的关系,环安管理模块E-R图如图4-10所示。

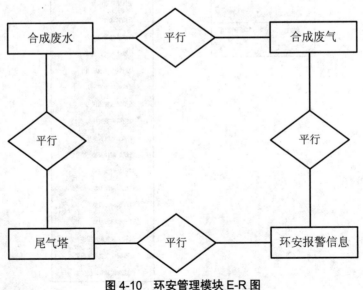

**图4-10 环安管理模块E-R图**

### 2. 环安管理模块实体

环安管理模块中使用的实体包括合成废水、合成废气、尾气塔、环安报警信息 4 个实体,各个实体如图 4-11 所示。

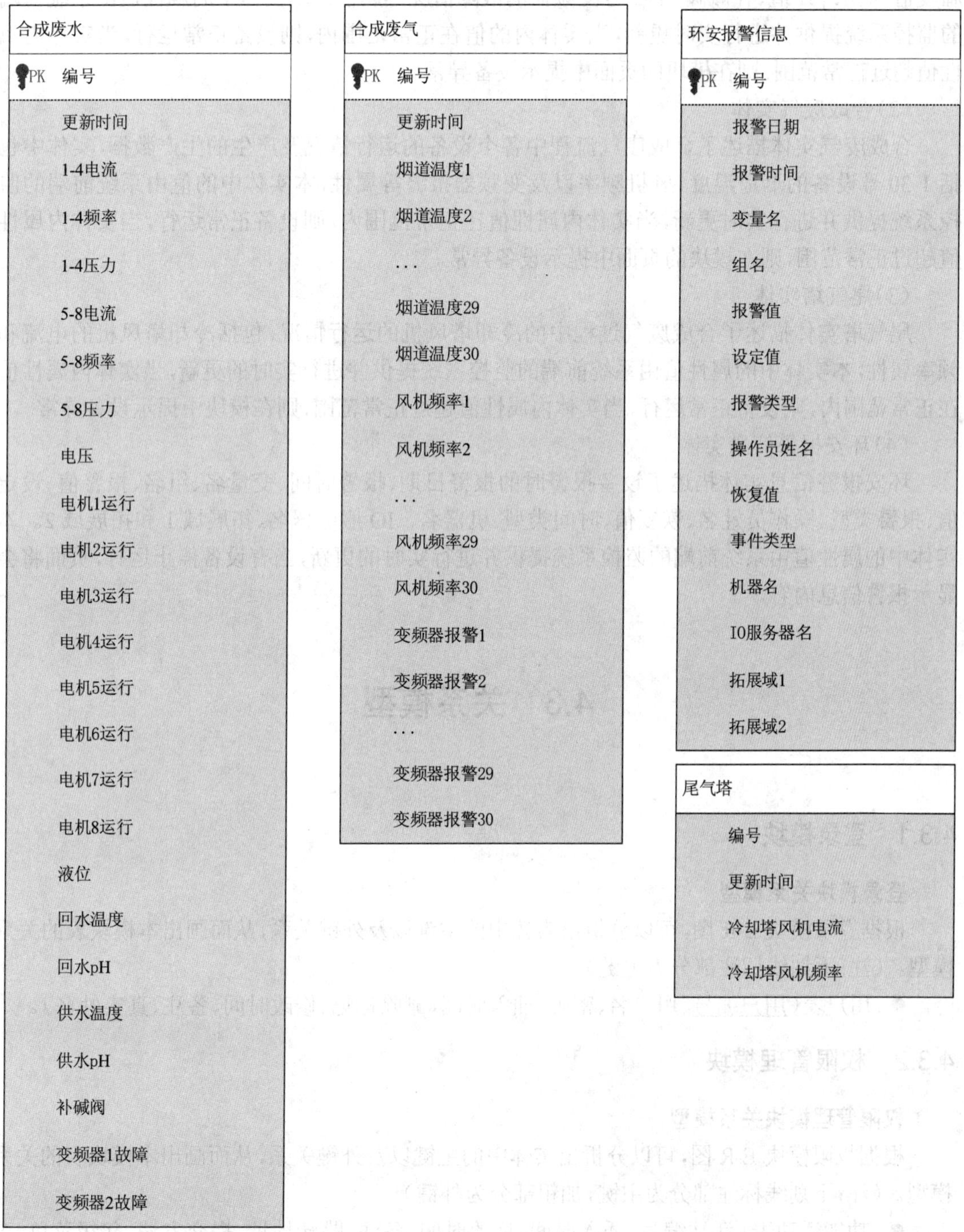

| 合成废水 |
| --- |
| 🔑PK　编号 |
| 更新时间 |
| 1-4电流 |
| 1-4频率 |
| 1-4压力 |
| 5-8电流 |
| 5-8频率 |
| 5-8压力 |
| 电压 |
| 电机1运行 |
| 电机2运行 |
| 电机3运行 |
| 电机4运行 |
| 电机5运行 |
| 电机6运行 |
| 电机7运行 |
| 电机8运行 |
| 液位 |
| 回水温度 |
| 回水pH |
| 供水温度 |
| 供水pH |
| 补碱阀 |
| 变频器1故障 |
| 变频器2故障 |

| 合成废气 |
| --- |
| 🔑PK　编号 |
| 更新时间 |
| 烟道温度1 |
| 烟道温度2 |
| … |
| 烟道温度29 |
| 烟道温度30 |
| 风机频率1 |
| 风机频率2 |
| … |
| 风机频率29 |
| 风机频率30 |
| 变频器报警1 |
| 变频器报警2 |
| … |
| 变频器报警29 |
| 变频器报警30 |

| 环安报警信息 |
| --- |
| 🔑PK　编号 |
| 报警日期 |
| 报警时间 |
| 变量名 |
| 组名 |
| 报警值 |
| 设定值 |
| 报警类型 |
| 操作员姓名 |
| 恢复值 |
| 事件类型 |
| 机器名 |
| IO服务器名 |
| 拓展域1 |
| 拓展域2 |

| 尾气塔 |
| --- |
| 编号 |
| 更新时间 |
| 冷却塔风机电流 |
| 冷却塔风机频率 |

**图 4-11　环安管理模块实体**

（1）合成废水实体

合成废水实体描述了合成废水流程中各个设备的运行情况,实体中包括 1~8 号设备的电流、频率、压力的值,电压值、1~8 号电机的运行情况值、液位值、回水温度值、回水 pH 值、供水温度值、供水 pH 值、补碱阀、1~2 号变频器的故障情况等属性。本实体中的属性值由系统前端的监控系统提供并进行实时更新,当实体内的值在正常范围内,则设备正常运行,当实体内属性值超过正常范围,则在模块的页面中提示设备异常。

（2）合成废气实体

合成废气实体描述了合成废气流程中各个设备的运行情况及产生的生产数据,实体中包括 1-30 号设备的烟道温度、风机频率以及变频器报警等属性,本实体中的值由系统前端的监控系统提供并进行实时更新,当实体内属性值在正常范围内,则设备正常运行,当实体内属性值超过正常范围,则在模块的页面中提示设备异常。

（3）尾气塔实体

尾气塔实体描述了合成废气过程中的冷却塔风机的运行情况,包括冷却塔风机的电流和频率属性,本实体中的属性值由系统前端的监控系统提供并进行实时的更新,当实体内属性值在正常范围内,则设备正常运行,当实体内属性值超过正常范围,则在模块中提示设备异常。

（4）环安报警信息实体

环安报警信息实体描述了设备报警时的报警日期、报警时间、变量名、组名、报警值、设定值、报警类型、操作员姓名、恢复值、时间类型、机器名、IO 服务器名、拓展域 1 和拓展域 2。本实体中的属性值由系统前端的监控系统提供并进行实时的更新,当有设备停止运行,页面将会显示报警信息内容。

# 4.3　关系模型

## 4.3.1　登录模块

**登录模块关系模型**

根据登录模块 E-R 图,可以分析出实体中的主键以及外键关系,从而画出本模块表的关系模型。(注:下划线标注部分为主键)

- 用户表(<u>用户编号</u>、用户名、密码、插入时间、删除标记、修改时间、备注、真实姓名)。

## 4.3.2　权限管理模块

**权限管理模块关系模型**

根据权限模块 E-R 图,可以分析出实体中的主键以及外键关系,从而画出本模块表的关系模型。(注:下划线标注部分为主键,加粗部分为外键)

- 功能活动表(<u>活动编号</u>、插入时间、修改时间、备注、跳转地址、提交方法、父级菜单、菜单索引、菜单类型、菜单名称、图标)。
- 角色表(<u>角色编号</u>、角色名称、插入时间、删除标记、修改时间、备注)。

- 用户表（<u>用户编号</u>、用户名、密码、插入时间、删除标记、修改时间、备注、真实姓名）。
- 角色功能活动表（<u>编号</u>、**角色编号**、**功能活动编号**）。
- 用户功能活动表（<u>编号</u>、**用户编号**、**功能活动编号**）。
- 用户角色表（<u>编号</u>、**用户编号**、**角色编号**）。

### 4.3.3 人员管理模块

**人员管理模块关系模型**

根据人员管理模块 E-R 图，可以分析出实体中的主键以及外键关系，从而画出本模块表的关系模型。（注：下划线标注部分为主键，加粗部分为外键）

- 员工档案表（<u>编号</u>、工号、部门、职务、姓名、职称、技能、入司时间、联系电话、人员性质、**用户编号**）。
- 功能活动表（<u>活动编号</u>、插入时间、修改时间、备注、跳转地址、提交方法、父级菜单、菜单索引、菜单类型、菜单名称、图标）。
- 角色表（<u>角色编号</u>、角色名称、插入时间、删除标记、修改时间、备注）。
- 用户表（<u>用户编号</u>、用户名、密码、插入时间、删除标记、修改时间、备注、真实姓名）。
- 角色功能活动表（<u>编号</u>、**角色编号**、**功能活动编号**）。
- 用户功能活动表（<u>编号</u>、**用户编号**、**功能活动编号**）。
- 用户角色表（<u>编号</u>、**用户编号**、**角色编号**）。

### 4.3.4 能源管理模块

**能源管理模块关系模型**

根据能源管理模块 E-R 图，可以分析出实体中的主键以及外键关系，从而画出本模块表的关系模型。（注：下划线标注部分为主键）

- 能源数据表（<u>编号</u>、插入时间、一期循环水压力、二期循环水压力、热加工深井泵压力、真空槽沉深井泵压力、新吊拉深井泵压力、自来水压力、合成氢气出气管道压力、合成氢气出气管道流量、标准化氢气出气管道流量、标准化氢气出气管道压力、拉丝氢气出气管道压力、拉丝氢气出气管道流量、连熔氢气出气管道压力、连熔氢气出气管道流量、喷棉氢气出气管道压力、喷棉氢气出气管道流量、热加工氢气出气管道压力、热加工氢气出气管道流量、氢氧站氮气主管道温度、氢氧站氧气主管道温度、加压站沙隆达新厂进气管道压力、加压站沙隆达老厂进气管道压力、加压站氢气低压罐管道压力、加压站氢气高压罐管道压力、氧气主管道压力、氮气主管道压力、空气主管道压力、合成氧气管道压力、合成氮气管道压力、标准化氧气管道压力、拉丝氧气管道压力、喷棉氧气管道压力、连熔氧气管道压力、真空槽沉氮气压力、热加工氧气管道压力、纤维车间 1# 报警、纤维车间 2# 报警、纤维车间 3# 报警、纤维车间 4# 报警、纤维车间 5# 报警、氢氧站氢氧浓度报警、标准制锭氢氧浓度报警、合成制锭氢氧浓度报警）。
- 能源报警信息表（<u>编号</u>、报警日期、报警时间、变量名、组名、报警值、设定值、报警类型、操作员姓名、恢复值、时间类型、机器名、IO 服务器名、拓展域 1、拓展域 2）。
- 用电信息表（<u>编号</u>、工作站号、存入电度净值开始时间、表头值、总有功电度净值、尖有功电度净值、峰有功电度净值、平有功电度净值、谷有功电度净值）。

● 变压器表(<u>编号</u>、工作站、线路、变压器)。

### 4.3.5　环安管理模块

**环安管理模块关系模型**

根据环安管理模块 E-R 图,可以分析出实体中的主键以及外键关系,从而画出本模块表的关系模型。(注:下划线标注部分为主键)

● 合成废水表(<u>编号</u>、更新时间、1~4 电流、1~4 频率、1~4 压力、5~8 电流、5~8 频率、5~8 压力、电压、电机 1 运行、电机 2 运行、电机 3 运行、电机 4 运行、电机 5 运行、电机 6 运行、电机 7 运行、电机 8 运行、液位、回水温度、回水 pH、供水温度、供水 pH、补碱阀、变频器 1 故障、变频器 2 故障)。

● 合成废气表(<u>编号</u>、更新时间、烟道温度 1……烟道温度 30、风机频率 1……风机频率 30、变频器报警 1……变频器报警 30)。

● 尾气塔表(<u>编号</u>、更新时间、冷却塔风机电流、冷却塔风机频率)。

● 环安报警信息表(<u>编号</u>、报警日期、报警时间、变量名、组名、报警值、设定值、报警类型、操作员姓名、恢复值、时间类型、机器名、IO 服务器名、拓展域 1、拓展域 2)。

# 4.4　物理数据模型

数据库的概念模型和关系模型确定之后,下一步需要进行数据库物理数据模型的建立。就是说要对实体之间的具体联系进行模型化的处置转换为对应的物理数据模型。每一个实体对应一个物理数据库表结构,对应情况及结构如表 4-4 所示。

表 4-4　物理数据模型结构

| 实体模型 | 物理模型名称 |
| --- | --- |
| 用户 | UserInfo |
| 功能活动 | ActionInfo |
| 角色 | RoleInfo |
| 角色功能活动 | RoleInfoActionInfo |
| 用户功能活动 | UserInfoActionInfo |
| 用户角色 | UserInfoRoleInfo |
| 员工档案 | PersonnelFile |
| 能源数据 | EnergyValue |
| 能源报警信息 | EnergyAlarm |
| 用电信息 | ElectricInfo |
| 变压器 | Transformer |

| 实体模型 | 物理模型名称 |
|---|---|
| 合成废水 | WasteWater |
| 合成废气 | WasteGas |
| 尾气塔 | GasTower |
| 环安报警信息 | Alarm |

## 4.4.1　登录模块

### 登录模块数据表

用户表由用户实体转换而来,并结合关系模型,创建表名为 UserInfo 的物理数据表,表结构如表 4-5 所示。

表 4-5　UserInfo(用户表)

| 序号 | 列名 | 数据类型 | 数据来源 | 是否为空 | 是否主键 | 备注 |
|---|---|---|---|---|---|---|
| 1 | ID | int | 自增 | 否 | 是 | 用户编号 |
| 2 | UName | nvarchar(MAX) | 管理员输入 | 否 | 否 | 用户名 |
| 3 | UPwd | nvarchar(MAX) | 管理员输入 | 否 | 否 | 密码 |
| 4 | SubTime | datetime | 管理员输入 | 是 | 否 | 插入时间 |
| 5 | DelFlag | int | 管理员输入 | 否 | 否 | 删除标记 |
| 6 | ModifiedOn | datetime | 管理员输入 | 是 | 否 | 修改时间 |
| 7 | Remark | nvarchar(MAX) | 管理员输入 | 是 | 否 | 备注 |
| 8 | RealName | nvarchar(MAX) | 管理员输入 | 是 | 否 | 真实姓名 |

## 4.4.2　权限管理模块

### 权限管理模块数据表

(1)功能活动表

功能活动表由功能活动实体转换而来,并结合关系模型,创建表名为 ActionInfo 的物理数据表,表结构如表 4-6 所示。

表 4-6　ActionInfo(功能活动表)

| 序号 | 列名 | 数据类型 | 数据来源 | 是否为空 | 是否主键 | 备注 |
|---|---|---|---|---|---|---|
| 1 | ID | int | 自增 | 否 | 是 | 活动编号 |
| 2 | SubTime | datetime | 管理员输入 | 是 | 否 | 插入时间 |
| 3 | ModifiedOn | datetime | 管理员输入 | 是 | 否 | 修改时间 |

| 序号 | 列名 | 数据类型 | 数据来源 | 是否为空 | 是否主键 | 备注 |
|---|---|---|---|---|---|---|
| 4 | Remark | nvarchar（MAX） | 管理员输入 | 是 | 否 | 备注 |
| 5 | Url | nvarchar（MAX） | 管理员输入 | 是 | 否 | 跳转地址 |
| 6 | HttpMethod | nvarchar（MAX） | 管理员输入 | 是 | 否 | 提交方法 |
| 7 | ParentID | nvarchar（MAX） | 管理员输入 | 是 | 否 | 父级菜单 |
| 8 | MenuIndex | int | 管理员输入 | 是 | 否 | 菜单索引 |
| 9 | ActionType | int | 管理员输入 | 是 | 否 | 菜单类型 |
| 10 | MenuName | nvarchar（MAX） | 管理员输入 | 是 | 否 | 菜单名称 |
| 11 | Icon | nvarchar（MAX） | 管理员输入 | 是 | 否 | 图标 |

（2）角色表

角色表由角色实体转换而来，并结合关系模型，创建表名为 RoleInfo 的物理数据表，表结构如表 4-7 所示。

表 4-7　RoleInfo（角色表）

| 序号 | 列名 | 数据类型 | 数据来源 | 是否为空 | 是否主键 | 备注 |
|---|---|---|---|---|---|---|
| 1 | ID | int | 自增 | 否 | 是 | 角色编号 |
| 2 | RoleName | nvarchar（255） | 管理员输入 | 否 | 否 | 角色名称 |
| 3 | SubTime | datetime | 管理员输入 | 是 | 否 | 插入时间 |
| 4 | DelFlag | int | 管理员输入 | 是 | 否 | 删除标记 |
| 5 | ModifiedOn | datetime | 管理员输入 | 是 | 否 | 修改时间 |
| 6 | Remark | nvarchar（MAX） | 管理员输入 | 是 | 否 | 备注 |

（3）用户表

用户表由用户实体转换而来，并结合关系模型，创建表名为 UserInfo 的物理数据表，表结构如表 4-8 所示。

表 4-8　UserInfo（用户表）

| 序号 | 列名 | 数据类型 | 数据来源 | 是否为空 | 是否主键 | 备注 |
|---|---|---|---|---|---|---|
| 1 | ID | int | 自增 | 否 | 是 | 用户编号 |
| 2 | UName | nvarchar（MAX） | 管理员输入 | 否 | 否 | 用户名 |
| 3 | UPwd | nvarchar（MAX） | 管理员输入 | 否 | 否 | 密码 |
| 4 | SubTime | datetime | 管理员输入 | 是 | 否 | 插入时间 |
| 5 | DelFlag | int | 管理员输入 | 否 | 否 | 删除标记 |

| 序号 | 列名 | 数据类型 | 数据来源 | 是否为空 | 是否主键 | 备注 |
|---|---|---|---|---|---|---|
| 6 | ModifiedOn | datetime | 管理员输入 | 是 | 否 | 修改时间 |
| 7 | Remark | nvarchar（MAX） | 管理员输入 | 是 | 否 | 备注 |
| 8 | RealName | nvarchar（MAX） | 管理员输入 | 是 | 否 | 真实姓名 |

（4）角色功能活动表

角色功能活动表由角色功能活动实体转换而来，并结合关系模型，创建表名为 RoleInfo-ActionInfo 的物理数据表，表结构如表 4-9 所示。

表 4-9　RoleInfoActionInfo（角色功能活动表）

| 序号 | 列名 | 数据类型 | 数据来源 | 是否为空 | 是否主键 | 备注 |
|---|---|---|---|---|---|---|
| 1 | ID | int | 自增 | 否 | 是 | 编号 |
| 2 | RoleInfoID | nvarchar（50） | 管理员输入 | 否 | 否 | 角色编号 |
| 3 | ActionInfoID | nvarchar（50） | 管理员输入 | 否 | 否 | 功能活动编号 |

（5）用户功能活动表

用户功能活动表由用户功能活动实体转换而来，并结合关系模型，创建表名为 UserInfo-ActionInfo 的物理数据表，表结构如表 4-10 所示。

表 4-10　UserInfoActionInfo（用户功能活动表）

| 序号 | 列名 | 数据类型 | 数据来源 | 是否为空 | 是否主键 | 备注 |
|---|---|---|---|---|---|---|
| 1 | ID | int | 自增 | 否 | 是 | 编号 |
| 2 | UserInfoID | nvarchar（50） | 管理员输入 | 否 | 否 | 用户编号 |
| 3 | ActionInfoID | nvarchar（50） | 管理员输入 | 否 | 否 | 功能活动编号 |

（6）用户角色表

用户角色表由用户角色实体转换而来，并结合关系模型，创建表名为 UserInfoRoleInfo 的物理数据表，表结构如表 4-11 所示。

表 4-11　UserInfoRoleInfo（用户角色表）

| 序号 | 列名 | 数据类型 | 数据来源 | 是否为空 | 是否主键 | 备注 |
|---|---|---|---|---|---|---|
| 1 | ID | int | 自增 | 否 | 是 | 编号 |
| 2 | UserInfoID | nvarchar（50） | 管理员输入 | 否 | 否 | 用户编号 |
| 3 | ActionInfoID | nvarchar（50） | 管理员输入 | 否 | 否 | 功能活动编号 |

## 4.4.3　人员管理模块

### 人员管理模块数据表

（1）员工档案表

员工档案表由员工档案实体转换而来，并结合关系模型，创建表名为 PersonnelFile 的物理数据表，表结构如表 4-12 所示。

表 4-12　PersonnelFile（员工档案表）

| 序号 | 列名 | 数据类型 | 数据来源 | 是否为空 | 是否主键 | 备注 |
|---|---|---|---|---|---|---|
| 1 | ID | int | 自增 | 否 | 是 | 编号 |
| 2 | JobNumber | nvarchar（50） | 管理员输入 | 是 | 否 | 工号 |
| 3 | Department | nvarchar（50） | 管理员输入 | 是 | 否 | 部门 |
| 4 | Post | nvarchar（50） | 管理员输入 | 是 | 否 | 职务 |
| 5 | Pname | nvarchar（50） | 管理员输入 | 是 | 否 | 姓名 |
| 6 | Title | nvarchar（50） | 管理员输入 | 是 | 否 | 职称 |
| 7 | Skill | nvarchar（50） | 管理员输入 | 是 | 否 | 技能 |
| 8 | EnteringTime | datetime | 管理员输入 | 是 | 否 | 入司时间 |
| 9 | ContactNumber | nvarchar（50） | 管理员输入 | 是 | 否 | 联系电话 |
| 10 | PersonnelNature | nvarchar（50） | 管理员输入 | 是 | 否 | 人员性质 |
| 11 | UserInfoID | nvarchar（50） | 管理员输入 | 是 | 否 | 用户编号 |

（2）功能活动表

功能活动表由功能活动实体转换而来，并结合关系模型，创建表名为 ActionInfo 的物理数据表，表结构如表 4-13 所示。

表 4-13　ActionInfo（功能活动表）

| 序号 | 列名 | 数据类型 | 数据来源 | 是否为空 | 是否主键 | 备注 |
|---|---|---|---|---|---|---|
| 1 | ID | int | 自增 | 否 | 是 | 活动编号 |
| 2 | SubTime | datetime | 管理员输入 | 是 | 否 | 插入时间 |
| 3 | ModifiedOn | datetime | 管理员输入 | 是 | 否 | 修改时间 |
| 4 | Remark | nvarchar（MAX） | 管理员输入 | 是 | 否 | 备注 |
| 5 | Url | nvarchar（MAX） | 管理员输入 | 是 | 否 | 跳转地址 |
| 6 | HttpMethod | nvarchar（MAX） | 管理员输入 | 是 | 否 | 提交方法 |
| 7 | ParentID | nvarchar（MAX） | 管理员输入 | 是 | 否 | 父级菜单 |
| 8 | MenuIndex | int | 管理员输入 | 是 | 否 | 菜单索引 |
| 9 | ActionType | int | 管理员输入 | 是 | 否 | 菜单类型 |

| 序号 | 列名 | 数据类型 | 数据来源 | 是否为空 | 是否主键 | 备注 |
|---|---|---|---|---|---|---|
| 10 | MenuName | nvarchar（MAX） | 管理员输入 | 是 | 否 | 菜单名称 |
| 11 | Icon | nvarchar（MAX） | 管理员输入 | 是 | 否 | 图标 |

（3）角色表

角色表由角色实体转换而来，并结合关系模型，创建表名为 RoleInfo 的物理数据表，表结构如表 4-14 所示。

**表 4-14　RoleInfo（角色表）**

| 序号 | 列名 | 数据类型 | 数据来源 | 是否为空 | 是否主键 | 备注 |
|---|---|---|---|---|---|---|
| 1 | ID | int | 自增 | 否 | 是 | 角色编号 |
| 2 | RoleName | nvarchar（255） | 管理员输入 | 否 | 否 | 角色名称 |
| 3 | SubTime | datetime | 管理员输入 | 是 | 否 | 插入时间 |
| 4 | DelFlag | int | 管理员输入 | 否 | 否 | 删除标记 |
| 5 | ModifiedOn | datetime | 管理员输入 | 是 | 否 | 修改时间 |
| 6 | Remark | nvarchar（MAX） | 管理员输入 | 是 | 否 | 备注 |

（4）用户表

用户表由用户实体转换而来，并结合关系模型，创建表名为 UserInfo 的物理数据表，表结构如表 4-15 所示。

**表 4-15　UserInfo（用户表）**

| 序号 | 列名 | 数据类型 | 数据来源 | 是否为空 | 是否主键 | 备注 |
|---|---|---|---|---|---|---|
| 1 | ID | int | 自增 | 否 | 是 | 用户编号 |
| 2 | UName | nvarchar（MAX） | 管理员输入 | 否 | 否 | 用户名 |
| 3 | UPwd | nvarchar（MAX） | 管理员输入 | 否 | 否 | 密码 |
| 4 | SubTime | datetime | 管理员输入 | 是 | 否 | 插入时间 |
| 5 | DelFlag | int | 管理员输入 | 否 | 否 | 删除标记 |
| 6 | ModifiedOn | datetime | 管理员输入 | 是 | 否 | 修改时间 |
| 7 | Remark | nvarchar（MAX） | 管理员输入 | 是 | 否 | 备注 |
| 8 | RealName | nvarchar（MAX） | 管理员输入 | 是 | 否 | 真实姓名 |

（5）角色功能活动表

角色功能活动表由角色功能活动实体转换而来，并结合关系模型，创建表名为 RoleInfo-ActionInfo 的物理数据表，表结构如表 4-16 所示。

**表 4-16　RoleInfoActionInfo( 角色功能活动表 )**

| 序号 | 列名 | 数据类型 | 数据来源 | 是否为空 | 是否主键 | 备注 |
|---|---|---|---|---|---|---|
| 1 | ID | int | 自增 | 否 | 是 | 编号 |
| 2 | RoleInfoID | nvarchar（50） | 管理员输入 | 否 | 否 | 角色编号 |
| 3 | ActionInfoID | nvarchar（50） | 管理员输入 | 否 | 否 | 功能活动编号 |

（6）用户功能活动表

用户功能活动表由用户功能活动实体转换而来,并结合关系模型,创建表名为 UserInfo-ActionInfo 的物理数据表,表结构如表 4-17 所示。

**表 4-17　UserInfoActionInfo( 用户功能活动表 )**

| 序号 | 列名 | 数据类型 | 数据来源 | 是否为空 | 是否主键 | 备注 |
|---|---|---|---|---|---|---|
| 1 | ID | int | 自增 | 否 | 是 | 编号 |
| 2 | UserInfoID | nvarchar（50） | 管理员输入 | 否 | 否 | 用户编号 |
| 3 | ActionInfoID | nvarchar（50） | 管理员输入 | 否 | 否 | 功能活动编号 |

（7）用户角色表

用户角色表由用户角色实体转换而来,并结合关系模型,创建表名为 UserInfoRoleInfo 的物理数据表,表结构如表 4-18 所示。

**表 4-18　UserInfoRoleInfo( 用户角色表 )**

| 序号 | 列名 | 数据类型 | 数据来源 | 是否为空 | 是否主键 | 备注 |
|---|---|---|---|---|---|---|
| 1 | ID | int | 自增 | 否 | 是 | 编号 |
| 2 | UserInfoID | nvarchar（50） | 管理员输入 | 否 | 否 | 用户编号 |
| 3 | ActionInfoID | nvarchar（50） | 管理员输入 | 否 | 否 | 功能活动编号 |

## 4.4.4　能源管理模块

### 能源管理模块数据表

（1）能源数据表

能源数据表由能源数据实体转换而来,并结合关系模型,创建表名为 EnergyValue 的物理数据表,表结构如表 4-19 所示。

表 4-19　EnergyValue（能源数据表）

| 序号 | 列名 | 数据类型 | 数据来源 | 是否为空 | 是否主键 | 备注 |
|---|---|---|---|---|---|---|
| 1 | EID | int | 自增 | 否 | 是 | 编号 |
| 2 | InsertTime | datetime | 数据采集系统 | 是 | 否 | 插入时间 |
| 3 | PT_1 | varchar（255） | 数据采集系统 | 是 | 否 | 一期循环水压力 |
| 4 | PT_2 | varchar（255） | 数据采集系统 | 是 | 否 | 二期循环水压力 |
| 5 | PT_3 | varchar（255） | 数据采集系统 | 是 | 否 | 热加工深井泵压力 |
| 6 | PT_4 | varchar（255） | 数据采集系统 | 是 | 否 | 真空槽沉深井泵压力 |
| 7 | PT_5 | varchar（255） | 数据采集系统 | 是 | 否 | 新吊拉深井泵压力 |
| 8 | PT_6 | varchar（255） | 数据采集系统 | 是 | 否 | 自来水压力 |
| 9 | PT_7 | varchar（255） | 数据采集系统 | 是 | 否 | 合成氢气出气管道压力 |
| 10 | FT_1 | varchar（255） | 数据采集系统 | 是 | 否 | 合成氢气出气管道流量 |
| 11 | FT_2 | varchar（255） | 数据采集系统 | 是 | 否 | 标准化氢气出气管道流量 |
| 12 | PT_8 | varchar（255） | 数据采集系统 | 是 | 否 | 标准化氢气出气管道压力 |
| 13 | PT_9 | varchar（255） | 数据采集系统 | 是 | 否 | 拉丝氢气出气管道压力 |
| 14 | FT_3 | varchar（255） | 数据采集系统 | 是 | 否 | 拉丝氢气出气管道流量 |
| 15 | PT_10 | varchar（255） | 数据采集系统 | 是 | 否 | 连熔氢气出气管道压力 |
| 16 | FT_4 | varchar（255） | 数据采集系统 | 是 | 否 | 连熔氢气出气管道流量 |
| 17 | PT_11 | varchar（255） | 数据采集系统 | 是 | 否 | 喷棉氢气出气管道压力 |
| 18 | FT_5 | varchar（255） | 数据采集系统 | 是 | 否 | 喷棉氢气出气管道流量 |
| 19 | PT_12 | varchar（255） | 数据采集系统 | 是 | 否 | 热加工氢气出气管道压力 |
| 20 | FT_6 | varchar（255） | 数据采集系统 | 是 | 否 | 热加工氢气出气管道流量 |
| 21 | TT_1 | varchar（255） | 数据采集系统 | 是 | 否 | 氢氧站氮气主管道温度 |
| 22 | TT_2 | varchar（255） | 数据采集系统 | 是 | 否 | 氢氧站氧气主管道温度 |
| 23 | PT_13 | varchar（255） | 数据采集系统 | 是 | 否 | 加压站沙隆达新厂进气管道压力 |
| 24 | PT_14 | varchar（255） | 数据采集系统 | 是 | 否 | 加压站沙隆达老厂进气管道压力 |
| 25 | PT_15 | varchar（255） | 数据采集系统 | 是 | 否 | 加压站氢气低压罐管道压力 |
| 26 | PT_16 | varchar（255） | 数据采集系统 | 是 | 否 | 加压站氢气高压罐管道压力 |
| 27 | PT_17 | varchar（255） | 数据采集系统 | 是 | 否 | 氧气主管道压力 |
| 28 | PT_18 | varchar（255） | 数据采集系统 | 是 | 否 | 氮气主管道压力 |
| 29 | PT_19 | varchar（255） | 数据采集系统 | 是 | 否 | 空气主管道压力 |
| 30 | PT_20 | varchar（255） | 数据采集系统 | 是 | 否 | 合成氧气管道压力 |
| 31 | PT_21 | varchar（255） | 数据采集系统 | 是 | 否 | 合成氮气管道压力 |

| 序号 | 列名 | 数据类型 | 数据来源 | 是否为空 | 是否主键 | 备注 |
|---|---|---|---|---|---|---|
| 32 | PT_22 | varchar（255） | 数据采集系统 | 是 | 否 | 标准化氧气管道压力 |
| 33 | PT_23 | varchar（255） | 数据采集系统 | 是 | 否 | 拉丝氧气管道压力 |
| 34 | PT_24 | varchar（255） | 数据采集系统 | 是 | 否 | 喷棉氧气管道压力 |
| 35 | PT_25 | varchar（255） | 数据采集系统 | 是 | 否 | 连熔氧气管道压力 |
| 36 | PT_26 | varchar（255） | 数据采集系统 | 是 | 否 | 真空槽沉氮气压力 |
| 37 | PT_27 | varchar（255） | 数据采集系统 | 是 | 否 | 热加工氧气管道压力 |
| 38 | AL_1 | varchar（255） | 数据采集系统 | 是 | 否 | 纤维车间1#报警 |
| 39 | AL_2 | varchar（255） | 数据采集系统 | 是 | 否 | 纤维车间2#报警 |
| 40 | AL_3 | varchar（255） | 数据采集系统 | 是 | 否 | 纤维车间3#报警 |
| 41 | AL_4 | varchar（255） | 数据采集系统 | 是 | 否 | 纤维车间4#报警 |
| 42 | AL_5 | varchar（255） | 数据采集系统 | 是 | 否 | 纤维车间5#报警 |
| 43 | AL_7 | varchar（255） | 数据采集系统 | 是 | 否 | 氢氧站氢氧浓度报警 |
| 44 | AL_9 | varchar（255） | 数据采集系统 | 是 | 否 | 标准制锭氢氧浓度报警 |
| 45 | AL_17 | varchar（255） | 数据采集系统 | 是 | 否 | 合成制锭氢氧浓度报警 |

（2）能源报警信息表

能源报警信息表由能源报警信息实体转换而来，并结合关系模型，创建表名为 Energy-Alarm 的物理数据表，表结构如表 4-20 所示。

表 4-20　EnergyAlarm（能源报警信息表）

| 序号 | 列名 | 数据类型 | 数据来源 | 是否为空 | 是否主键 | 备注 |
|---|---|---|---|---|---|---|
| 1 | ID | int | 自增 | 否 | 是 | 编号 |
| 2 | EAlarmDate | varchar（255） | 数据采集系统 | 是 | 否 | 报警日期 |
| 3 | EAlarmTime | varchar（255） | 数据采集系统 | 是 | 否 | 报警时间 |
| 4 | EVarName | varchar（255） | 数据采集系统 | 是 | 否 | 变量名 |
| 5 | EGroupName | varchar（255） | 数据采集系统 | 是 | 否 | 组名 |
| 6 | EAlarmValue | float | 数据采集系统 | 是 | 否 | 报警值 |
| 7 | ELimitValue | float | 数据采集系统 | 是 | 否 | 设定值 |
| 8 | EAlarmType | varchar（255） | 数据采集系统 | 是 | 否 | 报警类型 |
| 9 | EOperatorName | varchar（255） | 数据采集系统 | 是 | 否 | 操作员姓名 |
| 10 | EResumeValue | float | 数据采集系统 | 是 | 否 | 恢复值 |
| 11 | EventType | varchar（255） | 数据采集系统 | 是 | 否 | 事件类型 |
| 12 | EMachineName | varchar（255） | 数据采集系统 | 是 | 否 | 机器名 |

| 序号 | 列名 | 数据类型 | 数据来源 | 是否为空 | 是否主键 | 备注 |
|---|---|---|---|---|---|---|
| 13 | EIOServerName | varchar（255） | 数据采集系统 | 是 | 否 | IO 服务器名 |
| 14 | ExtendField1 | varchar（255） | 数据采集系统 | 是 | 否 | 拓展域 1 |
| 15 | ExtendField2 | varchar（255） | 数据采集系统 | 是 | 否 | 拓展域 2 |

（3）用电信息表

用电信息表由用电信息实体转换而来，并结合关系模型，创建表名为 ElectricInfo 的物理数据表，表结构如表 4-21 所示。

表 4-21　ElectricInfo（用电信息表）

| 序号 | 列名 | 数据类型 | 数据来源 | 是否为空 | 是否主键 | 备注 |
|---|---|---|---|---|---|---|
| 1 | ID | int | 自增 | 否 | 是 | 编号 |
| 2 | Parmeter_Code | nvarchar（256） | 数据采集系统 | 是 | 否 | 工作站号 |
| 3 | Parmeter_Time | datetime | 数据采集系统 | 是 | 否 | 存入电度净值开始时间 |
| 4 | Parmeter_Value | decimal（18,3） | 数据采集系统 | 是 | 否 | 表头值 |
| 5 | Statistics_Value_1 | decimal（18,3） | 数据采集系统 | 是 | 否 | 总有功电度净值 |
| 6 | Statistics_Value_2 | decimal（18,3） | 数据采集系统 | 是 | 否 | 尖有功电度净值 |
| 7 | Statistics_Value_3 | decimal（18,3） | 数据采集系统 | 是 | 否 | 峰有功电度净值 |
| 8 | Statistics_Value_4 | decimal（18,3） | 数据采集系统 | 是 | 否 | 平有功电度净值 |
| 9 | Statistics_Value_5 | decimal（18,3） | 数据采集系统 | 是 | 否 | 谷有功电度净值 |

（4）变压器表

变压器表由变压器实体转换而来，并结合关系模型，创建表名为 Transformer 的物理数据表，表结构如表 4-22 所示。

表 4-22　Transformer（变压器表）

| 序号 | 列名 | 数据类型 | 数据来源 | 是否为空 | 是否主键 | 备注 |
|---|---|---|---|---|---|---|
| 1 | ID | int | 自增 | 否 | 是 | 编号 |
| 2 | Name | nvarchar（256） | 数据采集系统 | 是 | 否 | 工作站 |
| 3 | Line | datetime | 数据采集系统 | 是 | 否 | 线路 |
| 4 | BYQ | decimal（18,3） | 数据采集系统 | 是 | 否 | 变压器 |

### 4.4.5 环安管理模块

**环安管理模块数据表**

（1）合成废水表

合成废水表由合成废水实体转换而来，并结合关系模型，创建表名为 WasteWater 的物理数据表，表结构如表 4-23 所示。

表 4-23　WasteWater（合成废水表）

| 序号 | 列名 | 数据类型 | 数据来源 | 是否为空 | 是否主键 | 备注 |
|---|---|---|---|---|---|---|
| 1 | ID | int | 自增 | 否 | 是 | 编号 |
| 2 | UpdateTime | datetime | 数据采集系统 | 是 | 否 | 更新时间 |
| 3 | ElectricCurrent1 | varchar（255） | 数据采集系统 | 是 | 否 | 1-4 电流 |
| 4 | Frequency1 | varchar（255） | 数据采集系统 | 是 | 否 | 1-4 频率 |
| 5 | Pressure1 | varchar（255） | 数据采集系统 | 是 | 否 | 1-4 压力 |
| 6 | ElectricCurrent2 | varchar（255） | 数据采集系统 | 是 | 否 | 5-8 电流 |
| 7 | Frequency2 | varchar（255） | 数据采集系统 | 是 | 否 | 5-8 频率 |
| 8 | Pressure2 | varchar（255） | 数据采集系统 | 是 | 否 | 5-8 压力 |
| 9 | Voltage | varchar（255） | 数据采集系统 | 是 | 否 | 电压 |
| 10 | MotorOperation1 | varchar（255） | 数据采集系统 | 是 | 否 | 电机 1 运行 |
| 11 | MotorOperation2 | varchar（255） | 数据采集系统 | 是 | 否 | 电机 2 运行 |
| 12 | MotorOperation3 | varchar（255） | 数据采集系统 | 是 | 否 | 电机 3 运行 |
| 13 | MotorOperation4 | varchar（255） | 数据采集系统 | 是 | 否 | 电机 4 运行 |
| 14 | MotorOperation5 | varchar（255） | 数据采集系统 | 是 | 否 | 电机 5 运行 |
| 15 | MotorOperation6 | varchar（255） | 数据采集系统 | 是 | 否 | 电机 6 运行 |
| 16 | MotorOperation7 | varchar（255） | 数据采集系统 | 是 | 否 | 电机 7 运行 |
| 17 | MotorOperation8 | varchar（255） | 数据采集系统 | 是 | 否 | 电机 8 运行 |
| 18 | Level | varchar（255） | 数据采集系统 | 是 | 否 | 液位 |
| 19 | BackwaterTemperature | varchar（255） | 数据采集系统 | 是 | 否 | 回水温度 |
| 20 | BackwaterpH | varchar（255） | 数据采集系统 | 是 | 否 | 回水 pH |
| 21 | WaterTemperature | varchar（255） | 数据采集系统 | 是 | 否 | 供水温度 |
| 22 | WaterpH | varchar（255） | 数据采集系统 | 是 | 否 | 供水 pH |
| 23 | ACvalve | varchar（255） | 数据采集系统 | 是 | 否 | 补碱阀 |
| 24 | InverterFault1 | varchar（255） | 数据采集系统 | 是 | 否 | 变频器 1 故障 |
| 25 | InverterFault2 | varchar（255） | 数据采集系统 | 是 | 否 | 变频器 2 故障 |

（2）合成废气表

合成废气表由合成废气实体转换而来，并结合关系模型，创建表名为 WasteGas 的物理数据表，表结构如表 4-24 所示。

表 4-24 WasteGas（合成废气表）

| 序号 | 列名 | 数据类型 | 数据来源 | 是否为空 | 是否主键 | 备注 |
|---|---|---|---|---|---|---|
| 1 | ID | int | 自增 | 否 | 是 | 编号 |
| 2 | UpdateTime | datetime | 数据采集系统 | 是 | 否 | 更新时间 |
| 3 | FlueTemperature1 | varchar(255) | 数据采集系统 | 是 | 否 | 烟道温度 1 |
| 4 | FlueTemperature2 | varchar(255) | 数据采集系统 | 是 | 否 | 烟道温度 2 |
| 5 | FlueTemperature3 | varchar(255) | 数据采集系统 | 是 | 否 | 烟道温度 3 |
| 6 | FlueTemperature4 | varchar(255) | 数据采集系统 | 是 | 否 | 烟道温度 4 |
| 7 | FlueTemperature5 | varchar(255) | 数据采集系统 | 是 | 否 | 烟道温度 5 |
| 8 | FlueTemperature6 | varchar(255) | 数据采集系统 | 是 | 否 | 烟道温度 6 |
| 9 | FlueTemperature7 | varchar(255) | 数据采集系统 | 是 | 否 | 烟道温度 7 |
| 10 | FlueTemperature8 | varchar(255) | 数据采集系统 | 是 | 否 | 烟道温度 8 |
| 11 | FlueTemperature9 | varchar(255) | 数据采集系统 | 是 | 否 | 烟道温度 9 |
| 12 | FlueTemperature10 | varchar(255) | 数据采集系统 | 是 | 否 | 烟道温度 10 |
| 13 | FlueTemperature11 | varchar(255) | 数据采集系统 | 是 | 否 | 烟道温度 11 |
| 14 | FlueTemperature12 | varchar(255) | 数据采集系统 | 是 | 否 | 烟道温度 12 |
| 15 | FlueTemperature13 | varchar(255) | 数据采集系统 | 是 | 否 | 烟道温度 13 |
| 16 | FlueTemperature14 | varchar(255) | 数据采集系统 | 是 | 否 | 烟道温度 14 |
| 17 | FlueTemperature15 | varchar(255) | 数据采集系统 | 是 | 否 | 烟道温度 15 |
| 18 | FlueTemperature16 | varchar(255) | 数据采集系统 | 是 | 否 | 烟道温度 16 |
| 19 | FlueTemperature17 | varchar(255) | 数据采集系统 | 是 | 否 | 烟道温度 17 |
| 20 | FlueTemperature18 | varchar(255) | 数据采集系统 | 是 | 否 | 烟道温度 18 |
| 21 | FlueTemperature19 | varchar(255) | 数据采集系统 | 是 | 否 | 烟道温度 19 |
| 22 | FlueTemperature20 | varchar(255) | 数据采集系统 | 是 | 否 | 烟道温度 20 |
| 23 | FlueTemperature21 | varchar(255) | 数据采集系统 | 是 | 否 | 烟道温度 21 |
| 24 | FlueTemperature22 | varchar(255) | 数据采集系统 | 是 | 否 | 烟道温度 22 |
| 25 | FlueTemperature23 | varchar(255) | 数据采集系统 | 是 | 否 | 烟道温度 23 |
| 26 | FlueTemperature24 | varchar(255) | 数据采集系统 | 是 | 否 | 烟道温度 24 |
| 27 | FlueTemperature25 | varchar(255) | 数据采集系统 | 是 | 否 | 烟道温度 25 |
| 28 | FlueTemperature26 | varchar(255) | 数据采集系统 | 是 | 否 | 烟道温度 26 |
| 29 | FlueTemperature27 | varchar(255) | 数据采集系统 | 是 | 否 | 烟道温度 27 |

| 序号 | 列名 | 数据类型 | 数据来源 | 是否为空 | 是否主键 | 备注 |
|---|---|---|---|---|---|---|
| 30 | FlueTemperature28 | varchar(255) | 数据采集系统 | 是 | 否 | 烟道温度 28 |
| 31 | FlueTemperature29 | varchar(255) | 数据采集系统 | 是 | 否 | 烟道温度 29 |
| 32 | FlueTemperature30 | varchar(255) | 数据采集系统 | 是 | 否 | 烟道温度 30 |
| 33 | FanFrequency1 | varchar(255) | 数据采集系统 | 是 | 否 | 风机频率 1 |
| 34 | FanFrequency2 | varchar(255) | 数据采集系统 | 是 | 否 | 风机频率 2 |
| 35 | FanFrequency3 | varchar(255) | 数据采集系统 | 是 | 否 | 风机频率 3 |
| 36 | FanFrequency4 | varchar(255) | 数据采集系统 | 是 | 否 | 风机频率 4 |
| 37 | FanFrequency5 | varchar(255) | 数据采集系统 | 是 | 否 | 风机频率 5 |
| 38 | FanFrequency6 | varchar(255) | 数据采集系统 | 是 | 否 | 风机频率 6 |
| 39 | FanFrequency7 | varchar(255) | 数据采集系统 | 是 | 否 | 风机频率 7 |
| 40 | FanFrequency8 | varchar(255) | 数据采集系统 | 是 | 否 | 风机频率 8 |
| 41 | FanFrequency9 | varchar(255) | 数据采集系统 | 是 | 否 | 风机频率 9 |
| 42 | FanFrequency10 | varchar(255) | 数据采集系统 | 是 | 否 | 风机频率 10 |
| 43 | FanFrequency11 | varchar(255) | 数据采集系统 | 是 | 否 | 风机频率 11 |
| 44 | FanFrequency12 | varchar(255) | 数据采集系统 | 是 | 否 | 风机频率 12 |
| 45 | FanFrequency13 | varchar(255) | 数据采集系统 | 是 | 否 | 风机频率 13 |
| 46 | FanFrequency14 | varchar(255) | 数据采集系统 | 是 | 否 | 风机频率 14 |
| 47 | FanFrequency15 | varchar(255) | 数据采集系统 | 是 | 否 | 风机频率 15 |
| 48 | FanFrequency16 | varchar(255) | 数据采集系统 | 是 | 否 | 风机频率 16 |
| 49 | FanFrequency17 | varchar(255) | 数据采集系统 | 是 | 否 | 风机频率 17 |
| 50 | FanFrequency18 | varchar(255) | 数据采集系统 | 是 | 否 | 风机频率 18 |
| 51 | FanFrequency19 | varchar(255) | 数据采集系统 | 是 | 否 | 风机频率 19 |
| 52 | FanFrequency20 | varchar(255) | 数据采集系统 | 是 | 否 | 风机频率 20 |
| 53 | FanFrequency21 | varchar(255) | 数据采集系统 | 是 | 否 | 风机频率 21 |
| 54 | FanFrequency22 | varchar(255) | 数据采集系统 | 是 | 否 | 风机频率 22 |
| 55 | FanFrequency23 | varchar(255) | 数据采集系统 | 是 | 否 | 风机频率 23 |
| 56 | FanFrequency24 | varchar(255) | 数据采集系统 | 是 | 否 | 风机频率 24 |
| 57 | FanFrequency25 | varchar(255) | 数据采集系统 | 是 | 否 | 风机频率 25 |
| 58 | FanFrequency26 | varchar(255) | 数据采集系统 | 是 | 否 | 风机频率 26 |
| 59 | FanFrequency27 | varchar(255) | 数据采集系统 | 是 | 否 | 风机频率 27 |
| 60 | FanFrequency28 | varchar(255) | 数据采集系统 | 是 | 否 | 风机频率 28 |
| 61 | FanFrequency29 | varchar(255) | 数据采集系统 | 是 | 否 | 风机频率 29 |

| 序号 | 列名 | 数据类型 | 数据来源 | 是否为空 | 是否主键 | 备注 |
|------|------|----------|----------|----------|----------|------|
| 62 | FanFrequency30 | varchar（255） | 数据采集系统 | 是 | 否 | 风机频率 30 |
| 63 | InverterAlarm1 | varchar（255） | 数据采集系统 | 是 | 否 | 变频器报警 1 |
| 64 | InverterAlarm2 | varchar（255） | 数据采集系统 | 是 | 否 | 变频器报警 2 |
| 65 | InverterAlarm3 | varchar（255） | 数据采集系统 | 是 | 否 | 变频器报警 3 |
| 66 | InverterAlarm4 | varchar（255） | 数据采集系统 | 是 | 否 | 变频器报警 4 |
| 67 | InverterAlarm5 | varchar（255） | 数据采集系统 | 是 | 否 | 变频器报警 5 |
| 68 | InverterAlarm6 | varchar（255） | 数据采集系统 | 是 | 否 | 变频器报警 6 |
| 69 | InverterAlarm7 | varchar（255） | 数据采集系统 | 是 | 否 | 变频器报警 7 |
| 70 | InverterAlarm8 | varchar（255） | 数据采集系统 | 是 | 否 | 变频器报警 8 |
| 71 | InverterAlarm9 | varchar（255） | 数据采集系统 | 是 | 否 | 变频器报警 9 |
| 72 | InverterAlarm10 | varchar（255） | 数据采集系统 | 是 | 否 | 变频器报警 10 |
| 73 | InverterAlarm11 | varchar（255） | 数据采集系统 | 是 | 否 | 变频器报警 11 |
| 74 | InverterAlarm12 | varchar（255） | 数据采集系统 | 是 | 否 | 变频器报警 12 |
| 75 | InverterAlarm13 | varchar（255） | 数据采集系统 | 是 | 否 | 变频器报警 13 |
| 76 | InverterAlarm14 | varchar（255） | 数据采集系统 | 是 | 否 | 变频器报警 14 |
| 77 | InverterAlarm15 | varchar（255） | 数据采集系统 | 是 | 否 | 变频器报警 15 |
| 78 | InverterAlarm16 | varchar（255） | 数据采集系统 | 是 | 否 | 变频器报警 16 |
| 79 | InverterAlarm17 | varchar（255） | 数据采集系统 | 是 | 否 | 变频器报警 17 |
| 80 | InverterAlarm18 | varchar（255） | 数据采集系统 | 是 | 否 | 变频器报警 18 |
| 81 | InverterAlarm19 | varchar（255） | 数据采集系统 | 是 | 否 | 变频器报警 19 |
| 82 | InverterAlarm20 | varchar（255） | 数据采集系统 | 是 | 否 | 变频器报警 20 |
| 83 | InverterAlarm21 | varchar（255） | 数据采集系统 | 是 | 否 | 变频器报警 21 |
| 84 | InverterAlarm22 | varchar（255） | 数据采集系统 | 是 | 否 | 变频器报警 22 |
| 85 | InverterAlarm23 | varchar（255） | 数据采集系统 | 是 | 否 | 变频器报警 23 |
| 86 | InverterAlarm24 | varchar（255） | 数据采集系统 | 是 | 否 | 变频器报警 24 |
| 87 | InverterAlarm25 | varchar（255） | 数据采集系统 | 是 | 否 | 变频器报警 25 |
| 88 | InverterAlarm26 | varchar（255） | 数据采集系统 | 是 | 否 | 变频器报警 26 |
| 89 | InverterAlarm27 | varchar（255） | 数据采集系统 | 是 | 否 | 变频器报警 27 |
| 90 | InverterAlarm28 | varchar（255） | 数据采集系统 | 是 | 否 | 变频器报警 28 |
| 91 | InverterAlarm29 | varchar（255） | 数据采集系统 | 是 | 否 | 变频器报警 29 |
| 92 | InverterAlarm30 | varchar（255） | 数据采集系统 | 是 | 否 | 变频器报警 30 |

（3）尾气塔表

尾气塔表由尾气塔实体转换而来，并结合关系模型，创建表名为 GasTower 的物理数据表，表结构如表 4-25 所示。

表 4-25　GasTower（尾气塔表）

| 序号 | 列名 | 数据类型 | 数据来源 | 是否为空 | 是否主键 | 备注 |
|---|---|---|---|---|---|---|
| 1 | ID | int | 自增 | 否 | 是 | 编号 |
| 2 | UpdateTime | datetime | 数据采集系统 | 是 | 否 | 更新时间 |
| 3 | CTFanCurrent | varchar（255） | 数据采集系统 | 是 | 否 | 冷却塔风机电流 |
| 4 | CTFanFrequency | varchar（255） | 数据采集系统 | 是 | 否 | 冷却塔风机频率 |

（4）环安报警信息表

环安报警信息表由环安报警信息实体转换而来，并结合关系模型，创建表名为 Alarm 的物理数据表，表结构如表 4-26 所示。

表 4-26　Alarm（环安报警信息表）

| 序号 | 列名 | 数据类型 | 数据来源 | 是否为空 | 是否主键 | 备注 |
|---|---|---|---|---|---|---|
| 1 | ID | int | 自增 | 否 | 是 | 编号 |
| 2 | AlarmDate | varchar（255） | 数据采集系统 | 是 | 否 | 报警日期 |
| 3 | AlarmTime | varchar（255） | 数据采集系统 | 是 | 否 | 报警时间 |
| 4 | VarName | varchar（255） | 数据采集系统 | 是 | 否 | 变量名 |
| 5 | GroupName | varchar（255） | 数据采集系统 | 是 | 否 | 组名 |
| 6 | AlarmValue | float | 数据采集系统 | 是 | 否 | 报警值 |
| 7 | LimitValue | float | 数据采集系统 | 是 | 否 | 设定值 |
| 8 | AlarmType | varchar（255） | 数据采集系统 | 是 | 否 | 报警类型 |
| 9 | OperatorName | varchar（255） | 数据采集系统 | 是 | 否 | 操作员姓名 |
| 10 | ResumeValue | float | 数据采集系统 | 是 | 否 | 恢复值 |
| 11 | EventType | varchar（255） | 数据采集系统 | 是 | 否 | 事件类型 |
| 12 | MachineName | varchar（255） | 数据采集系统 | 是 | 否 | 机器名 |
| 13 | IOServerName | varchar（255） | 数据采集系统 | 是 | 否 | IO 服务器名 |
| 14 | ExtendField1 | varchar（255） | 数据采集系统 | 是 | 否 | 拓展域1 |
| 15 | ExtendField2 | varchar（255） | 数据采集系统 | 是 | 否 | 拓展域2 |

# 4.5　数据库安全设计

## 4.5.1　SQL Server 安全机制

为了实现数据的安全性，SQL Server 通过检查口令、审核用户权限等手段来保护数据库中的数据。在 SQL Server 2008 R2 中，数据库的安全性分为四个层次来实现：

● 操作系统

用户要想进入数据库系统，首先必须是操作系统下的合法用户，只有操作系统的合法用户，才能登录进入相应的操作系统，进而才能连接 SQL Server。

● SQL Server 系统

要想连接 SQL Server，必须进行身份验证。SQL Server 系统提供两种认证模式，一种是 Windows 认证模式，该模式只要将 Windows 账户加入到 SQL Server，登录 SQL Server 时就无需再进行身份验证；另一种是 SQL Server 认证模式，该模式要求用户必须具有 SQL Server 登录账户，只有通过 SQL Server 身份验证，才能连接 SQL Server。

● SQL Server 数据库

连接 SQL Server 以后，如果用户要想访问 SQL Server 中的某个数据库，必须在这个数据库中具有用户账户，否则，将无法登录该数据库。通常，可以将 SQL Server 登录账户直接映射成数据库用户账户，这样，就可以在登录 SQL Server 后直接进入数据库。

● 数据库对象

用户登录到数据库后，如果需要操作数据库中的对象，则必须设置数据库中的用户账户具有操作相应对象的权限。如果一组用户需要相同的权限，可以在数据库中定义数据库角色，给角色赋予权限，然后将这些用户设置为这个角色的成员，从而使用用户获得角色的权限。使用数据库角色可以对用户权限进行统一管理，而不必去给每个用户分配权限。

## 4.5.2　MD5 加密

在本系统的编码过程中，将对一些重要数据例如：用户的登录密码，进行 MD5（Message-Digest Algorithm 5）加密，使这些数据将以字符串的形式在数据库里进行显示。提高系统的安全性，MD5 加密具有以下特点：

● 压缩性：任意长度的数据算出的 MD5 值长度都是相同的。

● 计算简单：根据原数据很容易推算出它的 MD5 值。

● 抗修改性：对原数据进行很小的修改，它的 MD5 值都会完全不同。

● 强碰撞性：两个不同的数据，是不可能存在相同的 MD5 值的。

**充 电 站**

　　根据软件所应用的实际环境,构造最优的数据库模式,使之能够有效地存储数据,满足用户的应用需求。想了解数据库设计阶段的更多相关内容,请扫描下方二维码,还有更多程序员的趣味日常在等你!

✓ 研究并使用建模工具完成本模块实体图以及物理数据表的绘制。

✓ 完成本模块的学习后,填写并提交智慧工厂中央管理系统数据库设计文档(样例参见本书附录4)。

| 智慧工厂中央管理系统数据库设计 | |
| --- | --- |
| 项目名称 | |
| 数据库选型 | |
| 数据库概念结构 | |
| 数据库逻辑关系 | |
| 数据库物理结构 | |
| 数据库安全设计 | |
| 数据字典 | |

# 模块五 登录模块

本模块主要介绍如何使用 ASSH 框架实现智慧工厂中央管理系统的用户登录功能,并通过对用户登录功能的实现,掌握前台框架 jQuery 的使用、ASSH 框架的基本结构以及熟悉 ASSH 框架编写流程。

- 熟悉 ASSH 框架的基本结构。
- 掌握登录功能的设计要求和开发流程。
- 完成登录模块的单元测试任务。
- 提交登录模块开发报告及技术文档。

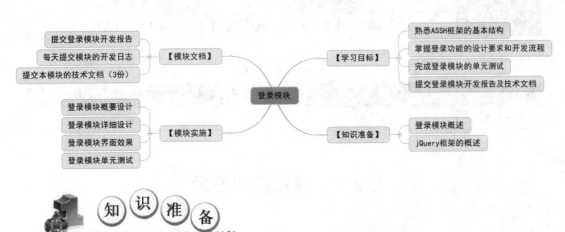

在智慧工厂中央管理系统中,为了实现用户登录功能,建立了登录模块。用户在登录页面输入正确的用户名和密码,就可以进入智慧工厂中央管理系统。

- **登录模块概述**

登录模块是用户进入智慧工厂中央管理系统的入口,用户只有登录系统之后才能操作系统的基本功能,本模块主要介绍智慧工厂中央管理系统登录功能的设计与实现,使用前台框架

jQuery 配合框架实现前后端数据的传递。

● jQuery 框架的概述

jQuery 是一个快速、简洁的 JavaScript 框架,它简化了 JavaScript 编程,使页面代码更加简洁,实现了使用更少的代码,实现更多的功能。与其他框架相比,jQuery 的优势体现在方方面面,首先它是轻量级框架,具有强大的选择器,出色的 DOM 操作封装,可靠的事件处理机制,其次它还拥有详细的文档说明和各种应用讲解,同时还有许多成熟的插件可供选择。

# 5.1    登录模块任务信息

任务编号 SFCMS-05-01

表 5-1    基本信息

| 任务名称 | 用户登录功能实现 | | | | |
|---|---|---|---|---|---|
| 任务编号 | SFCMS-05-01 | 版本 | 1.0 | 任务状态 | |
| 计划开始时间 | | 计划完成时间 | | 计划用时 | |
| 负责人 | | 作者 | | 审核人 | |
| 工作产品 | 【 】文档  【 】图表  【 】测试用例  【 】代码  【 】可执行文件 | | | | |

表 5-2    角色分工

| 岗位 | 系统分析 | 系统设计 | 系统页面实现 | 系统逻辑编程 | 系统测试 |
|---|---|---|---|---|---|
| 负责人 | | | | | |

# 5.2    登录模块开发

**1. 概要设计**

(1)原型设计

登录页面主要功能是采集用户名和密码信息,并判断信息填写是否符合格式,页面示意图如图 5-1 所示。

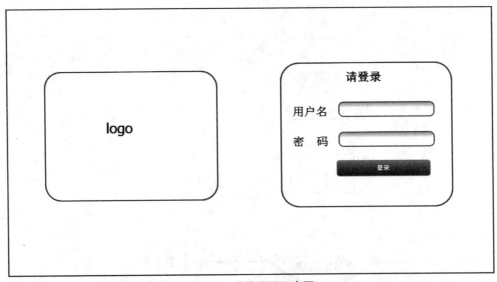

图 5-1　登录页面示意图

（2）功能分析

● 用户登录页面描述

点击"登录"按钮，系统提交用户输入的用户名和密码，经过后台验证判断输入的用户名和密码是否匹配，匹配成功则提示登录成功并进入主页面，匹配失败则提示登录失败。

● 用户登录用例描述

表 5-3　登录用例描述

| 用例 ID | SFCMS-UC-05-01 | 用例名称 | 登录 |
|---|---|---|---|
| 执行者 | 系统已有的用户 | | |
| 前置条件 | 具有用户名和密码的用户 | | |
| 后置条件 | 登录成功并进入主界面 | | |
| 基本事件流 | 1. 用户输入用户名和密码<br>2. 用户点击登录按钮<br>3. 系统验证用户名和密码 | | |
| 扩展事件流 | 2a. 系统未检测到用户登录请求<br>3a. 用户登录失败 | | |
| 异常事件流 | 第 2 或 3 步，出现系统故障，例如网络故障，数据库服务器故障，系统弹出系统异常页面，提示"系统出错，请重试" | | |
| 待解决问题 | | | |

（3）流程处理

登录功能主要包括登录页面，它主要用于采集用户输入的用户名和密码，以及验证所输入的信息格式是否正确。当用户输入基本信息并点击"登录"按钮之后，首先判断用户输入的信息是否符合格式，然后将提交的信息传递给后台进行验证，登录过程流程如图 5-2 所示。

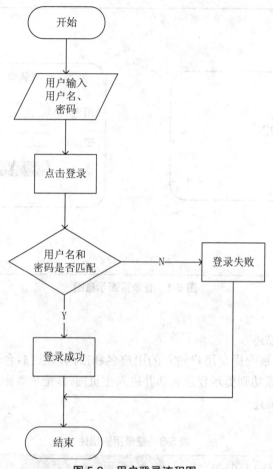

**图 5-2　用户登录流程图**

（4）数据库设计

根据功能分析和流程处理可分析出用户登录模块所需的数据库表，如表 5-4 所示。

**表 5-4　UserInfo( 用户表 )**

| 序号 | 列名 | 数据类型 | 数据来源 | 是否为空 | 是否主键 | 备注 |
|---|---|---|---|---|---|---|
| 1 | ID | int | 自增 | 否 | 是 | 用户编号 |
| 2 | UName | nvarchar（MAX） | 管理员输入 | 否 | 否 | 用户名 |
| 3 | UPwd | nvarchar（MAX） | 管理员输入 | 否 | 否 | 密码 |

**2. 详细设计**

（1）项目结构

登录模块页面项目结构如图 5-3 所示。

```
1   Login
2   └─src
3       ├─applicationContext.xml
4       ├─Login.cfg.xml
5       ├─log4j.properties
6       ├─struts.xml
7       └─ccm
8           └─xtgj
9               └─login
10
11                  ├─domain
12                  │   ├─UserInfo.hbm.xml      ─用户表配置文件
13                  │   └─UserInfo             ─用户表实体
14
15                  ├─action
16                  │   LoginAction
17                  │   └─String login()
18
19                  ├─service
20                  │   LoginService
21                  │   └─Map<String,Object> login()
22
23                  └─dao
24                      LoginDao
25                      └─Map<String,Object> login()
26
27
28  └─WebContent
29      ├─Content
30
31      ├─FELib
32
33      ├─fonts
34
35      ├─META-INF
36
37      ├─Login
38      │
39      │   └─login.jsp                        ─登录界面
40
41      ├─StaticSource
42      │
43      │   └─Login
44      │       ├─main.css
45      │       ├─main.js
46      │       ├─main.min.js
47
48      │       └─dire
49      │           └─Login
50      │               ├─Login.dire.js        ─结果解析和数据绑定显示
51      │               └─Login.temp.html      ─显示登录界面主体部分
52
53
54      └─WEB-INF
55          ├─web.xml                          ─核心配置文件
56          └─lib
57
```

**图 5-3　登录页面项目结构图**

（2）实现顺序

根据项目结构图进行项目开发,具体实现顺序如图 5-4 所示。

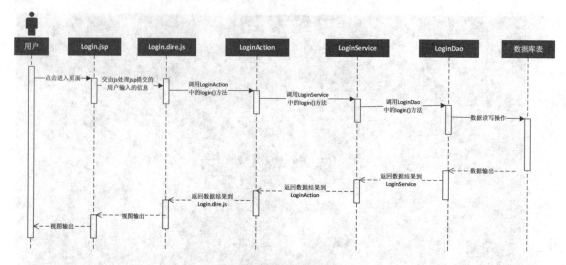

**图5-4　用户登录顺序图**

（3）实现步骤

①将项目模板导入 Eclipse 中，导入过程如图 5-5 所示。

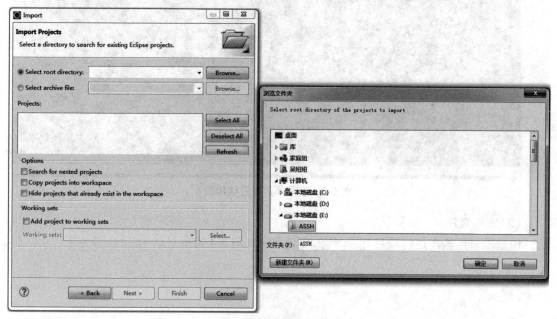

**图5-5　选择导入项目**

项目结构如图 5-6 所示。

● StaticSource 文件夹存放静态资源，将需要的文件直接拖入该文件夹即可使用。

● WebContent 目录下 Login 文件夹用于存放登录的 JSP 页面；js 文件夹中存放相应的引用包；fonts 文件夹存放相应的字体引用文件。

图 5-6 项目结构图

②在 Login 文件夹中创建 login.jsp，编写主题页面及 JavaScript 脚本文件用于验证登录信息的完整性。编写如示例代码 5-1 所示。

示例代码 5-1：login.jsp

```
<! DOCTYPE html>
<html >
    <head>
    <meta http-equiv="Content-Type" content="text/html; charset=utf-8">
    <link href="${pageContext.request.contextPath}/FELib/BackFELib/bootstrap/
        css/bootstrap.css" rel="stylesheet"/>
    <link href="${pageContext.request.contextPath}/FELib/BackFELib/
        AdminLTE/css/AdminLTE.css" rel="stylesheet"/>
    <link href="${pageContext.request.contextPath}/FELib/BackFELib/
        font-awesome/font-awesome.css" rel="stylesheet"/>
    <link href="${pageContext.request.contextPath}/FELib/BackFELib/
        ionicons/ionicons.css" rel="stylesheet"/>
    <link href="${pageContext.request.contextPath}/FELib/style.css"
        rel="stylesheet"/>
    <link href="${pageContext.request.contextPath}/FELib/
```

```
            MenuTree/menutree.css" rel="stylesheet"/>
        <link href="${pageContext.request.contextPath}/FELib/
            angularplugin/select.css" rel="stylesheet"/>
        <! --[if lt IE 9]>
        <script src="${pageContext.request.contextPath}/FELib/BackFELib/
            IE8/html5shiv.min.js"></script>
        <script src="${pageContext.request.contextPath}/FELib/BackFELib/
            IE8/respond.js"></script>
        <script src="${pageContext.request.contextPath}/FELib
            /BackFELib/IE8/es5-shim.js"></script>
        <! [endif]-->
        <script src="${pageContext.request.contextPath}/FELib/BackFELib/
            jquery/jquery-1.10.2.js"></script>
        <script src="${pageContext.request.contextPath}/FELib/
            Jquery-plugins/toaster/jquery.toaster.js"></script>
        <script src="${pageContext.request.contextPath}/FELib/BackFELib/
            bootstrap/js/bootstrap.min.js"></script>
        <script src="${pageContext.request.contextPath}/FELib/BackFELib/
            bootstrap/js/bootbox.js"></script>
        <script src="${pageContext.request.contextPath}/FELib/BackFELib/
            Moment/moment.js"></script>
        <script src="${pageContext.request.contextPath}/FELib/
            BackFELib/Global.js"></script>
        <script src="${pageContext.request.contextPath}/FELib/BackFELib/
            plugins/slimScroll/jquery.slimscroll.js"></script>
        <script src="${pageContext.request.contextPath}/FELib/MenuTree/menutree.js">
        </script>
        <link href="${pageContext.request.contextPath}/StaticSource/Manage/
            Account/login.css" rel="stylesheet" />
        </head>
<body>
        <div class="loginContainer">
            <div class="top-logo">
            </div>
            <div class="login-left">
                <div class="left-top">
                    <div class="left-logo">
                        <h4> 智慧工厂中央管理系统 </h4>
```

```
            </div>
        </div>
        <div class="left-bottom">
        </div>
    </div>
</div>
<! -- BEGIN LOGIN -->
<div class="login-right">
    <! -- BEGIN LOGIN FORM -->
    <form class="login-form">
        <h3 class="form-title"> 请登录 Login</h3>
        <div class="form-group">
            <div class="input-icon">
                <i class="fa fa-user"></i>
                <input class="form-control" name="UName"
                    required type="text" >
            </div>
        </div>
        <div class="form-group">
            <div class="input-icon">
                <i class="fa fa-lock"></i>
                <input class="form-control" name="UPwd"
                    required type="password" >
            </div>
        </div>
        <div class="form-group">
            <div class="input-icon js-msg">
            </div>
        </div>
        <div class="form-actions">
            <button type="button" class="btn red btn-block js-signIn">
            登录
            </button>
        </div>
        <div class="form-bottom">
            <div class="forget-password">
                <p>
                    忘记密码？   请联系管理员
                </p>
```

```
                    </div>
                    <div class="create-account">
                        <p>
                                     还没有账号？  请联系管理员
                        </p>
                    </div>
                </div>
            </form>
        </div>
        <! -- END LOGIN -->
</div>
<script>
        $（function () {
            var services = {
                login：function（pamas）{
                    // 将数据提交到 Action 中的 login() 方法中
                    return $.post（'user_login', pamas）
                }
            }
            // 当名称为 .js-signIn 的按钮点击的时候触发的函数
            $（'.js-signIn'）.click（function() {
                // 序列化表单，实现表单的异步提交
                var formdata = $（'form'）.serialize();
                /* 调用 services 的 login() 方法之后，获取返回数据 data，对
                data 返回的数值匹配不同的动作 */
                services.login（formdata）.then（function（data）{
                /* 获取 class 为 .js-msg 的 div 所绑定的数据，若 data 的值
                为 isOK 则跳转到 /Home/Index 页面 */
                    $（'.js-msg'）.html（data.msg）；
                    if（data.isOk）{
                        window.location = '/Home/Index';
                    }
                }）；
            }）；
            // 点击回车键即登录
            $（document）.keydown（function（e）{
                var key = e.which;
                if（key == 13）{
```

```
                    $(".js-signIn").click();
                }
            });
        })
    </script>
  </body>
</html>
```

　　③在 com.xtgj.domain 包中新建 UserInfo 类,通过实现 Serializable 接口来使其可序列化,
类中的属性都有 get()/set() 方法,如示例代码 5-2 所示。

示例代码 5-2:实体 UserInfo.class

```
public class UserInfo implements Serializable{
    private static final long serialVersionUID = -128322554609956969L;
    public String UID;// 用户编号
    public String UName;// 用户名称
    public String UPwd;// 密码
    public Date SubTime;// 注册时间
    public Integer DelFlag;// 是否可用
    public Date ModifiedOn;// 最后一次登录时间
    public String Remark;// 备注
    public String RealName;// 真实姓名
    // 省略 get()/set() 方法…
}
```

　　④在 UserInfo 所在的包下新建映射文件 UserInfo.hbm.xml,每个持久化对象都需要提供一
个以类名命名的映射文件放在和实体类同一目录下。属性标签中 name 代表的是实体类中的
属性,column 则是实体属性所在表中的列。如示例代码 5-3 所示。

示例代码 5-3:映射文件 UserInfo.hbm.xml

```
<? xml version="1.0" encoding="UTF-8"? >
<! DOCTYPE hibernate-mapping PUBLIC
    "-//Hibernate/Hibernate Mapping DTD 3.0//EN"
    "http://www.hibernate.org/dtd/hibernate-mapping-3.0.dtd">
<hibernate-mapping>
    <class name="com.xtgj.domain.UserInfo" table="UserInfo">
        <!—name 属性的值是实体类的路径,table 属性的值是应表的名称 -->
        <id name="UID" column="ID">
```

```
            <generator class="native"/>
        </id>
        <property name="UName" column="UName"/>
        <!—name 的值代码实体类中的属性, column 是实体属性在表中对应的列 -->
        <property name="UPwd" column="UPwd"/>
        <property name="SubTime" column="SubTime"/>
        <property name="DelFlag" column="DelFlag"/>
        <property name="ModifiedOn" column="ModifiedOn"/>
        <property name="Remark" column="Remark"/>
        <property name="RealName" column="RealName"/>
    </class>
</hibernate-mapping>
```

⑤在 com.xtgj.dao 包下新建 UserDao 类并继承 HibernateDaoSupport, 该类主要用来进行数据交互以及相关的查询, 这里将用户输入的信息作为查询条件, 将查询到的结果作为一个 List 集合返回到 Service 层进行数据加工。其中 getHibernateTemplate().find() 方法有多种重载方式, 本类使用 getHibernateTemplate().find(HQLString, Object[]), 其中第一个参数是 HQL 语句, 用占位符表示需要查询的用户名和密码的信息; 第二个参数是一个数组, 存放实体类中用户名和密码的 get() 方法获取用户输入的信息, 如示例代码 5-4 所示。

示例代码 5-4: UserDao

```
public class UserDao extends HibernateDaoSupport {
    public UserInfo login(UserInfo userInfo) {
        List<UserInfo> list = this.getHibernateTemplate().find("from UserInfo where
            UName = ?  and UPwd = ? ", userInfo.getUName(), userInfo.getUPwd());
        if(list.size()>0) {
            return list.get(0);
        }
        return null;
    }
}
```

⑥在 com.xtgj.service 包下新建 UserService 类, 它主要用来解除控制器和实体类的耦合。如示例代码 5-5 所示。

示例代码 5-5: UserService

```
public class UserService {
    private UserDao userDao;
    public UserDao getUserDao() {
```

```
            return userDao;
        }
        public void setUserDao（UserDao userDao）{
            this.userDao = userDao;
        }
        public UserInfo login（UserInfo userInfo）{
            return userDao.login（userInfo）;
        }
}
```

⑦在 com.xtgj.action 包下新建 LoginAction 类并继承 ActionSupport 类,该类通过引用 Service 层实现了对数据库的操作并返回结果,并且能够结合 struts.xml 配置文件调用 Action 类中指定的方法,并跳转至指定的页面。当 dataMap 属性值为"isOk"时,页面跳转到系统主页面,若属性值为其他值,则仍停留在登录页面。如示例代码 5-6 所示。

示例代码 5-6：LoginAction

```
public class LoginAction extends ActionSupport implements ModelDriven<UserInfo> {
    private static final long serialVersionUID = 7407051450192090065L;
    private UserService userService;
    public void setUserService（UserService userService）{
        this.userService = userService;
    }
    public UserService getUserService() {
        return userService;
    }
    private UserInfo userInfo = new UserInfo();
    public UserInfo getModel() {
        return userInfo;
    }
    private Map<String, Object> dataMap;
    public String login() throws IOException {
        UserInfo exituser = userService.login（userInfo）;
        // 判断用户是否存在
        if（exituser ! = null）{
            dataMap = new HashMap<String, Object>();
            dataMap.put（"isOk", true）;
            dataMap.put（"msg", " 用户验证成功 "）;
            dataMap.put（"data", null）;
```

```
        } else {
            dataMap = new HashMap<String, Object>();
            dataMap.put("isOk", false);
            dataMap.put("msg", " 用户名或密码验证失败 ");
            dataMap.put("data", null);
        }
        return SUCCESS;
    }
    public Map<String, Object> getDataMap() {
        return dataMap;
    }
}
```

⑧在 web.xml 中配置启动 Spring 容器，还需要配置 Filter 启动 Struts 框架，配置文件如示例代码 5-7 所示。

示例代码 5-7：web.xml 配置文件

```
<display-name>Elcoes</display-name>
<! -- Spring 整合 web，配置监听器：监听 ServletContext 域对象的创建和销毁 -->
<listener>
    <listener-class>
        org.springframework.web.context.ContextLoaderListener
    </listener-class>
</listener>
<! -- 配置加载类路径下的配置文件 -->
<context-param>
    <param-name>contextConfigLocation</param-name>
    <param-value>classpath: applicationContext.xml</param-value>
</context-param>
<! -- 配置在 web 层开启 session 的过滤器 -->
<filter>
    <filter-name>OpenSessionInViewFilter</filter-name>
    <filter-class>
        org.springframework.orm.hibernate3.support.OpenSessionInViewFilter
    </filter-class>
</filter>
<filter-mapping>
    <filter-name>OpenSessionInViewFilter</filter-name>
```

```
        <url-pattern>/*</url-pattern>
</filter-mapping>
<! -- 配置 struts 的核心过滤器 -->
<filter>
        <filter-name>struts2</filter-name>
        <filter-class>
                org.apache.struts2.dispatcher.ng.filter.StrutsPrepareAndExecuteFilter
        </filter-class>
</filter>
<filter-mapping>
        <filter-name>struts2</filter-name>
        <url-pattern>/*</url-pattern>
</filter-mapping>
<welcome-file-list>
        <welcome-file>login.jsp</welcome-file>
</welcome-file-list>
```

⑨在 applicationContext.xml 配置文件中添加代码如示例代码 5-8 所示。

示例代码 5-8：applicationContext.xml 配置文件

```
<! -- 添加事务 -->
<! -- 先配置事务平台管理器 -->
<bean id="transactionManager"
        class="org.springframework.orm.hibernate3.HibernateTransactionManager">
                <property name="sessionFactory" ref="sessionFactory"/>
</bean>
<! -- 开启事务的注解 -->
<tx: annotation-driven transaction-manager="transactionManager"/>
<! -- 加载 hibernate.cfg.xml 的配置文件，获取到 SessionFactory 对象 -->
<bean id="sessionFactory"
        class="org.springframework.orm.hibernate3.LocalSessionFactoryBean">
                <property name="configLocation" value="classpath: cnwtf.cfg.xml"/>
</bean>
<! -- 配置员工模块 -->
<! -- 配置 Dao -->
<bean id="userDao" class="com.xtgj.dao.user.UserDao">
        <property name="sessionFactory" ref="sessionFactory"></property>
</bean>
```

```
<! -- 配置 service -->
<bean id="userService" class="com. xtgj.Service.UserService" >
    <property name="userDao" ref="userDao"></property>
</bean>
<! -- 配置 action 让 IOC 容器管理 action-->
<bean id="userAction" class="com.xtgj.action.LoginAction" scope="prototype">
    <property name="userService" ref="userService"/>
</bean>
<! -- 因为 dao 层继承了 hibernatedaoSupport，源码只要注入 sessionFactory，就可以获取
到 Hibernate 模版 -->
```

⑩在 struts.xml 配置文件中添加如示例代码 5-9 所示代码。

示例代码 5-9：struts.xml 配置文件

```
<struts>
<! -- 配置简单的主题 -->
<package name="struts" extends="struts-default,json-default" namespace="/">
    <action name="login" class="loginAction" method="login">
        <result name="ok">index.jsp</result>
        <result type="json">
            <! -- 这里指定将被 Struts2 序列化的属性，该属性在 action 中必须
                有对应的 get() 方法 -->
            <param name="root">dataMap</param>
        </result>
    </action>
    </package>
</struts>
```

### 3. 界面效果

对登录模块进行系统设计及代码编写后实现如图 5-7 所示效果。

### 4. 单元测试

模块完成后按照表 5-5 给出的单元测试用例进行本模块的单元测试。

图 5-7 登录模块效果图

表 5-5 用户登录模块单元测试

| 测试用例标识符 | 输入 / 动作 | 期望输出 | 实际输出 | 测试结果 |
|---|---|---|---|---|
| Testcase001 | 输入框必填项为空 | 页面提示必填项为空 | | □ 通过 □ 未通过 |
| Testcase002 | 在输入域中填写最大字符数 | 页面提示错误信息 | | □ 通过 □ 未通过 |
| Testcase003 | 输入正确用户名、错误密码 | 页面提示用户名或密码错误 | | □ 通过 □ 未通过 |
| Testcase004 | 输入正确用户名,正确密码 | 页面提示登录成功并进入主页 | | □ 通过 □ 未通过 |

充 电 站

　　Java 是一门面向对象的编程语言,具有功能强大和简单易用两个特征。想了解更多关于 Java 语言的内容,请扫描下方二维码,还有更多程序员的趣味日常在等你!

✓　本模块开发过程中，小组成员每天提交开发日志，模板参见本书附录 5 开发日志。本模块开发完成后，以小组为单位提交模块开发报告并提交模块开发技术文档（不少于 3 份，参见本书附录 7 和附录 9）。

| 登录模块开发报告 | | |
|---|---|---|
| 小组名称 | | |
| 负责人 | | |
| 小组成员 | | |
| | | |
| | | |
| | | |
| | | |
| 工作内容 | | |
| 状态 | ☐ 正常　☐ 提前　☐ 延期 | |
| 小组得分 | | |
| 备注 | | |

# 模块六　权限配置和人员管理模块

本模块主要介绍权限配置和人员管理模块的设计流程以及功能实现的过程，实现对权限的配置和人员信息的管理。通过本模块的学习，掌握如何利用 JSON（JavaScript Object Notation）进行数据传递，并且结合所学知识完成模块功能的开发。

- 熟悉权限配置和人员管理模块的业务流程和设计要求。
- 掌握权限配置和人员管理模块的总体结构和开发流程。
- 完成权限配置和人员管理模块的单元测试任务。
- 提交权限配置和人员管理模块的开发报告及技术文档。

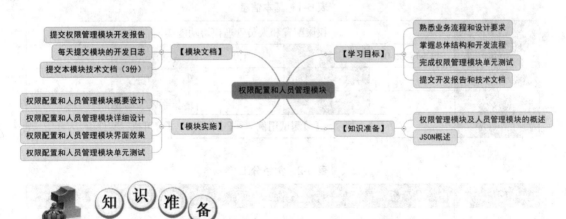

在智慧工厂中央管理系统中，为了实现不同角色所使用的功能不同，建立了权限配置模块；为了实现员工的精细化管理，建立了人员管理模块。

- 权限配置模块及人员管理模块的概述

在权限配置模块，进行角色的添加并设置角色可操作的权限，并对其进行加密。权限配置赋予了管理者分配权限的能力，把工作分担给所有人，从而让更多的人参与到管理当中。这样的做法既可以提升工作效率还可以做到工作区域承担,是信息化发展必然的结果。

在人员档案管理模块,管理员可以对工厂的员工信息进行添加修改,并设置员工可访问的权限,且只有管理员或者具有相应权限的用户可以对员工的信息进行修改。在管理员对数据库进行修改的过程中,使用 JSON(轻量级的数据交换格式)进行数据的传递。它的语法格式简单,具有清晰的层次结构,比普通的 XML 更容易阅读。这些优势在本系统中都得到了充分的发挥。在修改密码模块中员工只能修改当前登录账号的登录密码,且只能操作自己权限范围内的功能。这样的形式保证了系统的安全性,防止员工对重要数据进行修改。

● JSON 概述

JSON 是一种轻量级的数据交换格式,它是存储和交换文本信息的语法。JSON 采用完全独立于语言的文本格式,并且它相比 XML 更易于阅读和编写,同时也易于机器解析和生成(一般用于提升网络传输速率)。这些特性使得 JSON 成为理想的数据转换语言。

# 6.1　人员管理任务信息

任务编号 SFCMS-06-01

表 6-1　基本信息

| 任务名称 | 权限配置和人员管理模块功能实现 | | | | |
|---|---|---|---|---|---|
| 任务编号 | SFCMS-06-01 | 版本 | 1.0 | 任务状态 | |
| 计划开始时间 | | 计划完成时间 | | 计划用时 | |
| 负责人 | | 作者 | | 审核人 | |
| 工作产品 | 【　】文档　　　【　】测试用例　　　【　】代码　　　【　】可执行文件 | | | | |

表 6-2　角色分工

| 岗位 | 系统分析 | 系统设计 | 系统页面实现 | 系统逻辑编程 | 系统测试 |
|---|---|---|---|---|---|
| 负责人 | | | | | |

# 6.2　权限配置模块开发

工厂中有多个部门,而每个部门的职责范围也是不同的。为了实现部门功能的划分,智慧工厂管理系统为每个部门的员工分配不同的权限。权限分配的主要操作人员是系统管理员,通过对每个部门员工权限的分配确定该员工可以操作的功能。

权限配置主要包括功能分组页面,可以对系统所拥有的角色进行添加、编辑、删除操作,还可以对角色可操作的功能进行添加或删除。权限配置模块用例图如图 6-1 所示。

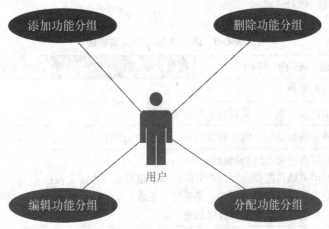

图 6-1　权限配置模块用例图

**功能分组模块**

**1. 概要设计**

(1)原型设计

功能分组页面主要显示所有的角色信息,对角色信息的编辑、添加以及删除角色,设置角色可以操作的功能,并且页面设置了分页功能,便于系统角色过多时分页显示。页面设计如图 6-2 所示。

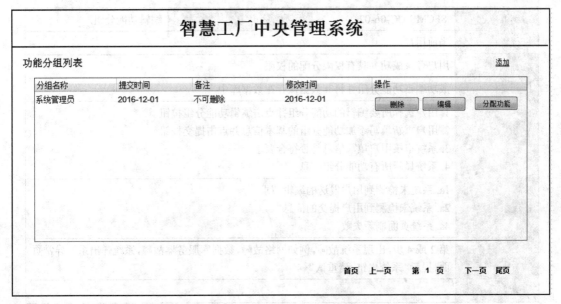

图 6-2　功能分组页面示意图

（2）功能分析

● 功能分组页面描述

权限配置模块的主要使用者是系统管理员，在此页面中默认显示所有分组名称并对所有功能分组进行添加、功能分组名称的修改、删除功能分组等操作。

● 功能分组用例描述

**表 6-3　添加功能分组用例描述**

| 用例 ID： | SFCMS-UC-06-01 | 用例名称： | 添加功能分组 |
|---|---|---|---|
| 执行者： | 当前用户 | | |
| 前置条件： | 用户登录成功并具有权限分配的权限 | | |
| 后置条件： | 成功添加功能分组并将其数据保存在数据库中 | | |
| 基本事件流： | 1. 用户请求添加功能分组<br>2. 用户填写需要添加功能分组的基本信息并点击提交按钮<br>3. 系统审核用户填写信息是否符合要求<br>4. 系统显示所有功能分组信息 | | |
| 扩展事件流： | 1a. 系统未检测到用户发送的添加请求<br>2a. 系统未检测到用户提交的信息<br>4a. 系统页面刷新失败 | | |
| 异常事件流： | 第 2 或 4 步，出现系统故障，例如网络故障，数据库服务器故障，系统弹出系统异常页面，提示"系统出错，请重试" | | |
| 待解决问题： | | | |

**表 6-4　编辑功能分组用例描述**

| 用例 ID： | SFCMS-UC-06-02 | 用例名称： | 编辑功能分组 |
|---|---|---|---|
| 执行者： | 当前用户 | | |
| 前置条件： | 用户登录成功并具有权限分配的权限 | | |
| 后置条件： | 成功编辑功能分组并将其数据保存在数据库中 | | |
| 基本事件流： | 1. 用户选择所要编辑的功能分组并点击编辑功能分组按钮<br>2. 用户重新填写添加功能分组的基本信息并点击提交按钮<br>3. 系统审核用户填写信息是否符合要求<br>4. 系统显示所有功能分组信息 | | |
| 扩展事件流： | 1a. 系统未检测到用户发送的编辑请求<br>2a. 系统未检测到用户提交的信息<br>4a. 系统页面刷新失败 | | |
| 异常事件流： | 第 2 或 4 步，出现系统故障，例如网络故障，数据库服务器故障，系统弹出系统异常页面，提示"系统出错，请重试" | | |
| 待解决问题： | | | |

**表 6-5　删除功能分组用例描述**

| 用例 ID： | SFCMS-UC-06-03 | 用例名称： | 删除功能分组 |
|---|---|---|---|
| 执行者： | 当前用户 | | |
| 前置条件： | 用户登录成功并具有权限分配的权限 | | |
| 后置条件： | 成功删除功能分组同时删除数据库数据 | | |
| 基本事件流： | 1. 用户选择需要删除的功能分组<br>2. 点击删除功能分组按钮<br>3. 系统显示所有功能分组信息 | | |
| 扩展事件流： | 2a. 系统未检测到用户发送的删除请求<br>3a. 系统页面刷新失败 | | |
| 异常事件流： | 第 2 或 3 步，出现系统故障，例如网络故障，数据库服务器故障，系统弹出系统异常页面，提示"系统出错，请重试" | | |
| 待解决问题： | | | |

**表 6-6　分配功能用例描述**

| 用例 ID： | SFCMS- UC -06-04 | 用例名称： | 分配功能 |
|---|---|---|---|
| 执行者： | 当前用户 | | |
| 前置条件： | 用户登录成功并具有权限分配的权限 | | |
| 后置条件： | 成功编辑功能分组并将其数据保存在数据库中 | | |
| 基本事件流： | 1. 用户选择需要分配功能分组，点击功能分组按钮<br>2. 用户选择需要分配的功能<br>3. 系统显示所有功能分组信息 | | |
| 扩展事件流： | 1a. 系统未检测到用户发送的分配功能请求<br>2a. 系统未检测到用户选择的功能<br>3a. 系统页面刷新失败 | | |
| 异常事件流： | 第 2 或 3 步，出现系统故障，例如网络故障，数据库服务器故障，系统弹出系统异常页面，提示"系统出错，请重试" | | |
| 待解决问题： | | | |

（3）流程处理

　　具有此模块权限的用户点击"功能分组设置"按钮进入该模块，点击"添加"按钮时，会弹出添加角色的弹出框，用户在该弹出框可以进行添加角色操作，信息添加完成之后点击"保存"按钮，系统会将输入的信息保存到数据库中；点击"删除"按钮，会弹出是否确认删除的弹出框，点击"确定"按钮，会删除当前角色的所有信息；点击"编辑"按钮，会对当前角色进行编辑操作，修改信息完成之后点击"保存"按钮，当前修改信息会覆盖原有的信息；点击"分配功能"按钮，会弹出所有可操作的功能，用户选择该角色可以进行的操作之后，系统会存储当前的权限选项。权限管理模块进行操作时的主要流程如图 6-3 所示。

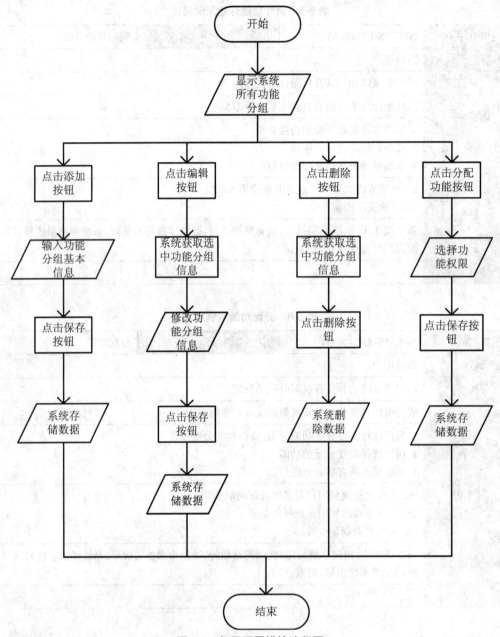

图 6-3　权限配置模块流程图

（4）数据库设计

权限配置模块涉及到的表包括用户表、用户功能活动表、角色表、角色功能活动表、功能活动表和用户角色表，系统根据登录用户的信息查询用户表，确定用户的编号，在用户角色表通过用户编号查询到角色编号，通过查询到的角色编号在角色功能活动表中确定用户所属角色的活动编号，同时在用户功能活动表中查询到用户的活动编号，根据查询到的活动编号在功能活动表中查询用户可操作的权限。权限配置模块所用到的数据库表如表 6-7 至表 6-12 所示。

表 6-7 ActionInfo( 功能活动表 )

| 序号 | 列名 | 数据类型 | 数据来源 | 是否为空 | 是否主键 | 备注 |
|------|------|----------|----------|----------|----------|------|
| 1 | ID | int | 自增 | 否 | 是 | 活动编号 |
| 2 | SubTime | datatime | 管理员输入 | 是 | 否 | 插入时间 |
| 3 | ModifiedOn | datatime | 管理员输入 | 是 | 否 | 修改时间 |
| 4 | Remark | nvarchar（MAX） | 管理员输入 | 是 | 否 | 备注 |
| 5 | Url | nvarchar（MAX） | 管理员输入 | 是 | 否 | 跳转地址 |
| 6 | HttpMethod | nvarchar（MAX） | 管理员输入 | 是 | 否 | 提交方法 |
| 7 | ParentID | nvarchar（MAX） | 管理员输入 | 是 | 否 | 父级菜单 |
| 8 | MenuIndex | int | 管理员输入 | 是 | 否 | 菜单索引 |
| 9 | ActionType | int | 管理员输入 | 是 | 否 | 菜单类型 |
| 10 | MenuName | nvarchar（MAX） | 管理员输入 | 是 | 否 | 菜单名称 |
| 11 | Icon | nvarchar（MAX） | 管理员输入 | 是 | 否 | 图标 |

表 6-8 RoleInfo( 角色表 )

| 序号 | 列名 | 数据类型 | 数据来源 | 是否为空 | 是否主键 | 备注 |
|------|------|----------|----------|----------|----------|------|
| 1 | ID | int | 自增 | 否 | 是 | 角色编号 |
| 2 | RoleName | nvarchar（255） | 管理员输入 | 否 | 否 | 角色名称 |
| 3 | SubTime | datetime | 管理员输入 | 是 | 否 | 插入时间 |
| 4 | DelFlag | int | 管理员输入 | 否 | 否 | 删除标记 |
| 5 | ModifiedOn | datetime | 管理员输入 | 是 | 否 | 修改时间 |
| 6 | Remark | nvarchar（MAX） | 管理员输入 | 是 | 否 | 备注 |

表 6-9 UserInfo( 用户表 )

| 序号 | 列名 | 数据类型 | 数据来源 | 是否为空 | 是否主键 | 备注 |
|------|------|----------|----------|----------|----------|------|
| 1 | ID | int | 自增 | 否 | 是 | 用户编号 |
| 2 | UName | nvarchar（MAX） | 管理员输入 | 否 | 否 | 用户名 |
| 3 | UPwd | nvarchar（MAX） | 管理员输入 | 否 | 否 | 密码 |
| 4 | SubTime | datetime | 管理员输入 | 是 | 否 | 插入时间 |
| 5 | DelFlag | int | 管理员输入 | 否 | 否 | 删除标记 |
| 6 | ModifiedOn | datetime | 管理员输入 | 是 | 否 | 修改时间 |
| 7 | Remark | nvarchar（MAX） | 管理员输入 | 是 | 否 | 备注 |
| 8 | RealName | nvarchar（MAX） | 管理员输入 | 是 | 否 | 真实姓名 |

表 6-10　RoleInfoActionInfo（角色功能活动表）

| 序号 | 列名 | 数据类型 | 数据来源 | 是否为空 | 是否主键 | 备注 |
|------|------|----------|----------|----------|----------|------|
| 1 | ID | int | 自增 | 否 | 是 | 编号 |
| 2 | RoleInfoID | nvarchar（50） | 管理员输入 | 否 | 否 | 角色编号 |
| 3 | ActionInfoID | nvarchar（50） | 管理员输入 | 否 | 否 | 功能活动编号 |

表 6-11　UserInfoActionInfo（用户功能活动表）

| 序号 | 列名 | 数据类型 | 数据来源 | 是否为空 | 是否主键 | 备注 |
|------|------|----------|----------|----------|----------|------|
| 1 | ID | int | 自增 | 否 | 是 | 编号 |
| 2 | UserInfoID | nvarchar（50） | 管理员输入 | 否 | 否 | 用户编号 |
| 3 | ActionInfoID | nvarchar（50） | 管理员输入 | 否 | 否 | 功能活动编号 |

表 6-12　UserInfoRoleInfo（用户角色表）

| 序号 | 列名 | 数据类型 | 数据来源 | 是否为空 | 是否主键 | 备注 |
|------|------|----------|----------|----------|----------|------|
| 1 | ID | int | 自增 | 否 | 是 | 编号 |
| 2 | UserInfoID | nvarchar（50） | 管理员输入 | 否 | 否 | 用户编号 |
| 3 | RoleInfoID | nvarchar（50） | 管理员输入 | 否 | 否 | 角色编号 |

### 2. 权限配置

权限配置模块使用说明：

权限模块是框架已有的功能，在权限模块添加角色成功之后，会在人员管理模块出现所添加的权限，添加用户时分配用户功能分组可选择需要分配的权限，选择成功之后用户可查看自己所具有权限可操作的功能。

### 3. 界面效果

按照上述使用说明进行模块开发并实现权限配置模块，实现效果如图 6-4 所示。

### 4. 单元测试

按照表 6-13 给出的单元测试用例进行本模块的单元测试。

**图 6-4 功能分组模块效果图**

**表 6-13 功能分组模块单元测试**

| 测试用例标识符 | 输入/动作 | 期望输出 | 实际输出 | 测试结果 |
|---|---|---|---|---|
| Testcase001 | 点击"添加"按钮 | 弹出层显示添加页面 | | □ 通过 □ 未通过 |
| Testcase002 | 添加功能必填项为空 | 页面提示必填项为空 | | □ 通过 □ 未通过 |
| Testcase003 | 添加完成后不点击保存按钮 | 无法自动保存信息 | | □ 通过 □ 未通过 |
| Testcase004 | 添加完成后刷新页面查看是否添加成功 | 信息列表存在上一条添加的信息 | | □ 通过 □ 未通过 |
| Testcase005 | 添加功能分组必填项为空 | 页面提示必填项为空 | | □ 通过 □ 未通过 |
| Testcase006 | 修改单条数据 | 修改成功 | | □ 通过 □ 未通过 |
| Testcase007 | 修改为相同的数据 | 修改成功 | | □ 通过 □ 未通过 |
| Testcase008 | 不选择数据修改 | 修改成功 | | □ 通过 □ 未通过 |
| Testcase009 | 必填项为空验证 | 页面提示必填项为空 | | □ 通过 □ 未通过 |
| Testcase010 | 最大字符验证 | 无要求 | | □ 通过 □ 未通过 |
| Testcase011 | 全角/半角输入法 | 支持各类输入法 | | □ 通过 □ 未通过 |
| Testcase012 | 选择数据删除 | 删除成功 | | □ 通过 □ 未通过 |
| Testcase013 | 删除后,查看数据库是否删除 | 删除成功 | | □ 通过 □ 未通过 |
| Testcase014 | 确认是物理删除还是逻辑删除 | 逻辑删除 | | □ 通过 □ 未通过 |
| Testcase015 | 点击"分配功能"按钮 | 弹出添加功能弹出层 | | □ 通过 □ 未通过 |
| Testcase016 | 添加完成使用具有该角色的账号登录 | 修改成功并与用户登录后的导航栏权限一致 | | □ 通过 □ 未通过 |

续表

| 测试用例标识符 | 输入/动作 | 期望输出 | 实际输出 | 测试结果 |
|---|---|---|---|---|
| Testcase017 | 点击"上一页" | 页面跳转至上一页 | | □ 通过 □ 未通过 |
| Testcase018 | 点击"下一页" | 页面跳转至下一页 | | □ 通过 □ 未通过 |
| Testcase019 | 点击"首页" | 页面跳转至首页 | | □ 通过 □ 未通过 |
| Testcase020 | 点击"末页" | 页面跳转至末页 | | □ 通过 □ 未通过 |
| Testcase021 | 点击数字页码 | 页面跳转至该页 | | □ 通过 □ 未通过 |

# 6.3　人员管理模块开发

人员管理模块主要是对员工信息进行管理,本模块包括人员档案管理和修改密码两个子模块。本模块用例图如图 6-5 所示。

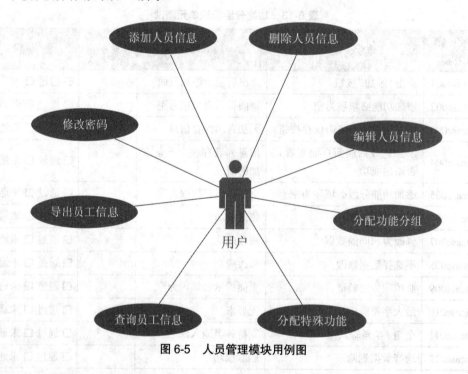

图 6-5　人员管理模块用例图

## 6.3.1　人员档案管理模块

**1. 概要设计**

（1）原型设计

人员档案管理模块主要将符合用户需求的员工信息以列表的形式展现在页面上,拥有该权限用户可以对员工信息进行操作。页面设置了相应文本框以及"编辑""删除""分配功能分组"和"分配特殊功能"按钮,用来实现相应功能。页面示意图如图6-6所示。

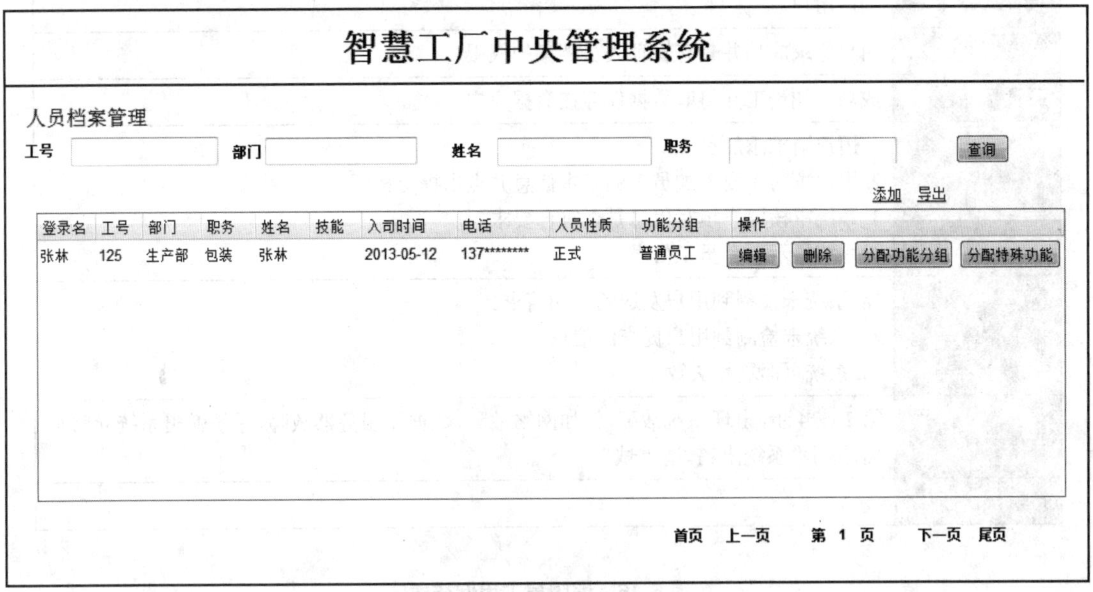

图6-6 人员档案管理页面示意图

（2）功能分析

● 人员档案管理页面描述

人员档案管理模块的主要使用者是系统管理员,在此页面中显示所有员工信息,管理员可以对员工信息进行相应的查询、添加、修改和删除等操作。

● 人员档案管理用例描述

表6-14 查询员工用例描述

| 用例 ID: | SFCMS-UC-06-05 | 用例名称: | 查询员工 |
|---|---|---|---|
| 执行者: | 当前用户 | | |
| 前置条件: | 用户登录成功并具有管理人员档案的权限 | | |
| 后置条件: | 成功添加功能分组并将其数据保存在数据库中 | | |
| 基本事件流: | 1. 用户请求查询员工信息<br>2. 用户点击查询按钮<br>3. 系统显示所有符合条件的员工信息 | | |
| 扩展事件流: | 1a. 系统未检测到用户发送的查询请求<br>2a. 系统未检测到用户提交的信息 | | |
| 异常事件流: | 第 2 或 3 步,出现系统故障,例如网络故障,数据库服务器故障,系统弹出系统异常页面,提示"系统出错,请重试" | | |
| 待解决问题: | | | |

表 6-15　添加员工用例描述

| 用例 ID： | SFCMS- UC -06-06 | 用例名称： | | 添加员工 |
|---|---|---|---|---|
| 执行者： | 当前用户 | | | |
| 前置条件： | 用户登录成功并具有管理人员档案的权限 | | | |
| 后置条件： | 成功添加员工并将其数据保存在数据库中 | | | |
| 基本事件流： | 1. 用户请求添加员工<br>2. 用户填写需要添加员工的基本信息并点击提交按钮<br>3. 系统审核用户填写信息是否符合要求<br>4. 系统显示所有员工信息 | | | |
| 扩展事件流： | 1a. 系统未检测到用户发送的添加请求。<br>2a. 系统未检测到用户提交的信息<br>4a. 系统页面刷新失败 | | | |
| 异常事件流： | 第 2 或 4 步,出现系统故障,例如网络故障,数据库服务器故障,系统弹出系统异常页面,提示"系统出错,请重试" | | | |
| 待解决问题： | | | | |

表 6-16　编辑员工用例描述

| 用例 ID： | SFCMS- UC -06-07 | 用例名称： | | 编辑员工 |
|---|---|---|---|---|
| 执行者： | 当前用户 | | | |
| 前置条件： | 用户登录成功并具有管理人员档案的权限 | | | |
| 后置条件： | 成功编辑员工并将其数据保存在数据库中 | | | |
| 基本事件流： | 1. 用户选择所要编辑的员工并点击编辑按钮<br>2. 用户重新填写员工的基本信息并点击提交按钮<br>3. 系统审核用户填写信息是否符合要求<br>4. 系统显示所有员工信息 | | | |
| 扩展事件流： | 1a. 系统未检测到用户发送的编辑请求<br>2a. 系统未检测到用户提交的信息<br>4a. 系统页面刷新失败 | | | |
| 异常事件流： | 第 2 或 4 步,出现系统故障,例如网络故障,数据库服务器故障,系统弹出系统异常页面,提示"系统出错,请重试" | | | |
| 待解决问题： | | | | |

表 6-17　删除员工用例描述

| 用例 ID： | SFCMS- UC -06-08 | 用例名称： | | 删除员工 |
|---|---|---|---|---|
| 执行者： | 当前用户 | | | |
| 前置条件： | 用户登录成功并具有管理人员档案的权限 | | | |
| 后置条件： | 成功删除员工信息 | | | |

| 基本事件流： | 1. 用户选择需要删除的员工<br>2. 点击删除按钮<br>3. 系统显示所有员工信息 |
| --- | --- |
| 扩展事件流： | 2a. 系统未检测到用户发送的删除请求<br>3a. 系统页面刷新失败 |
| 异常事件流： | 第 2 或 3 步,出现系统故障,例如网络故障,数据库服务器故障,系统弹出系统异常页面,提示"系统出错,请重试" |
| 待解决问题： | |

**表 6-18　分配功能用例描述**

| 用例 ID： | SFCMS- UC -06-09 | 用例名称： | 分配功能 |
| --- | --- | --- | --- |
| 执行者： | 当前用户 | | |
| 前置条件： | 用户登录成功并具有管理人员档案的权限 | | |
| 后置条件： | 成功为员工分配功能并将其数据保存在数据库中 | | |
| 基本事件流： | 1. 用户选择需要分配功能,点击分配功能按钮<br>2. 用户选择需要分配的功能<br>3. 系统显示所有员工信息 | | |
| 扩展事件流： | 1a. 系统未检测到用户发送的分配功能请求<br>2a. 系统未检测到用户选择的功能<br>3a. 系统页面刷新失败 | | |
| 异常事件流： | 第 2 或 3 步,出现系统故障,例如网络故障,数据库服务器故障,系统弹出系统异常页面,提示"系统出错,请重试" | | |
| 待解决问题： | | | |

**表 6-19　分配特殊功能用例描述**

| 用例 ID： | SFCMS- UC -06-10 | 用例名称： | 分配特殊功能 |
| --- | --- | --- | --- |
| 执行者： | 当前用户 | | |
| 前置条件： | 用户登录成功并具有管理人员档案的权限 | | |
| 后置条件： | 成功为员工分配特殊功能并将其数据保存在数据库中 | | |
| 基本事件流： | 1. 用户选择需要分配特殊功能分组,点击分配特殊功能按钮<br>2. 用户选择需要分配的特殊功能<br>3. 系统显示所有功能分组信息 | | |
| 扩展事件流： | 1a. 系统未检测到用户发送的分配特殊功能请求<br>2a. 系统未检测到用户选择的功能<br>3a. 系统页面刷新失败 | | |
| 异常事件流： | 第 2 或 3 步,出现系统故障,例如网络故障,数据库服务器故障,系统弹出系统异常页面,提示"系统出错,请重试" | | |
| 待解决问题： | | | |

### 表 6-20　导出用例描述

| 用例 ID： | SFCMS- UC -06-11 | 用例名称： | | 导出员工信息 |
|---|---|---|---|---|
| 执行者： | 当前用户 | | | |
| 前置条件： | 用户登录成功并具有管理人员档案的权限 | | | |
| 后置条件： | 成功导出员工信息 | | | |
| 基本事件流： | 1. 用户点击导出按钮<br>2. 选择需要保存的路径并命名<br>3. 点击保存按钮 | | | |
| 扩展事件流： | 1a. 系统未检测到用户发送的导出请求<br>3a. 保存失败 | | | |
| 异常事件流： | 第 1 或 3 步，出现系统故障，例如网络故障，数据库服务器故障，系统弹出系统异常页面，提示"系统出错，请重试" | | | |
| 待解决问题： | | | | |

（3）流程处理

用户进入该页面后，可以选择职务、工号、姓名等筛选条件进行条件查询，并进行相应的操作，流程处理如图 6-7 所示。

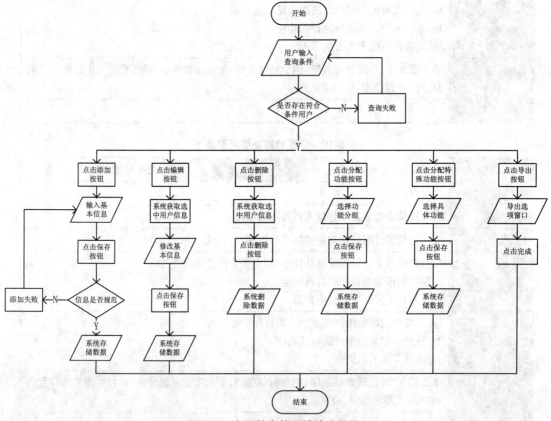

**图 6-7　人员档案管理模块流程图**

（4）数据库设计

根据功能分析和流程处理可分析出人员档案管理模块所需的数据库表以及表中所用到的列，如表 6-21 至表 6-27 所示。

**表 6-21 PersonnelFile（员工档案表）**

| 序号 | 列名 | 数据类型 | 数据来源 | 是否为空 | 是否主键 | 备注 |
|---|---|---|---|---|---|---|
| 1 | ID | int | 自增 | 否 | 是 | 编号 |
| 2 | JobNumber | nvarchar（50） | 管理员输入 | 是 | 否 | 工号 |
| 3 | Department | nvarchar（50） | 管理员输入 | 是 | 否 | 部门 |
| 4 | Post | nvarchar（50） | 管理员输入 | 是 | 否 | 职务 |
| 5 | Pname | nvarchar（50） | 管理员输入 | 是 | 否 | 姓名 |
| 6 | Title | nvarchar（50） | 管理员输入 | 是 | 否 | 职称 |
| 7 | Skill | nvarchar（50） | 管理员输入 | 是 | 否 | 技能 |
| 8 | EnteringTime | datetime | 管理员输入 | 是 | 否 | 入司时间 |
| 9 | ContactNumber | nvarchar（50） | 管理员输入 | 是 | 否 | 联系电话 |
| 10 | PersonnelNature | nvarchar（50） | 管理员输入 | 是 | 否 | 人员性质 |
| 11 | UserInfoID | nvarchar（50） | 管理员输入 | 是 | 否 | 用户编号 |

**表 6-22 ActionInfo（功能活动表）**

| 序号 | 列名 | 数据类型 | 数据来源 | 是否为空 | 是否主键 | 备注 |
|---|---|---|---|---|---|---|
| 1 | ID | int | 自增 | 否 | 是 | 活动编号 |
| 2 | SubTime | datatime | 管理员输入 | 是 | 否 | 插入时间 |
| 3 | ModifiedOn | datatime | 管理员输入 | 是 | 否 | 修改时间 |
| 4 | Remark | nvarchar（MAX） | 管理员输入 | 是 | 否 | 备注 |
| 5 | Url | nvarchar（MAX） | 管理员输入 | 是 | 否 | 跳转地址 |
| 6 | HttpMethod | nvarchar（MAX） | 管理员输入 | 是 | 否 | 提交方法 |
| 7 | ParentID | nvarchar（MAX） | 管理员输入 | 是 | 否 | 父级菜单 |
| 8 | MenuIndex | int | 管理员输入 | 是 | 否 | 菜单索引 |
| 9 | ActionType | int | 管理员输入 | 是 | 否 | 菜单类型 |
| 10 | MenuName | nvarchar（MAX） | 管理员输入 | 是 | 否 | 菜单名称 |
| 11 | Icon | nvarchar（MAX） | 管理员输入 | 是 | 否 | 图标 |

表 6-23　RoleInfo（角色表）

| 序号 | 列名 | 数据类型 | 数据来源 | 是否为空 | 是否主键 | 备注 |
|---|---|---|---|---|---|---|
| 1 | ID | int | 自增 | 否 | 是 | 角色编号 |
| 2 | RoleName | nvarchar（255） | 管理员输入 | 否 | 否 | 角色名称 |
| 3 | SubTime | datetime | 管理员输入 | 是 | 否 | 插入时间 |
| 4 | DelFlag | int | 管理员输入 | 否 | 否 | 删除标记 |
| 5 | ModifiedOn | datetime | 管理员输入 | 是 | 否 | 修改时间 |
| 6 | Remark | nvarchar（MAX） | 管理员输入 | 是 | 否 | 备注 |

表 6-24　UserInfo（用户表）

| 序号 | 列名 | 数据类型 | 数据来源 | 是否为空 | 是否主键 | 备注 |
|---|---|---|---|---|---|---|
| 1 | ID | int | 自增 | 否 | 是 | 用户编号 |
| 2 | UName | nvarchar（MAX） | 管理员输入 | 否 | 否 | 用户名 |
| 3 | UPwd | nvarchar（MAX） | 管理员输入 | 否 | 否 | 密码 |
| 4 | SubTime | datetime | 管理员输入 | 是 | 否 | 插入时间 |
| 5 | DelFlag | int | 管理员输入 | 是 | 否 | 删除标记 |
| 6 | ModifiedOn | datetime | 管理员输入 | 是 | 否 | 修改时间 |
| 7 | Remark | nvarchar（MAX） | 管理员输入 | 是 | 否 | 备注 |
| 8 | RealName | nvarchar（MAX） | 管理员输入 | 是 | 否 | 真实姓名 |

表 6-25　RoleInfoActionInfo（角色功能活动表）

| 序号 | 列名 | 数据类型 | 数据来源 | 是否为空 | 是否主键 | 备注 |
|---|---|---|---|---|---|---|
| 1 | ID | int | 自增 | 否 | 是 | 编号 |
| 2 | RoleInfoID | nvarchar（50） | 管理员输入 | 否 | 否 | 角色编号 |
| 3 | ActionInfoID | nvarchar（50） | 管理员输入 | 否 | 否 | 功能活动编号 |

表 6-26　UserInfoActionInfo（用户功能活动表）

| 序号 | 列名 | 数据类型 | 数据来源 | 是否为空 | 是否主键 | 备注 |
|---|---|---|---|---|---|---|
| 1 | ID | int | 自增 | 否 | 是 | 编号 |
| 2 | UserInfoID | nvarchar（50） | 管理员输入 | 否 | 否 | 用户编号 |
| 3 | ActionInfoID | nvarchar（50） | 管理员输入 | 否 | 否 | 功能活动编号 |

表 6-27 UserInfoRoleInfo( 用户角色表 )

| 序号 | 列名 | 数据类型 | 数据来源 | 是否为空 | 是否主键 | 备注 |
|---|---|---|---|---|---|---|
| 1 | ID | int | 自增 | 否 | 是 | 编号 |
| 2 | UserInfoID | nvarchar（50） | 管理员输入 | 否 | 否 | 用户编号 |
| 3 | RoleInfoID | nvarchar（50） | 管理员输入 | 否 | 否 | 角色编号 |

**2. 详细设计**

（1）项目结构

人员档案管理模块页面项目结构如图 6-8 所示。

（2）实现顺序

人员档案管理主要是对员工信息进行管理,页面初始化时没有员工列表,用户输入工号、部门、姓名、职务属性,点击"查询"按钮,将所选条件传递到后台处理类进行处理,查询出符合条件的所有员工信息并以表格的形式进行显示,顺序图如图 6-9 所示。

（3）实现步骤

①用户选择工号、部门、姓名、职务条件后,点击"查询"按钮。

②PersonnelFile.dire.js 文件处理 jsp 提交的信息,发送查询请求。

③Struts 拦截器拦截用户请求,通过拦截器机制进行分类处理,在 PersonnelFileAction 类中调用 getList ()、add()、edit() 和 delUserInfo() 等方法。

④在 PersonnelFileAction 类中调用 PersonnelFileService 类中的 getList()、add()、edit() 和 delUserInfo() 等方法。

⑤在 PersonnelFileService 类中调用 PersonnelFileDao 类中的 getList()、add()、edit() 和 delUserInfo() 等方法。

⑥在 PersonnelFileDao 中调用 getList() 方法,根据用户所选条件在 PersonnelFile 表中查询所有符合条件的员工信息,并将查询到的数据封装为一个 Map 对象; add() 方法用来添加新员工信息,首先进行员工姓名是否唯一以及时间格式是否正确验证,验证失败在相应的页面提示,验证通过则将新员工信息插入数据库表; edit() 方法用来修改员工信息,首先对修改后的员工信息进行时间范围以及时间格式的验证,验证失败进行相应的页面提示,验证通过则将新信息插入数据库表; delUserInfo() 方法用来根据用户所选员工的 UserInfoID 删除用户信息; getRolesByUserId() 方法通过 UserInfoID 查询用户所属角色以及获取所有功能权限,用来判断弹出层中功能权限是否被选中; chooseRoleForUser() 方法用来给用户分配角色,用户选中新角色后,为用户进行旧角色的解绑以及新角色的绑定; getMenuListByUserID() 方法根据员工的 UserInfoID 进行查询后,用户可以为员工选择角色权限外的功能权限,并把员工信息与功能权限进行绑定; exportExcel() 方法用来将员工信息以 Excel 的形式进行导出。首先,在 getList() 方法中将符合条件的员工列表存放在 session 中,之后 exportExcel() 方法将 session 中的值取出来并以 Excel 的形式进行导出并保存。以上方法均以 Map 对象的形式进行返回。

⑦在 PersonnelFileService 类中接收 PersonnelFileDao 类返回的 Map 对象,并将 Map 对象返回给 PersonnelFileAction 类。

```
 1  PersonnelFile                            -人员档案管理
 2  └─src
 3      ├─applicationContext.xml
 4      ├─person.cfg.xml
 5      ├─log4j.properties
 6      ├─struts.xml
 7      └─com
 8          └─xtgj
 9              └─personnelfile
10                  ├─domain
11                  │   ├─PersonnelFile.hbm.xml          -员工信息表配置文件
12                  │   ├─PersonnelFile                  -员工信息表实体
13                  │   ├─ActionInfo.hbm.xml             -功能活动表配置文件
14                  │   ├─ActionInfo.java                -功能活动表实体
15                  │   ├─RoleInfo.hbm.xml               -角色表配置文件
16                  │   ├─RoleInfo.java                  -角色表实体
17                  │   ├─UserInfo.hbm.xml               -用户表配置文件
18                  │   ├─UserInfo                       -用户表实体
19                  │   ├─RoleInfoActionInfo.hbm.xml     -角色功能活动表配置文件
20                  │   ├─RoleInfoActionInfo             -角色功能活动表实体
21                  │   ├─UserInfoActionInfo.hbm.xml     -用户功能活动表配置文件
22                  │   ├─UserInfoActionInfo             -用户功能活动表实体
23                  │   ├─UserInfoRoleInfo.hbm.xml       -用户角色表配置文件
24                  │   └─UserInfoRoleInfo               -用户角色表实体
25                  ├─action
26                  │   └─PersonnelFileAction
27                  │       ├─String getList()
28                  │       ├─String add()
29                  │       ├─String edit()
30                  │       ├─String delUserInfo()
31                  │       ├─String getRolesByUserId()
32                  │       ├─String chooseRoleForUser()
33                  │       ├─String getMenuListByUserID()
34                  │       ├─String changeMenuSelect()
35                  │       └─String exportExcel()
36                  ├─service
37                  │   └─PersonnelFileService
38                  │       ├─Map<String,Object> getList(int pageIndex, int pageSize,实体)
39                  │       ├─Map<String,Object> add(实体)
40                  │       ├─Map<String,Object> edit(实体)
41                  │       ├─Map<String,Object> delUserInfo(string userInfoID)
42                  │       ├─Map<String,Object> getRolesByUserId(string userInfoID)
43                  │       ├─Map<String,Object> chooseRoleForUser(string userInfoID, string RoleId, bool check)
44                  │       ├─Map<String,Object> getMenuListByUserID(string userInfoID)
45                  │       ├─Map<String,Object> changeMenuSelect(string actionID, bool selectState, string userInfoID)
46                  │       └─Map<String,Object> exportExcel(实体)
47                  ├─dao
48                  │   └─PersonnelFileDao
49                  │       ├─Map<String,Object> getList(int pageIndex, int pageSize,实体)
50                  │       ├─Map<String,Object> add(实体)
51                  │       ├─Map<String,Object> edit(实体)
52                  │       ├─Map<String,Object> delUserInfo(string userInfoID)
53                  │       ├─Map<String,Object> getRolesByUserId(string userInfoID)
54                  │       ├─Map<String,Object> chooseRoleForUser(string userInfoID, string RoleId,bool check)
55                  │       ├─Map<String,Object> getMenuListByUserID(string userInfoID)
56                  │       ├─Map<String,Object> changeMenuSelect(string actionID, bool selectState, string userInfoID)
57                  │       └─Map<String,Object> exportExcel(实体)
58                  └─util
59                      └─PageHelper          -分页工具类
60  └─WebContent
61      ├─Content
62      ├─FELib
63      ├─fonts
64      ├─META-INF
65      ├─PersonnelFile
66      │   └─PersonnelFile.jsp              -人员档案管理界面
67      ├─StaticSource
68      │   └─PersonnelFile
69      │       ├─main.css
70      │       ├─main.js
71      │       ├─main.min.js
72      │       └─dire
73      │           └─PersonnelFile
74      │               ├─PersonnelFile.dire.js    -结果解析和数据绑定显示
75      │               └─PersonnelFile.temp.html  -显示人员档案管理界面主体部分
76      └─WEB-INF
77          ├─web.xml    -核心配置文件
78          └─lib
```

图6-8 人员档案管理页面项目结构图

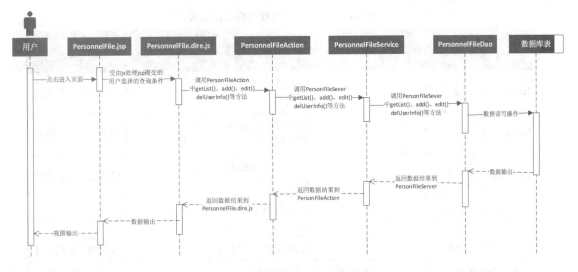

**图 6-9 人员档案管理模块顺序图**

⑧在 PersonnelFileAction 类中接收 PersonnelFileService 类中返回的对象，并将查询结果经过拦截处理最后以对象的形式传递给 js。

⑨PersonnelFile.dire.js 文件中将接收的对象解析并使用 Angular 的双向数据显示特性读取其数据并显示到页面中。

⑩用户在 JSP 页面中查看效果。

### 3. 界面效果

按照上述步骤进行模块开发并实现如图 6-10 所示效果。

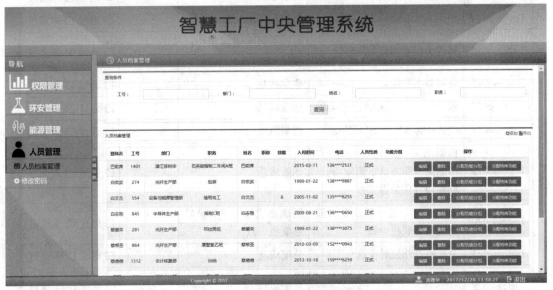

**图 6-10 人员档案管理模块效果图**

### 4. 单元测试

模块完成后按照表 6-28 给出的单元测试用例进行本模块的单元测试。

表 6-28　人员档案管理模块单元测试

| 测试用例标识符 | 输入／动作 | 期望输出 | 实际输出 | 测试结果 |
|---|---|---|---|---|
| Testcase001 | 输入无效查询条件 | 页面提示未查询到有效信息 | | □ 通过 □ 未通过 |
| Testcase002 | 模糊查询 | 显示符合当前模糊条件的所有信息 | | □ 通过 □ 未通过 |
| Testcase003 | 空查询条件 | 页面提示未查询到有效信息 | | □ 通过 □ 未通过 |
| Testcase004 | 点击"查询"按钮 | 查询到的信息符合查询条件 | | □ 通过 □ 未通过 |
| Testcase005 | 添加员工姓名为空 | 页面提示必填项为空 | | □ 通过 □ 未通过 |
| Testcase006 | 添加完成后不点击保存按钮 | 无法自动保存信息 | | □ 通过 □ 未通过 |
| Testcase007 | 添加完成后刷新页面查看是否添加成功 | 信息列表存在上一条添加的信息 | | □ 通过 □ 未通过 |
| Testcase008 | 添加功能分组信息为空 | 页面提示必填项为空 | | □ 通过 □ 未通过 |
| Testcase009 | 修改单条数据 | 修改成功 | | □ 通过 □ 未通过 |
| Testcase010 | 修改为相同的数据 | 修改成功 | | □ 通过 □ 未通过 |
| Testcase011 | 不选择数据修改 | 修改成功 | | □ 通过 □ 未通过 |
| Testcase012 | 必填项为空验证 | 页面提示必填项为空 | | □ 通过 □ 未通过 |
| Testcase013 | 最大字符验证 | 无要求 | | □ 通过 □ 未通过 |
| Testcase014 | 全角／半角输入法 | 支持各类输入法 | | □ 通过 □ 未通过 |
| Testcase015 | 修改为已有用户信息 | 修改失败并提示用户已存在 | | □ 通过 □ 未通过 |
| Testcase016 | 选择数据删除 | 删除成功 | | □ 通过 □ 未通过 |
| Testcase017 | 删除后,查看数据库是否删除 | 删除成功 | | □ 通过 □ 未通过 |
| Testcase018 | 确认是物理删除还是逻辑删除 | 逻辑删除 | | □ 通过 □ 未通过 |
| Testcase019 | 向后翻页,选择一条记录,点击删除按钮并确定删除,测试删除边界值是否正常 | 删除成功 | | □ 通过 □ 未通过 |
| Testcase020 | 员工分配功能分组后是否能实现与导航栏一致 | 所选功能与用户登录后导航栏一致 | | □ 通过 □ 未通过 |
| Testcase021 | 分配特殊功能时全选 | 分配成功 | | □ 通过 □ 未通过 |
| Testcase022 | 分配特殊功能时选择用户已有权限 | 分配成功 | | □ 通过 □ 未通过 |
| Testcase023 | 分配特殊功能后使用该功能 | 用户具有特殊功能权限 | | □ 通过 □ 未通过 |
| Testcase024 | 点击"上一页" | 页面跳转至上一页 | | □ 通过 □ 未通过 |

续表

| 测试用例标识符 | 输入 / 动作 | 期望输出 | 实际输出 | 测试结果 |
|---|---|---|---|---|
| Testcase025 | 点击"下一页" | 页面跳转至下一页 | | □ 通过 □ 未通过 |
| Testcase026 | 点击"首页" | 页面跳转至首页 | | □ 通过 □ 未通过 |
| Testcase027 | 点击"末页" | 页面跳转至末页 | | □ 通过 □ 未通过 |
| Testcase028 | 点击数字页码 | 页面跳转至该页 | | □ 通过 □ 未通过 |

### 6.3.2　修改密码模块

#### 1. 概要设计

（1）原型设计

修改密码模块主要实现了用户可以对当前登录账号进行密码修改的功能。页面设置了文本框以及"修改"按钮，用来实现修改密码功能。页面示意图如图 6-11 所示。

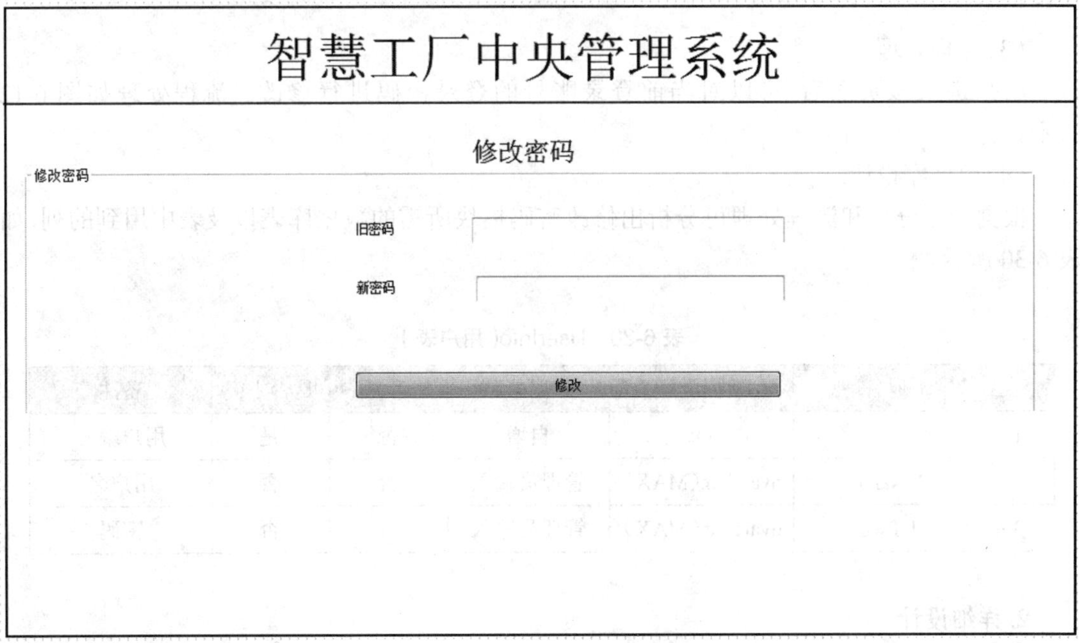

**图 6-11　修改密码页面示意图**

（2）功能分析

● 修改密码模块页面描述

修改密码模块的主要使用者是每一个用户，主要用例就是修改密码。

● 修改密码模块用例描述

表 6-29　修改密码用例描述

| 用例 ID: | SFCMS- UC -06-12 | 用例名称: | 修改密码 |
|---|---|---|---|
| 执行者: | 当前用户 | | |
| 前置条件: | 用户登录成功 | | |
| 后置条件: | 成功修改密码并将其数据保存在数据库中 | | |
| 基本事件流: | 1. 用户请求修改密码<br>2. 用户输入旧密码和新密码<br>3. 系统审核用户输入的旧密码<br>4. 修改密码成功并将新密码保存在数据库中 | | |
| 扩展事件流: | 1a. 系统未检测到用户发送的修改密码请求<br>3a. 用户提交的旧密码错误<br>4a. 修改密码失败 | | |
| 异常事件流: | 第 1 或 4 步,出现系统故障,例如网络故障,数据库服务器故障,系统弹出系统异常页面,提示"系统出错,请重试" | | |
| 待解决问题: | | | |

（3）流程处理

用户进入该页面后,可以对当前登录账号的登录密码进行修改。流程处理如图 6-12 所示。

（4）数据库设计

根据功能分析和流程处理可分析出修改密码模块所需的数据库表以及表中用到的列,如表 6-30 所示。

表 6-30　UserInfo( 用户表 )

| 序号 | 列名 | 数据类型 | 数据来源 | 是否为空 | 是否主键 | 备注 |
|---|---|---|---|---|---|---|
| 1 | ID | int | 自增 | 否 | 是 | 用户编号 |
| 2 | UName | nvarchar（MAX） | 管理员输入 | 否 | 否 | 用户名 |
| 3 | UPwd | nvarchar（MAX） | 管理员输入 | 否 | 否 | 密码 |

**2. 详细设计**

（1）项目结构

修改密码页面项目结构如图 6-13 所示。

（2）实现顺序

修改密码页面主要为用户修改当前登录账号的密码,页面初始化自动获取当前登录账号的用户名,用户填写旧密码、新密码,点击"修改"按钮,将新密码传递到后台处理,并进行数据库密码更新,顺序如图 6-14 所示。

（3）实现步骤

①用户填写旧密码、新密码后,点击"修改"按钮。

②UpdatePassWord.dire.js 文件处理 jsp 提交的信息，发送查询请求。

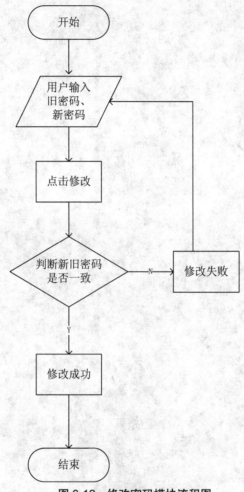

图 6-12 修改密码模块流程图

③Struts 拦截器拦截用户请求，通过拦截器机制进行分类处理，在 UpdatePwdAction 类中调用 updatePwd() 方法。

④在 UpdatePwdAction 类中调用 UpdatePwdService 类中的 updatePwd() 方法。

⑤在 UpdatePwdService 类中调用 UpdatePwdDao 类中的 updatePwd() 方法。

⑥UpdatePwdDao 类实现 BaseDao 接口，在其中调用 updatePwd() 方法，首先，在 login() 方法中将用户名和密码存放在 session 中，之后使用 updatePwd() 方法将用户输入的旧密码与 session 中的密码进行匹配验证，不匹配进行相应的页面提示，一致则将新密码插入数据库。

⑦在 UpdatePwdService 类中接收 UpdatePwdDao 类返回的 Map 对象，并将 Map 对象返回给 UpdatePwdAction 类。

⑧在 UpdatePwdAction 类中接收 UpdatePwdService 类中返回的对象，并将查询结果经过拦截处理最后以对象的形式传递给 js。

⑨在UpdatePassWord.dire.js 文件中将接收的对象进行解析。

⑩用户在 JSP 页面中查看效果。

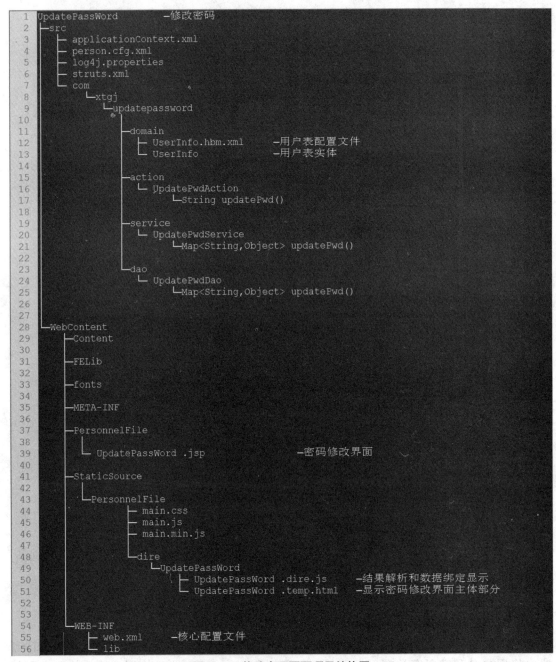

图 6-13　修改密码页面项目结构图

### 3. 界面效果

按照上述步骤进行模块开发并实现如图 6-15 所示效果。

### 4. 单元测试

模块完成后按照表 6-31 给出的单元测试用例进行本模块的单元测试。

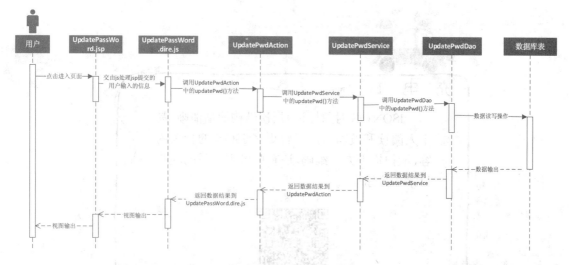

图 6-14  修改密码模块顺序图

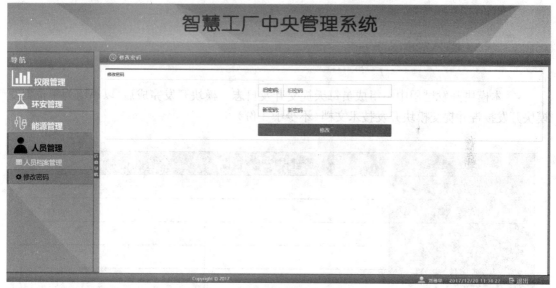

图 6-15  修改密码模块效果图

表 6-31  修改密码模块单元测试

| 测试用例标识符 | 输入 / 动作 | 期望输出 | 实际输出 | 测试结果 |
|---|---|---|---|---|
| Testcase001 | 不输入旧密码进行修改 | 页面提示请输入旧密码 | | □ 通过 □ 未通过 |
| Testcase002 | 输入错误旧密码进行修改 | 页面提示旧密码错误 | | □ 通过 □ 未通过 |
| Testcase003 | 新密码输入为空进行修改 | 页面提示请输入新密码 | | □ 通过 □ 未通过 |
| Testcase004 | 新密码和旧密码输入一致 | 修改成功 | | □ 通过 □ 未通过 |

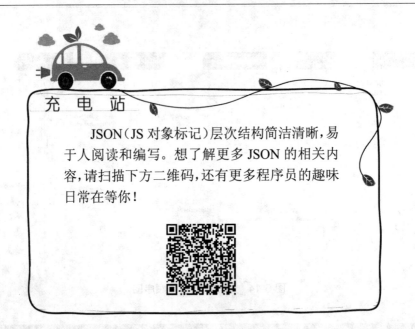

　　JSON（JS 对象标记）层次结构简洁清晰，易于人阅读和编写。想了解更多 JSON 的相关内容，请扫描下方二维码，还有更多程序员的趣味日常在等你！

　　✓　本模块开发过程中小组成员每天提交开发日志。模块开发完成后，以小组为单位提交模块开发报告并提交模块开发技术文档（不少于 3 份）。

| 人员管理模块开发报告 | | |
|---|---|---|
| 小组名称 | | |
| 负责人 | | |
| 小组成员 | | |
| | | |
| | | |
| | | |
| | | |
| 工作内容 | | |
| 状态 | □ 正常　　□ 提前　　□ 延期 | |
| 小组得分 | | |
| 备注 | | |

# 模块七 能源管理模块

本模块主要介绍能源管理模块的设计流程以及功能实现的过程。通过对本模块的学习，掌握 Angular 双向数据显示的特性，并且结合所学知识完成本模块功能的开发。

- 熟悉能源管理模块的业务流程和设计要求。
- 掌握能源管理模块的总体结构和开发流程。
- 完成能源管理模块的单元测试。
- 提交能源管理模块开发报告及技术文档。

在智慧工厂中央管理系统中，甲方要求乙方使用监控系统提供的生产过程中产生的水压信息、气压信息和用电信息的各项数据用来完成模块的开发。

- 能源管理模块概述

能源管理模块主要是对生产过程中能源的使用进行管理和控制。本系统以监控的形式显示生产过程中水压信息以及设备运行状态，并以 Highcharts 绘图中提供的柱状图、饼图、折线图等对生产信息进行显示，使用户可以更直观的分析出生产环节中各项能源的使用情况。

在本系统中,使用 Angular 的双向数据绑定特性将实时更新的数据动态显示在页面上,实现显示数据的更新。

● 双向数据绑定概述

双向数据绑定指的是视图的操作能即时反映到数据模型,数据模型的变更能即时展现到视图。Angular 框架中程序主要是通过控制器进行操作的,一旦控制器修改数据模型,数据模型会随之变更并且会反映到视图上。视图上的数据如果发生变化,数据模型中的数据也会同步变更。双向数据绑定常见的使用场景是表单交互,在这种场景下双向数据绑定会简化大量代码。

# 7.1　能源管理任务信息

任务编号 SFCMS-07-01

表 7-1　基本信息

| 任务名称 | 能源管理模块功能实现 | | | | |
|---|---|---|---|---|---|
| 任务编号 | SFCMS-07-01 | 版本 | 1.0 | 任务状态 | |
| 计划开始时间 | | 计划完成时间 | | 计划用时 | |
| 负责人 | | 作者 | | 审核人 | |
| 工作产品 | 【　】文档　【　】图表　【　】测试用例　【　】代码　【　】可执行文件 | | | | |

表 7-2　角色分工

| 岗位 | 系统分析 | 系统设计 | 系统页面实现 | 系统逻辑编程 | 系统测试 |
|---|---|---|---|---|---|
| 负责人 | | | | | |

# 7.2　能源管理模块开发

能源管理模块是对工厂生产时所需要的基本能源的管理,本模块主要分为水监控、水压趋势图、电度日报表、气报警饼图和气报警柱状图五个页面。能源管理模块用例图如图 7-1 所示。

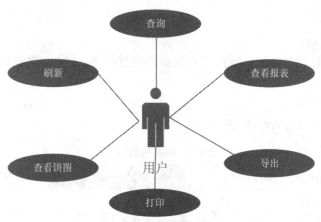

图 7-1　能源管理模块用例图

## 7.2.1　水监控模块

### 1. 概要设计

（1）原型设计

水监控页面是以水的流动方向为基准,画出了三种不同类型水的流动方向以及所经过的站点。左下方标注出了水以及站点的表示样式,当出现相应的报警信息时,对应的地方颜色标记提示。页面设置了"刷新"按钮,用来实现手动刷新功能。页面示意图如图 7-2 所示。

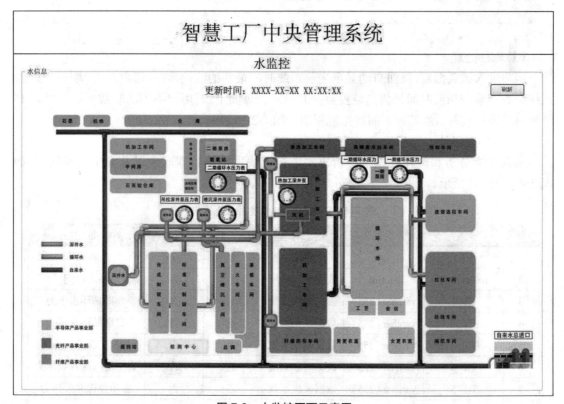

图 7-2　水监控页面示意图

（2）功能分析

● 水监控页面描述

水监控页面实时显示当前水压信息和设备的运行状态，并且设置刷新按钮可对数据进行手动刷新。

● 水监控用例描述

水监控页面用例描述如表 7-3 所示。

表 7-3　刷新用例描述

| 用例 ID： | SFCMS-UC-07-01 | 用例名称： | 刷新用例 |
|---|---|---|---|
| 执行者： | 当前用户 | | |
| 前置条件： | 用户登录成功并具有查看该数据的权限 | | |
| 后置条件： | 刷新成功并在页面显示数据库最新的数据 | | |
| 基本事件流： | 1. 用户点击刷新按钮<br>2. 服务器请求查询数据库最新一条数据<br>3. 将最新的数据显示在页面上 | | |
| 扩展事件流： | 1a. 系统未检测到用户发送的刷新请求<br>2a. 系统未检测到用户提交的信息 | | |
| 异常事件流： | 第 2 或 3 步，出现系统故障，例如网络故障，数据库服务器故障，系统弹出系统异常页面，提示"系统出错，请重试" | | |
| 待解决问题： | | | |

（3）流程处理

用户进入该页面后，页面自动显示当前系统时间最新的监控数据，用户点击"刷新"按钮，系统会查询系统当前时间最新的监控数据并显示在页面上，若用户不手动刷新则页面每隔 15 分钟自动进行刷新。水监控页面数据流程图如图 7-3 所示。

（4）数据库设计

根据功能分析和流程处理可分析出水监控模块所需的数据库表以及表中用到的列，如表 7-4 和表 7-5 所示。

表 7-4　EnergyValue（能源数据表）

| 序号 | 列名 | 数据类型 | 数据来源 | 是否为空 | 是否主键 | 备注 |
|---|---|---|---|---|---|---|
| 1 | EID | int | 自增 | 否 | 是 | 编号 |
| 2 | InsertTime | datetime | 数据采集系统 | 是 | 否 | 插入时间 |
| 3 | PT_1 | varchar（255） | 数据采集系统 | 是 | 否 | 一期循环水压力 |
| 4 | PT_2 | varchar（255） | 数据采集系统 | 是 | 否 | 二期循环水压力 |
| 5 | PT_3 | varchar（255） | 数据采集系统 | 是 | 否 | 热加工深井泵压力 |
| 6 | PT_4 | varchar（255） | 数据采集系统 | 是 | 否 | 真空槽沉深井泵压力 |
| 7 | PT_5 | varchar（255） | 数据采集系统 | 是 | 否 | 新吊拉深井泵压力 |
| 8 | PT_6 | varchar（255） | 数据采集系统 | 是 | 否 | 自来水压力 |

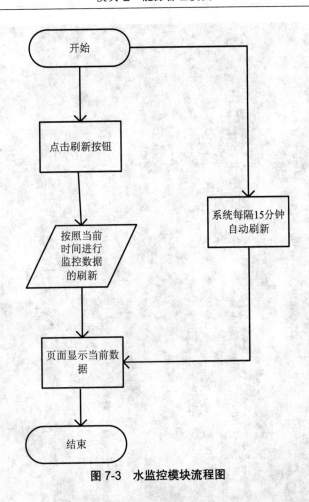

**图 7-3 水监控模块流程图**

**表 7-5 EnergyAlarm(能源报警信息表)**

| 序号 | 列名 | 数据类型 | 数据来源 | 是否为空 | 是否主键 | 备注 |
|------|------|----------|----------|----------|----------|------|
| 1 | ID | int | 自增 | 否 | 是 | 编号 |
| 2 | EVarName | varchar(255) | 数据采集系统 | 是 | 否 | 变量名 |
| 3 | EventType | varchar(255) | 数据采集系统 | 是 | 否 | 事件类型 |

## 2.详细设计

(1)项目结构

水监控页面项目结构如图 7-4 所示。

(2)实现顺序

水监控主要是将从数据库中取出当前采集到的数据信息并将其显示在页面上。顺序图如图 7-5 所示。

(3)实现步骤

①用户点击"刷新"按钮。

②WaterMonitoring.dire.js 文件处理 jsp 提交的信息,发送查询请求。

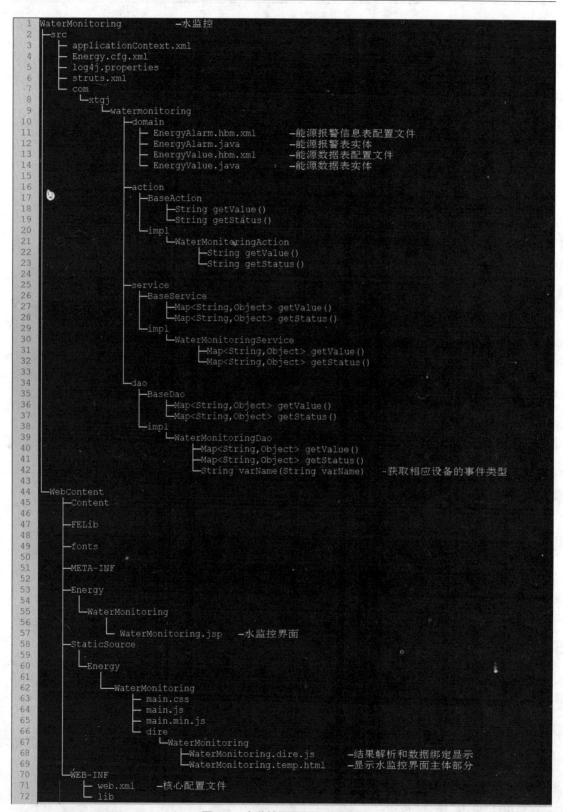

```
1   WaterMonitoring                  -水监控
2   ├src
3   │   ├ applicationContext.xml
4   │   ├ Energy.cfg.xml
5   │   ├ log4j.properties
6   │   ├ struts.xml
7   │   └ com
8   │       └xtgj
9   │           └ watermonitoring
10  │               ├domain
11  │               │   ├ EnergyAlarm.hbm.xml        -能源报警信息表配置文件
12  │               │   ├ EnergyAlarm.java          -能源报警表实体
13  │               │   ├ EnergyValue.hbm.xml        -能源数据表配置文件
14  │               │   └ EnergyValue.java          -能源数据表实体
15  │               │
16  │               ├action
17  │               │   ├BaseAction
18  │               │   │   ├ String getValue()
19  │               │   │   └ String getStatus()
20  │               │   └impl
21  │               │       └WaterMonitoringAction
22  │               │           ├ String getValue()
23  │               │           └ String getStatus()
24  │               │
25  │               ├service
26  │               │   ├BaseService
27  │               │   │   ├ Map<String,Object> getValue()
28  │               │   │   └ Map<String,Object> getStatus()
29  │               │   └impl
30  │               │       └WaterMonitoringService
31  │               │           ├ Map<String,Object> getValue()
32  │               │           └ Map<String,Object> getStatus()
33  │               │
34  │               └dao
35  │                   ├BaseDao
36  │                   │   ├ Map<String,Object> getValue()
37  │                   │   └ Map<String,Object> getStatus()
38  │                   └impl
39  │                       └WaterMonitoringDao
40  │                           ├ Map<String,Object> getValue()
41  │                           ├ Map<String,Object> getStatus()
42  │                           └ String varName(String varName)    -获取相应设备的事件类型
43  │
44  └WebContent
45      ├Content
46      │
47      ├FELib
48      │
49      ├fonts
50      │
51      ├META-INF
52      │
53      ├Energy
54      │   │
55      │   └WaterMonitoring
56      │       │
57      │       └ WaterMonitoring.jsp    -水监控界面
58      ├StaticSource
59      │   │
60      │   └Energy
61      │       │
62      │       └WaterMonitoring
63      │           ├ main.css
64      │           ├ main.js
65      │           ├ main.min.js
66      │           └ dire
67      │               └WaterMonitoring
68      │                   ├ WaterMonitoring.dire.js    -结果解析和数据绑定显示
69      │                   └ WaterMonitoring.temp.html  -显示水监控界面主体部分
70      └WEB-INF
71          ├ web.xml    -核心配置文件
72          └ lib
```

图 7-4   水监控页面项目结构图

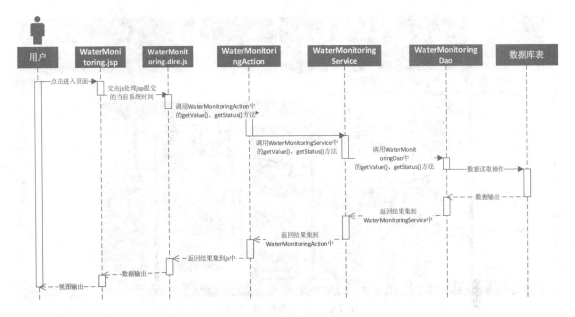

图 7-5 水监控模块顺序图

③Struts 拦截器拦截用户请求，通过拦截器机制进行分类处理，在 WaterMonitoringAction 类中调用 getValue() 和 getStatus() 方法。

④WaterMonitoringAction 类继承 ActionSupport 实现 BaseAction 和 ModelDriven 接口，并在 WaterMonitoringAction 类中调用 WaterMonitoringService 类中的 getValue() 和 getStatus() 方法。

⑤WaterMonitoringService 类实现 BaseService 接口，并在 WaterMonitoringService 类中调用 WaterMonitoringDao 类中的 getValue() 和 getStatus() 方法。

⑥WaterMonitoringDao 类实现 BaseDao 接口，并在 WaterMonitoringDao 中调用 getValue() 方法查询 EnergyValue 表中的最新的一条数据，并将查询到的数据封装为一个 Map 对象；调用 varName() 方法查询到 EnergyAlarm 表中的报警类型并将查询结果以 String 类型返回；使用 getValue() 方法将查询到的最新水压数据信息封装为一个 Map 对象；使用 getStatus() 方法将查询到的水压报警状态和 varName() 方法返回的字符串类型的参数封装成为一个 Map 对象；将封装的所有 Map 对象返回给 WaterMonitoringService 类。

⑦在 WaterMonitoringService 类中接收 WaterMonitoringDao 类返回的 Map 对象，并将 Map 对象返回给 WaterMonitoringAction 类。

⑧在 WaterMonitoringAction 类中接收 WaterMonitoringService 类中返回的对象，使用 get-Value() 和 getStatus() 方法判断返回的对象是否为空，并将不同的查询结果以对象的形式传递给 js。

⑨在 WaterMonitoring.dire.js 文件中将接收的对象解析为 JSON 并使用 Angular 的双向数据显示特性读取数据并显示到页面中。

⑩用户在 JSP 页面中查看效果。

### 3. 界面效果

按照上述步骤进行模块开发并实现如图 7-6 所示效果。

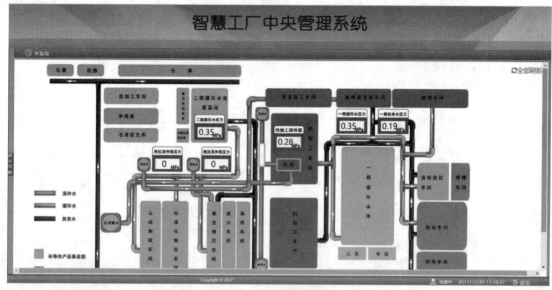

图7-6　水监控模块效果图

### 4. 单元测试

模块完成后按照表 7-6 给出的单元测试用例进行本模块的单元测试。

表 7-6　水监控模块单元测试

| 测试用例标识符 | 输入 / 动作 | 期望输出 | 实际输出 | 测试结果 |
|---|---|---|---|---|
| Testcase001 | 页面停留 15 分钟 | 自动更新 | | □ 通过 □ 未通过 |
| Testcase002 | 更新后页面显示更新时间 | 显示更新时系统时间 | | □ 通过 □ 未通过 |
| Testcase003 | 点击"刷新"按钮,页面根据系统时间进行刷新 | 刷新成功 | | □ 通过 □ 未通过 |
| Testcase004 | 存在故障时,页面有提示 | 页面有提示 | | □ 通过 □ 未通过 |
| Testcase005 | 每一个值与页面中的设备都是对应的存在 | 一一对应 | | □ 通过 □ 未通过 |

## 7.2.2　水压趋势图模块

### 1. 概要设计

（1）原型设计

水压趋势图页面根据用户选择时间段查询数据,并以趋势图的形式将自来水水压、深井水水压、循环水水压信息显示在页面上,页面设置了查询时间段的文本框以及"查询""查看报表""打印"和"导出"按钮,用来实现相应功能。页面示意图如图 7-7 所示。

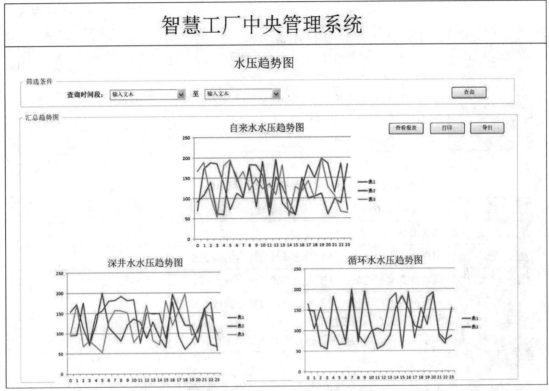

图 7-7　水压趋势图页面示意图

（2）功能分析

● 水压趋势图页面描述

水压趋势图页面使用折线图的方式描述出了自来水水压、深井水水压、循环水水压在用户所选时间段内的变化情况,将所选时间平均取 11 个点,计算出每个时间段的平均值并将其显示在页面上。

● 水压趋势图用例描述

水压趋势图用例描述主要包括查询用例、查看报表用例、打印用例和导出用例,用例描述如表 7-7 至表 7-10 所示。

表 7-7　查询用例描述

| 用例 ID: | SFCMS-UC-07-02 | 用例名称: | 查询用例 |
|---|---|---|---|
| 执行者: | 当前用户 | | |
| 前置条件: | 用户登录成功并具有查看数据的权限 | | |
| 后置条件: | 成功查询数据并将数据以折线图的形式显示在页面上 | | |
| 基本事件流: | 1. 用户选择需要查询的时间段并点击查询按钮<br>2. 系统根据用户选择的时间段从数据库中查询数据<br>3. 系统将查询到的数据以趋势图的形式显示在页面上 | | |

| 扩展事件流 | 1a. 系统未检测到用户发送的查询请求<br>2a. 系统在用户选择的时间段内未查询到数据<br>3a. 趋势图显示失败 |
|---|---|
| 异常事件流 | 第2或3步,出现系统故障,例如网络故障,数据库服务器故障,系统弹出系统异常页面,提示"系统出错,请重试" |
| 待解决问题 | |

表 7-8　查看报表用例描述

| 用例 ID: | SFCMS-UC-07-03 | 用例名称: | 查看报表用例 |
|---|---|---|---|
| 执行者: | 当前用户 | | |
| 前置条件: | 用户登录成功并将查询到的选择时间段内的数据显示在页面上 | | |
| 后置条件: | 成功将查询到的数据以报表的形式显示 | | |
| 基本事件流 | 1. 查询到用户选择时间段的数据并将其以折线图显示<br>2. 用户点击查看报表按钮<br>3. 系统将查询到的数据以报表的形式显示在页面上 | | |
| 扩展事件流 | 3a. 图表转换失败 | | |
| 异常事件流 | 第2或3步,出现系统故障,例如网络故障,数据库服务器故障,系统弹出系统异常页面,提示"系统出错,请重试" | | |
| 待解决问题 | | | |

表 7-9　打印用例描述

| 用例 ID: | SFCMS-UC-07-04 | 用例名称: | 打印用例 |
|---|---|---|---|
| 执行者: | 当前用户 | | |
| 前置条件: | 用户登录成功并成功查询到选择时间段的数据并将其显示在页面上 | | |
| 后置条件: | 成功打印所有趋势图 | | |
| 基本事件流 | 1. 查询到用户选择时间段的数据并将其以趋势图显示<br>2. 用户点击打印按钮<br>3. 成功打印所有趋势图 | | |
| 扩展事件流 | 3a. 打印失败 | | |
| 异常事件流 | 第2或3步,出现系统故障,例如网络故障,数据库服务器故障,系统弹出系统异常页面,提示"系统出错,请重试" | | |
| 待解决问题 | | | |

**表 7-10　导出用例描述**

| 用例 ID： | SFCMS-UC-07-05 | 用例名称： | 导出用例 |
|---|---|---|---|
| 执行者： | 当前用户 | | |
| 前置条件： | 用户登录成功并成功查询到选择时间段的数据并以报表的形式显示在页面上 | | |
| 后置条件： | 成功导出所有数据 | | |
| 基本事件流： | 1. 查询到用户选择时间段的数据并将其以报表的形式显示<br>2. 用户点击导出按钮<br>3. 成功导出所有数据 | | |
| 扩展事件流： | 3a. 导出失败 | | |
| 异常事件流： | 第 2 或 3 步，出现系统故障，例如网络故障，数据库服务器故障，系统弹出系统异常页面，提示"系统出错，请重试" | | |
| 待解决问题： | | | |

（3）流程处理

当用户进入该页面后，在时间选择框内输入需要查询的时间段，点击"查询"按钮，系统将用户所选时间段的水压数据返回并以趋势图的形式显示在页面上，用户点击"查看报表"按钮，可将趋势图转化成为报表形式进行显示。用户点击"打印"和"导出"按钮，可对报表进行相应的操作，流程图如图 7-8 所示。

（4）数据库设计

根据功能分析和流程处理可分析出水压趋势图模块所需的数据库表及表中的列，如表 7-11 所示。

**表 7-11　EnergyValue（能源数据表）**

| 序号 | 列名 | 数据类型 | 数据来源 | 是否为空 | 是否主键 | 备注 |
|---|---|---|---|---|---|---|
| 1 | EID | int | 自增 | 否 | 是 | 编号 |
| 2 | InsertTime | datetime | 数据采集系统 | 是 | 否 | 插入时间 |
| 3 | PT_1 | varchar（255） | 数据采集系统 | 是 | 否 | 一期循环水压力 |
| 4 | PT_2 | varchar（255） | 数据采集系统 | 是 | 否 | 二期循环水压力 |
| 5 | PT_3 | varchar（255） | 数据采集系统 | 是 | 否 | 热加工深井泵压力 |
| 6 | PT_4 | varchar（255） | 数据采集系统 | 是 | 否 | 真空槽沉深井泵压力 |
| 7 | PT_5 | varchar（255） | 数据采集系统 | 是 | 否 | 新吊拉深井泵压力 |
| 8 | PT_6 | varchar（255） | 数据采集系统 | 是 | 否 | 自来水压力 |

## 2. 详细设计

（1）项目结构

水压趋势图页面项目结构如图 7-9 所示。

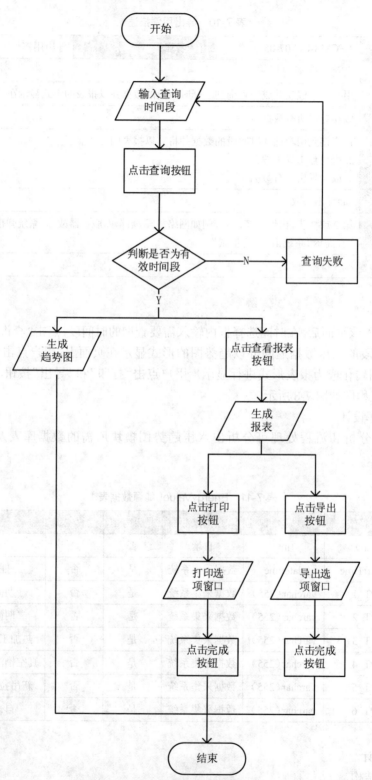

图 7-8　水压趋势图模块流程图

```
1   HydraulicTrend          -水压趋势图
2   -src
3       applicationContext.xml
4       Energy.cfg.xml
5       log4j.properties
6       struts.xml
7
8       com
9         └xtgj
10               └hydraulictrend
11                    domain
12                         EnergyValue.hbm.xml    -能源数据表置文件
13                         EnergyValue           -能源数据表实体
14
15                    action
16                         BaseAction
17                              └String getList()
18                         impl
19                              └HydraulicTrendAction
20                                   └String getValue()
21
22
23                    service
24                         BaseService
25                              └Map<String,Object> getList(String startTime, String endTime, int pageSize, int pageIndex, String deviceName)
26                         impl
27                              └HydraulicTrendService
28                                   └Map<String,Object> getList(String startTime, String endTime, int pageSize, int pageIndex, String deviceName)
29
30                    dao
31                         BaseDao
32                              └Map<String,Object> getList(String startTime, String endTime, int pageSize, int pageIndex, String deviceName)
33                         impl
34                              └HydraulicTrendDao
35                                   └Map<String,Object> getList(String startTime, String endTime, int pageSize, int pageIndex, String deviceName)
36
37                    util
38                         DateFormat                        -时间划分工具类
39                         PageHelper                        -分页工具类
40                         Map<String,Object> exprotExcel(List list)    -导出Excel工具类
41
42
43  WebContent
44       Content
45
46       FELib
47
48       fonts
49
50       META-INF
51
52       Energy
53         └HydraulicTrend
54               └WastewaterTrend.jsp              -水压趋势图界面
55
56       StaticSource
57         └Energy
58               └HydraulicTrend
59                    main.css
60                    main.js
61                    main.min.js
62                    dire
63                         └HydraulicTrend
64                              HydraulicTrend.dire.js      -结果解析和数据绑定显示
65                              HydraulicTrend.temp.html    -显示趋势图界面主体部分
66
67
68       WEB-INF
69            web.xml      -核心配置文件
70            lib
```

**图 7-9　水压趋势图项目结构图**

（2）实现顺序

水压趋势图页面初始化时，时间选择框默认显示本月，用户选择需要查询的时间段，点击"查询"按钮，对自来水水压、深井水水压、循环水水压三个监控数据分别生成折线图，并具有查看报表、导出、打印功能。顺序图如图 7-10 所示。

（3）实现步骤

①用户选择所要查询的时间段，点击"查询"按钮。

②HydraulicTrend.dire.js 接收用户查询的时间段信息并将时间参数和查询请求发送给 HydraulicTrendAction 类。

③Struts 拦截器拦截用户请求，通过拦截器机制进行分类处理，在 HydraulicTrendAction 类中调用 getList() 方法。

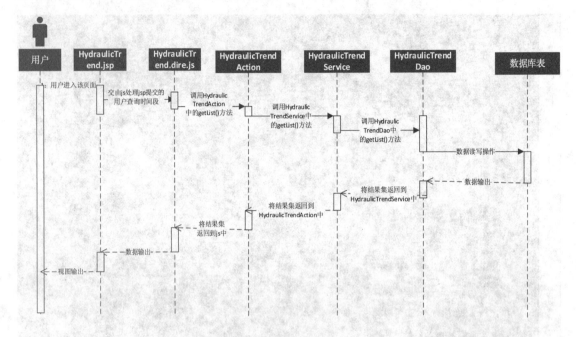

**图 7-10　水压趋势图模块顺序图**

④HydraulicTrendAction 类继承 ActionSupport 实现 BaseAction 和 ModelDriven 接口，并在 HydraulicTrendAction 类中调用 HydraulicTrendService 类中的 getList() 方法。

⑤HydraulicTrendService 类实现 BaseService 接口，并在 HydraulicTrendService 类中调用 HydraulicTrendDao 类中的 getList() 方法。

⑥HydraulicTrendDao 类继承 HibernateDaoSupport 类实现 BaseDao 接口，使用 getList() 方法将查询到的水压数据信息封装为一个 Map 对象并返回给 HydraulicTrendService 类。

⑦在 HydraulicTrendService 类中接收 HydraulicTrendDao 类返回的 Map 对象，并将 Map 对象返回给 HydraulicTrendAction 类。

⑧在 HydraulicTrendAction 类中接收 HydraulicTrendService 类中返回的对象，使用 getList() 方法判断返回的对象是否为空，并将不同的查询结果以对象的形式返回，通过 Struts 的拦截器决定返回 js 的具体方法。

⑨在 HydraulicTrend.dire.js 文件中将接收的对象解析并使用 Angular 的双向数据显示特性读取其数据并显示到页面中。

⑩用户在 JSP 页面中查看效果。

**3. 界面效果**

按照上述步骤进行模块开发并实现如图 7-11 所示效果。

图 7-11　水压趋势图模块效果图

## 4. 单元测试

模块完成后按照表 7-12 给出的单元测试用例进行本模块的单元测试。

表 7-12　水压趋势图模块单元测试

| 测试用例<br>标识符 | 输入 / 动作 | 期望输出 | 实际输出 | 测试结果 |
|---|---|---|---|---|
| Testcase001 | 点击时间选择框 | 下拉出现时间选择框 | | □ 通过 □ 未通过 |
| Testcase002 | 时间选择框默认出现当前月份信息 | 当月信息 | | □ 通过 □ 未通过 |
| Testcase003 | 选择开始时间小于结束时间 | 页面提示选择时间不正确 | | □ 通过 □ 未通过 |
| Testcase004 | 选择空条件查询 | 页面提示未查询到有效信息 | | □ 通过 □ 未通过 |
| Testcase005 | 输入无效查询条件 | 页面提示未查询到有效信息 | | □ 通过 □ 未通过 |
| Testcase006 | 点击"查询"按钮 | 查询到的信息符合查询条件 | | □ 通过 □ 未通过 |
| Testcase007 | 点击"打印"按钮 | 弹出系统打印的窗口 | | □ 通过 □ 未通过 |
| Testcase008 | 在打印窗口中设置打印参数 | 打印效果符合要求且有效 | | □ 通过 □ 未通过 |
| Testcase009 | 打印设置是否方便用户使用 | 方便用户使用 | | □ 通过 □ 未通过 |
| Testcase010 | 打印内容是否与设置的参数一致 | 一致 | | □ 通过 □ 未通过 |
| Testcase011 | 打印的内容是否正确 | 与选择内容一致 | | □ 通过 □ 未通过 |

续表

| 测试用例<br>标识符 | 输入 / 动作 | 期望输出 | 实际输出 | 测试结果 |
|---|---|---|---|---|
| Testcase012 | 打印结束后,系统是否正常运行 | 正常跳转页面 | | □ 通过 □ 未通过 |
| Testcase013 | 点击"查看报表"按钮 | 弹出保存页面 | | □ 通过 □ 未通过 |
| Testcase014 | 查看报表内容是否与当前数据一致 | 一致且有效 | | □ 通过 □ 未通过 |
| Testcase015 | 点击"导出"按钮 | 系统显示保存页面 | | □ 通过 □ 未通过 |
| Testcase016 | 导出窗口中设置的导出参数是否符合要求、有效 | 导出效果符合要求且有效 | | □ 通过 □ 未通过 |
| Testcase017 | 导出内容是否正确 | 正确 | | □ 通过 □ 未通过 |

## 7.2.3　电度日报表模块

### 1. 概要设计

（1）原型设计

用户在电度日报表页面选择所需查询时间段,查询结果会以列表的形式列举出设备与各个时间段的用电量,并且每一个设备的用电量可以以饼图的形式显示在页面中。页面设置了查询时间段的文本框以及"查询""打印""导出"和"查看"按钮,用来实现相应功能。页面示意图如图 7-12 所示。

**图 7-12　电度日报表页面示意图**

（2）功能分析

● 电度日报表页面描述

电度日报表是以列表的形式列举出了设备在各个时段用电量的详细信息。

● 电度日报表用例描述

电度日报用例描述如表 7-13 至表 7-16 所示。

**表 7-13 查询用例描述**

| 用例 ID: | SFCMS-UC-07-06 | 用例名称: | 查询用例 |
|---|---|---|---|
| 执行者: | 当前用户 | | |
| 前置条件: | 用户登录成功并具有查看数据的权限 | | |
| 后置条件: | 成功查询数据并将数据以报表的形式显示在页面上 | | |
| 基本事件流: | 1. 用户选择需要查询的时间段并点击查询按钮<br>2. 系统根据用户选择的时间段从数据库中查询数据<br>3. 系统将查询到的数据以报表的形式显示在页面上 | | |
| 扩展事件流: | 1a. 系统未检测到用户发送的查询请求<br>2a. 系统在用户选择的时间段内未查询到数据<br>3a. 报表显示失败 | | |
| 异常事件流: | 第 2 或 3 步,出现系统故障,例如网络故障,数据库服务器故障,系统弹出系统异常页面,提示"系统出错,请重试" | | |
| 待解决问题: | | | |

**表 7-14 打印用例描述**

| 用例 ID: | SFCMS-UC-07-07 | 用例名称: | 打印用例 |
|---|---|---|---|
| 执行者: | 当前用户 | | |
| 前置条件: | 用户登录成功并成功查询到选择时间段的数据并将其显示在页面上 | | |
| 后置条件: | 成功打印所有报表 | | |
| 基本事件流: | 1. 查询到用户选择时间段的数据并将其以报表的形式显示<br>2. 用户点击打印按钮<br>3. 成功打印所有报表 | | |
| 扩展事件流: | 3a. 打印失败 | | |
| 异常事件流: | 第 2 或 3 步,出现系统故障,例如网络故障,数据库服务器故障,系统弹出系统异常页面,提示"系统出错,请重试" | | |
| 待解决问题: | | | |

表 7-15　导出用例描述

| 用例 ID： | SFCMS-UC-07-08 | 用例名称： | 导出用例 |
|---|---|---|---|
| 执行者： | 当前用户 | | |
| 前置条件： | 用户登录成功并成功查询到选择时间段的数据并以报表的形式显示在页面上 | | |
| 后置条件： | 成功导出所有数据 | | |
| 基本事件流： | 1. 查询到用户选择时间段的数据并将其以报表的形式显示<br>2. 用户点击导出按钮<br>3. 成功导出所有数据 | | |
| 扩展事件流： | 3a. 导出失败 | | |
| 异常事件流： | 第 2 或 3 步，出现系统故障，例如网络故障，数据库服务器故障，系统弹出系统异常页面，提示"系统出错，请重试" | | |
| 待解决问题： | | | |

表 7-16　查看饼图用例

| 用例 ID： | SFCMS-UC-07-09 | 用例名称： | 查看饼图用例 |
|---|---|---|---|
| 执行者： | 当前用户 | | |
| 前置条件： | 用户登录成功并成功查询到选择时间段的数据并将其显示在页面上 | | |
| 后置条件： | 成功将查询到的数据以报表的形式显示 | | |
| 基本事件流： | 1. 查询到用户选择时间段的数据并将其以报表的形式显示<br>2. 用户点击查看饼图按钮<br>3. 系统将查询到的数据以饼图的形式显示在页面上 | | |
| 扩展事件流： | 3a. 图表转换失败 | | |
| 异常事件流： | 第 2 或 3 步，出现系统故障，例如网络故障，数据库服务器故障，系统弹出系统异常页面，提示"系统出错，请重试" | | |
| 待解决问题： | | | |

（3）流程处理

当用户进入该页面后，在时间选择框内选择需要查询的时间段，点击"查询"按钮，系统将用户选中时间段的用电数据返回并以报表的形式显示在页面上，用户点击"查看饼图"按钮，可将报表转化成为饼图形式进行显示。用户点击"打印"和"导出"按钮，可对报表进行相应的操作，流程图如图 7-13 所示。

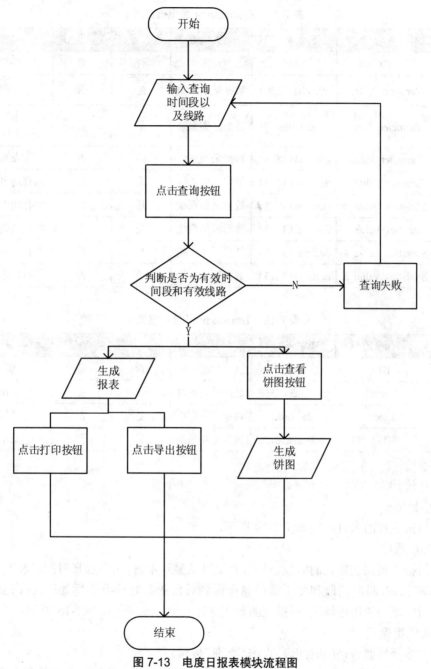

**图 7-13　电度日报表模块流程图**

（4）数据库设计

根据功能分析和流程处理可分析出电度日报表模块所需的数据库表及表中所需的列,如表 7-17 至表 7-18 所示。

表 7-17　ElectricInfo（用电信息表）

| 序号 | 列名 | 数据类型 | 数据来源 | 是否为空 | 是否主键 | 备注 |
|---|---|---|---|---|---|---|
| 1 | ID | int | 自增 | 否 | 是 | 编号 |
| 2 | Parmeter_Code | nvarchar（256） | 数据采集系统 | 是 | 否 | 工作站号 |
| 3 | Parmeter_Time | datetime | 数据采集系统 | 是 | 否 | 存入电度净值开始时间 |
| 4 | Parmeter_Value | decimal（18,3） | 数据采集系统 | 是 | 否 | 表头值 |
| 5 | Statistics_Value_1 | decimal（18,3） | 数据采集系统 | 是 | 否 | 总有功电度净值 |
| 6 | Statistics_Value_2 | decimal（18,3） | 数据采集系统 | 是 | 否 | 尖有功电度净值 |
| 7 | Statistics_Value_3 | decimal（18,3） | 数据采集系统 | 是 | 否 | 峰有功电度净值 |
| 8 | Statistics_Value_4 | decimal（18,3） | 数据采集系统 | 是 | 否 | 平有功电度净值 |
| 9 | Statistics_Value_5 | decimal（18,3） | 数据采集系统 | 是 | 否 | 谷有功电度净值 |

表 7-18　Transformer（变压器表）

| 序号 | 列名 | 数据类型 | 数据来源 | 是否为空 | 是否主键 | 备注 |
|---|---|---|---|---|---|---|
| 1 | ID | int | 自增 | 否 | 是 | 编号 |
| 2 | Name | nvarchar（256） | 数据采集系统 | 是 | 否 | 工作站 |
| 3 | Line | datetime | 数据采集系统 | 是 | 否 | 线路 |
| 4 | BYQ | decimal（18,3） | 数据采集系统 | 是 | 否 | 变压器 |

## 2. 详细设计

（1）项目结构

电度日报表页面项目结构如图 7-14 所示。

（2）实现顺序

电度日报表页面初始化的时候时间选择框默认显示本月，用户选择时间段和变压器选项，点击"查询"按钮，将时间段和变压器信息传递到后台业务处理类进行处理，查询出所选变压器在选中时间段内的用电情况，以报表的形式进行展示。顺序图如图 7-15 所示。

（3）实现步骤

①用户选择所要查询的时间段，点击"查询"按钮。

②ElectricityDailyReport.dire.js 接收用户查询的时间段信息并将时间参数和查询请求发送给 ElectricityDailyReportAction 类。

③Struts 拦截器拦截用户请求，通过拦截器机制进行分类处理，在 ElectricityDailyReport-Action 类中调用的 getList()、getSearchCondition() 和 exportExcel() 方法。

④ElectricityDailyReportAction 类继承 ActionSupport 实现 BaseAction 和 ModelDriven 接口，并在 ElectricityDailyReportAction 类中调用 ElectricityDailyReportService 类中的 getList()、getSearchCondition() 和 exportExcel() 方法。

```
1  ElectricityDailyReport              -电度日报表
2  └src
3      ├applicationContext.xml
4      ├Energy.cfg.xml
5      ├log4j.properties
6      ├struts.xml
7      └com
8          └xtgj
9              └electricitydailyreport
10                 ├domain
11                 │   ├ElectricInfo.hbm.xml        -用电信息表配置文件
12                 │   ├ElectricInfo               -用电信息表实体
13                 │   ├Transformer.hbm.xml        -变压器表配置文件
14                 │   └Transformer               -变压器表实体
15
16                 ├action
17                 │   ├BaseAction
18                 │   │   ├String getList()
19                 │   │   └String getSearchCondition()
20                 │   └impl
21                 │       └ElectricityDailyReportAction
22                 │           ├String getList()
23                 │           └String getSearchCondition()
24
25                 ├service
26                 │   ├BaseService
27                 │   │   ├Map<String,Object> getList(String startTime, String endTime, int pageSize, int pageIndex, String deviceName)
28                 │   │   └Map<String,Object> getSearchCondition()
29                 │   └impl
30                 │       └ElectricityDailyReportService
31                 │           ├Map<String,Object> getList(String startTime, String endTime, int pageSize, int pageIndex, String deviceName)
32                 │           └Map<String,Object> getSearchCondition()
33
34                 ├dao
35                 │   ├BaseDao
36                 │   │   ├Map<String,Object> getList(String startTime, String endTime, int pageSize, int pageIndex, String deviceName)
37                 │   │   └Map<String,Object> getSearchCondition()
38                 │   └impl
39                 │       └ElectricityDailyReportDao
40                 │           ├Map<String,Object> getList(String startTime, String endTime, int pageSize, int pageIndex, String deviceName)
41                 │           └Map<String,Object> getSearchCondition()
42
43                 └util
44                     ├DateFormat                  -时间划分工具类
45                     ├PageHelper                  -分页工具类
46                     └Map<String,Object> exportExcel(List list)   -导出Excel工具类
47  └WebContent
48      ├Content
49
50      ├FELib
51
52      ├fonts
53
54      ├META-INF
55
56      ├Energy
57      │   └ElectricityDailyReport
58      │       └ElectricityDailyReport.jsp         -电度日报表界面
59
60      ├StaticSource
61
62      │   └Energy
63
64      │       └ElectricityDailyReport
65      │           ├main.css
66      │           ├main.js
67      │           ├main.min.js
68      │           └dire
69      │               └ElectricityDailyReport
70      │                   ├ElectricityDailyReport.dire.js   -结果解析和数据绑定显示
71      │                   └ElectricityDailyReport.html      -显示趋势图界面主体部分
72
73
74      └WEB-INF
75          ├web.xml       -核心配置文件
76          └lib
```

**图 7-14　电度日报表页面项目结构图**

⑤ElectricityDailyReportService 类实现 BaseService 接口，并在 ElectricityDailyReportService 类中调用 ElectricityDailyReportDao 类中的 getList()、getSearchCondition() 和 exportExcel() 方法。

⑥ElectricityDailyReportDao 类继承 HibernateDaoSupport 类实现 BaseDao 接口，使用 getList()、getSearchCondition() 和 exportExcel() 方法查询 ElectricInfo 表中的用电信息并将结果封装为一个 Map 对象并返回给 ElectricityDailyReportService 类。

⑦在 ElectricityDailyReportService 类中接收 ElectricityDailyReportDao 类返回的 Map 对象，并将 Map 对象返回给 ElectricityDailyReportAction 类。

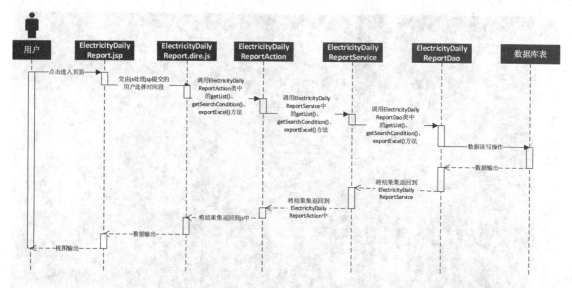

**图 7-15　电度日报表模块顺序图**

⑧在 ElectricityDailyReportAction 类中接收 ElectricityDailyReportService 类中返回的对象,使用 getList() 方法判断返回的对象是否为空,并将不同的查询结果以对象的形式返回,通过 Struts 的拦截器决定返回 js 的具体方法。

⑨在 ElectricityDailyReport.dire.js 文件中将接收的对象解析并使用 Angular 的双向数据显示特性读取其数据并显示到页面中。

⑩用户在 JSP 页面中查看效果。

**3. 界面效果**

按照上述步骤进行模块开发并实现如图 7-16 所示效果。

**图 7-16　电度日报表模块效果图**

### 4. 单元测试

模块完成后按照表 7-19 给出的单元测试用例进行本模块的单元测试。

表 7-19　电度日报表模块单元测试

| 测试用例标识符 | 输入 / 动作 | 期望输出 | 实际输出 | 测试结果 |
|---|---|---|---|---|
| Testcase001 | 点击时间选择框 | 下拉出现时间选择框 | | □ 通过 □ 未通过 |
| Testcase002 | 时间选择框默认出现当前月份信息 | 当月信息 | | □ 通过 □ 未通过 |
| Testcase003 | 选择开始时间小于结束时间 | 页面提示选择时间不正确 | | □ 通过 □ 未通过 |
| Testcase004 | 选择空条件查询 | 页面提示未查询到有效信息 | | □ 通过 □ 未通过 |
| Testcase005 | 输入无效查询条件 | 页面提示未查询到有效信息 | | □ 通过 □ 未通过 |
| Testcase006 | 点击"查询"按钮 | 查询到的信息符合查询条件 | | □ 通过 □ 未通过 |
| Testcase007 | 点击"上一页" | 页面跳转至上一页 | | □ 通过 □ 未通过 |
| Testcase008 | 点击"下一页" | 页面跳转至下一页 | | □ 通过 □ 未通过 |
| Testcase009 | 点击"首页" | 页面跳转至首页 | | □ 通过 □ 未通过 |
| Testcase010 | 点击"末页" | 页面跳转至末页 | | □ 通过 □ 未通过 |
| Testcase011 | 点击数字页码 | 页面跳转至该页 | | □ 通过 □ 未通过 |
| Testcase012 | 饼图信息与所选报表内容是否一致 | 一致 | | □ 通过 □ 未通过 |
| Testcase013 | 饼图百分比计算是否正确 | 正确 | | □ 通过 □ 未通过 |
| Testcase014 | 点击"打印"按钮 | 弹出系统打印的窗口 | | □ 通过 □ 未通过 |
| Testcase015 | 在打印窗口中设置打印参数 | 打印效果符合要求且有效 | | □ 通过 □ 未通过 |
| Testcase016 | 打印设置是否方便用户使用 | 方便用户使用 | | □ 通过 □ 未通过 |
| Testcase017 | 打印内容是否与设置的参数一致 | 一致 | | □ 通过 □ 未通过 |
| Testcase018 | 打印的内容是否正确 | 与选择内容一致 | | □ 通过 □ 未通过 |
| Testcase019 | 打印结束后,系统是否正常运行 | 正常调转页面 | | □ 通过 □ 未通过 |
| Testcase020 | 点击"导出"按钮 | 系统显示保存页面 | | □ 通过 □ 未通过 |
| Testcase021 | 导出内容是否与设置的参数一致 | 一致 | | □ 通过 □ 未通过 |

## 7.2.4 气报警饼图模块

### 1. 概要设计

（1）原型设计

用户在气报警饼图页面选择时间段之后，点击"查询"按钮，页面以饼图的形式显示气体压力报警、气体流量报警、管道温度报警的信息。页面设置了查询时间段的文本框以及"查询"按钮，用来实现相应功能，页面示意图如图 7-17 所示。

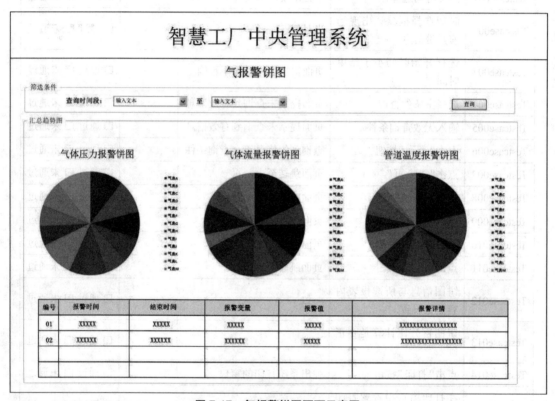

图 7-17 气报警饼图页面示意图

（2）功能分析

气报警饼图页面描述：气报警饼图使用饼图描述了各个设备在选中时间段内的报警次数，以三种饼图的形式对比显示报警信息。

气报警饼图用例描述如表 7-20 所示。

表 7-20 查询用例描述

| 用例 ID： | SFCMS-UC-07-09 | 用例名称： | 查询用例 |
|---|---|---|---|
| 执行者： | 当前用户 | | |
| 前置条件： | 用户登录成功并具有查看数据的权限 | | |
| 后置条件： | 成功查询数据并将数据以饼图的形式显示在页面上 | | |

续表

| | |
|---|---|
| 基本事件流： | 1. 用户选择需要查询的时间段并点击查询按钮<br>2. 系统根据用户选择的时间段从数据库中查询数据<br>3. 系统将查询到的数据以饼图的形式显示在页面上 |
| 扩展事件流： | 1a. 系统未检测到用户发送的查询请求<br>2a. 系统在用户选择的时间段内未查询到数据<br>3a. 饼图显示失败 |
| 异常事件流： | 第 2 或 3 步，出现系统故障，例如网络故障，数据库服务器故障，系统弹出系统异常页面，提示"系统出错，请重试" |
| 待解决问题： | |

（3）流程处理

当用户进入该页面后，在时间选择框内输入需要查询的时间段，点击"查询"按钮，系统将用户选中的时间段气报警信息数据返回并以饼图的形式显示在页面上，流程如图 7-18 所示。

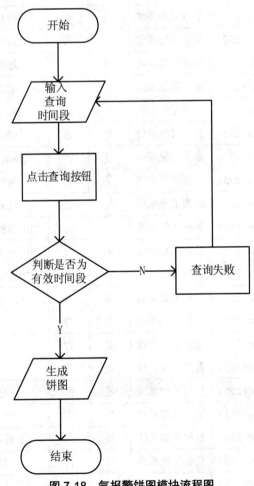

**图 7-18  气报警饼图模块流程图**

（4）数据库设计

根据功能分析和流程处理可分析出气报警饼图模块所需的数据库表及表中用到的列，如表 7-21 至表 7-22 所示。

表 7-21　EnergyValue( 能源数据表 )

| 序号 | 列名 | 数据类型 | 数据来源 | 是否为空 | 是否主键 | 备注 |
|---|---|---|---|---|---|---|
| 1 | EID | int | 自增 | 否 | 是 | 编号 |
| 2 | InsertTime | datetime | 数据采集系统 | 是 | 否 | 插入时间 |
| 3 | PT_7 | varchar（255） | 数据采集系统 | 是 | 否 | 合成氢气出气管道压力 |
| 4 | FT_1 | varchar（255） | 数据采集系统 | 是 | 否 | 合成氢气出气管道流量 |
| 5 | FT_2 | varchar（255） | 数据采集系统 | 是 | 否 | 标准化氢气出气管道流量 |
| 6 | PT_8 | varchar（255） | 数据采集系统 | 是 | 否 | 标准化氢气出气管道压力 |
| 7 | PT_9 | varchar（255） | 数据采集系统 | 是 | 否 | 拉丝氢气出气管道压力 |
| 8 | FT_3 | varchar（255） | 数据采集系统 | 是 | 否 | 拉丝氢气出气管道流量 |
| 9 | PT_10 | varchar（255） | 数据采集系统 | 是 | 否 | 连熔氢气出气管道压力 |
| 10 | FT_4 | varchar（255） | 数据采集系统 | 是 | 否 | 连熔氢气出气管道流量 |
| 11 | PT_11 | varchar（255） | 数据采集系统 | 是 | 否 | 喷棉氢气出气管道压力 |
| 12 | FT_5 | varchar（255） | 数据采集系统 | 是 | 否 | 喷棉氢气出气管道流量 |
| 13 | PT_12 | varchar（255） | 数据采集系统 | 是 | 否 | 热加工氢气出气管道压力 |
| 14 | FT_6 | varchar（255） | 数据采集系统 | 是 | 否 | 热加工氢气出气管道流量 |
| 15 | TT_1 | varchar（255） | 数据采集系统 | 是 | 否 | 氢氧站氮气主管道温度 |
| 16 | TT_2 | varchar（255） | 数据采集系统 | 是 | 否 | 氢氧站氧气主管道温度 |
| 17 | PT_13 | varchar（255） | 数据采集系统 | 是 | 否 | 加压站沙隆达新厂进气管道压力 |
| 18 | PT_14 | varchar（255） | 数据采集系统 | 是 | 否 | 加压站沙隆达老厂进气管道压力 |
| 19 | PT_15 | varchar（255） | 数据采集系统 | 是 | 否 | 加压站氢气低压罐管道压力 |
| 20 | PT_16 | varchar（255） | 数据采集系统 | 是 | 否 | 加压站氢气高压罐管道压力 |
| 21 | PT_17 | varchar（255） | 数据采集系统 | 是 | 否 | 氧气主管道压力 |
| 22 | PT_18 | varchar（255） | 数据采集系统 | 是 | 否 | 氮气主管道压力 |
| 23 | PT_19 | varchar（255） | 数据采集系统 | 是 | 否 | 空气主管道压力 |
| 24 | PT_20 | varchar（255） | 数据采集系统 | 是 | 否 | 合成氧气管道压力 |
| 25 | PT_21 | varchar（255） | 数据采集系统 | 是 | 否 | 合成氮气管道压力 |
| 26 | PT_22 | varchar（255） | 数据采集系统 | 是 | 否 | 标准化氧气管道压力 |
| 27 | PT_23 | varchar（255） | 数据采集系统 | 是 | 否 | 拉丝氧气管道压力 |
| 28 | PT_24 | varchar（255） | 数据采集系统 | 是 | 否 | 喷棉氧气管道压力 |

| 序号 | 列名 | 数据类型 | 数据来源 | 是否为空 | 是否主键 | 备注 |
|------|------|----------|----------|----------|----------|------|
| 29 | PT_25 | varchar（255） | 数据采集系统 | 是 | 否 | 连熔氧气管道压力 |
| 30 | PT_26 | varchar（255） | 数据采集系统 | 是 | 否 | 真空槽沉氮气压力 |
| 31 | PT_27 | varchar（255） | 数据采集系统 | 是 | 否 | 热加工氧气管道压力 |
| 32 | AL_1 | varchar（255） | 数据采集系统 | 是 | 否 | 纤维车间 1# 报警 |
| 33 | AL_2 | varchar（255） | 数据采集系统 | 是 | 否 | 纤维车间 2# 报警 |

表 7-22　EnergyAlarm( 能源报警信息表 )

| 序号 | 列名 | 数据类型 | 数据来源 | 是否为空 | 是否主键 | 备注 |
|------|------|----------|----------|----------|----------|------|
| 1 | ID | int | 自增 | 否 | 是 | 编号 |
| 2 | EAlarmDate | varchar（255） | 数据采集系统 | 是 | 否 | 报警日期 |
| 3 | EAlarmTime | varchar（255） | 数据采集系统 | 是 | 否 | 报警时间 |
| 4 | EVarName | varchar（255） | 数据采集系统 | 是 | 否 | 变量名 |
| 5 | EGroupName | varchar（255） | 数据采集系统 | 是 | 否 | 组名 |
| 6 | EAlarmValue | float | 数据采集系统 | 是 | 否 | 报警值 |
| 7 | ELimitValue | float | 数据采集系统 | 是 | 否 | 设定值 |
| 8 | EAlarmType | varchar（255） | 数据采集系统 | 是 | 否 | 报警类型 |
| 9 | EOperatorName | varchar（255） | 数据采集系统 | 是 | 否 | 操作员姓名 |
| 10 | EResumeValue | float | 数据采集系统 | 是 | 否 | 恢复值 |
| 11 | EventType | varchar（255） | 数据采集系统 | 是 | 否 | 事件类型 |
| 12 | EMachineName | varchar（255） | 数据采集系统 | 是 | 否 | 机器名 |
| 13 | EIOServerName | varchar（255） | 数据采集系统 | 是 | 否 | IO 服务器名 |
| 14 | ExtendField1 | varchar（255） | 数据采集系统 | 是 | 否 | 拓展域 1 |
| 15 | ExtendField2 | varchar（255） | 数据采集系统 | 是 | 否 | 拓展域 2 |

## 2. 详细设计

（1）项目结构

气报警饼图页面项目结构如图 7-19 所示。

（2）实现顺序

气报警饼图页面初始化时，时间选择框默认显示本月，用户选择时间段，点击"查询"按钮，将时间段传递到后台业务处理类进行处理，统计所有监控项目的报警次数，以饼图形式显示。顺序图如图 7-20 所示。

（3）实现步骤

①用户选择所要查询的时间段，点击"查询"按钮。

```
1  GasAlarmPIE                                    -气报警饼图
2  └─src
3      │  applicationContext.xml
4      │  Energy.cfg.xml
5      │  log4j.properties
6      │  struts.xml
7      └─com
8          └─xtgj
9              └─gasalarmpie
10                 ├─domain
11                 │    │  EnergyValue.hbm.xml       -能源数据表配置文件
12                 │    │  EnergyValue                -能源数据表实体
13                 │    │  EnergyAlarm.hbm.xml       -能源报警信息表配置文件
14                 │    │  EnergyAlarm               -能源报警信息表实体
15                 │
16                 ├─action
17                 │    │  BaseAction
18                 │    │    │  String getList()
19                 │    │    └  String getSingleAlarmInfo()
20                 │    └─impl
21                 │         │  GasAlarmPIEAction
22                 │         │    │  String getList()
23                 │         │    └  String getSingleAlarmInfo()
24                 │
25                 ├─service
26                 │    │  BaseService
27                 │    │    │  Map<String,Object> getList(String startTime, String endTime, int pageSize, int pageIndex, String deviceName)
28                 │    │    └  Map<String,Object> getSingleAlarmInfo(String startTime, String endTime, String alarmText, int pageIndex, int pageSize)
29                 │    └─impl
30                 │         │  GasAlarmPIEService
31                 │         │    │  Map<String,Object> getList(String startTime, String endTime, int pageSize, int pageIndex, String deviceName)
32                 │         │    └  Map<String,Object> getSingleAlarmInfo(String startTime, String endTime, String alarmText, int pageIndex, int pageSize)
33                 │
34                 ├─dao
35                 │    │  BaseDao
36                 │    │    │  Map<String,Object> getList(String startTime, String endTime, int pageSize, int pageIndex, String deviceName)
37                 │    │    └  Map<String,Object> getSingleAlarmInfo(String startTime, String endTime, String alarmText, int pageIndex, int pageSize)
38                 │    └─impl
39                 │         │  GasAlarmPIEDao
40                 │         │    │  Map<String,Object> getList(String startTime, String endTime, int pageSize, int pageIndex, String deviceName)
41                 │         │    └  Map<String,Object> getSingleAlarmInfo(String startTime, String endTime, String alarmText, int pageIndex, int pageSize)
42                 │
43                 └─util
44                        │  DateFormat               -时间划分工具类
45                        │  PageHelper                -分页工具类
46  └─WebContent
47      ├─Content
48      │
49      ├─FELib
50      │
51      ├─fonts
52      │
53      ├─META-INF
54      │
55      ├─Energy
56      │    └─GasAlarmPIE
57      │         │
58      │         │  GasAlarmPIE.jsp                 -气报警饼图界面
59      ├─StaticSource
60      │    │
61      │    └─Energy
62      │         │
63      │         └─GasAlarmPIE
64      │              │  main.css
65      │              │  main.js
66      │              │  main.min.js
67      │              └─dire
68      │                   └─GasAlarmPIE
69      │                        │  GasAlarmPIE.dire.js    -结果解析和数据绑定显示
70      │                        │  GasAlarmPIE.html       -显示气报警饼图界面主体部分
71      │
72      │
73      └─WEB-INF
74           │  web.xml               -核心配置文件
75           └─lib
```

**图 7-19　气报警饼图页面项目结构图**

②GasAlarmPIE.dire.js 文件处理 jsp 提交的信息，发送查询请求。

③Struts 拦截器拦截用户请求，通过拦截器机制进行分类处理，在 GasAlarmPIEAction 类中调用 getList() 和 getSingleAlarmInfo() 方法。

④GasAlarmPIEAction 类继承 ActionSupport 实现 BaseAction 和 ModelDriven 接口，并在 GasAlarmPIEAction 类中调用 GasAlarmPIEService 类中的 getList() 和 getSingleAlarmInfo() 方法。

⑤GasAlarmPIEService 类实现 BaseService 接口，并在 GasAlarmPIEService 类中调用 Gas-AlarmPIEDao 类中的 getList() 和 getSingleAlarmInfo() 方法。

⑥GasAlarmPIEDao 类实现 BaseDao 接口，在其中调用 getList() 方法在 EnergyValue 表中查询每个设备指定时间段报警的次数，并将查询到的数据封装为一个 Map 对象；调用 getSingleAlarmInfo() 方法在 Alarm 表中查询单个设备在用户所选时间段的详细报警数据，并将查询结果封装成为一个 Map 对象；将封装的所有 Map 对象返回给 GasAlarmPIEService 类。

⑦在 GasAlarmPIEService 类中接收 GasAlarmPIEDao 类返回的 Map 对象，并将 Map 对象

返回给 GasAlarmPIEAction 类。

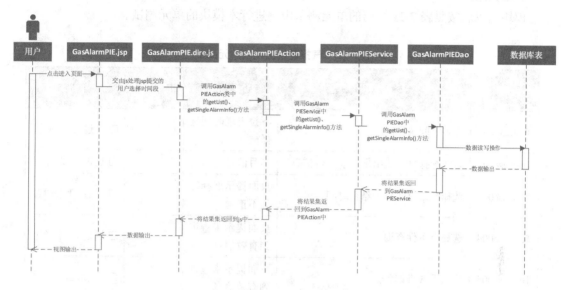

图 7-20　气报警饼图模块顺序图

⑧在 GasAlarmPIEAction 类中接收 GasAlarmPIEService 类中返回的对象，使用 getValue()
和 getStatus() 方法判断返回的对象是否为空，并将查询结果经过拦截处理最后以对象的形式
传递给 js。

⑨GasAlarmPIE.dire.js 文件中将接收的对象解析并使用 Angular 的双向数据显示特性读
取其数据并显示到页面中。

⑩用户在 JSP 页面中查看效果。

**3. 界面效果**

按照上述步骤进行模块开发并实现如图 7-21 所示效果。

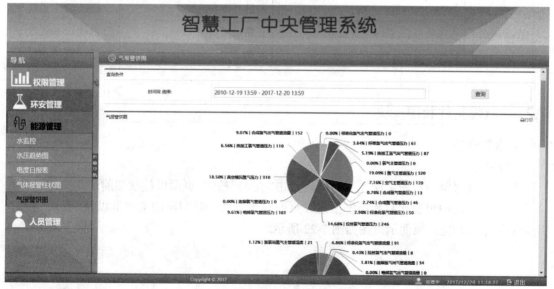

图 7-21　气报警饼图模块效果图

### 4. 单元测试

模块完成后按照表 7-23 给出的单元测试用例进行本模块的单元测试。

表 7-23　气报警饼图模块单元测试

| 测试用例标识符 | 输入 / 动作 | 期望输出 | 实际输出 | 测试结果 |
|---|---|---|---|---|
| Testcase001 | 点击时间选择框 | 下拉出现时间选择框 | | □ 通过 □ 未通过 |
| Testcase002 | 时间选择框默认出现当前月份信息 | 当月信息 | | □ 通过 □ 未通过 |
| Testcase003 | 选择开始时间小于结束时间 | 页面提示选择时间不正确 | | □ 通过 □ 未通过 |
| Testcase004 | 选择空条件查询 | 页面提示未查询到有效信息 | | □ 通过 □ 未通过 |
| Testcase005 | 输入无效查询条件 | 页面提示未查询到有效信息 | | □ 通过 □ 未通过 |
| Testcase006 | 点击"查询"按钮 | 查询到的信息符合查询条件 | | □ 通过 □ 未通过 |
| Testcase007 | 饼图信息与所选报表内容是否一致 | 一致 | | □ 通过 □ 未通过 |
| Testcase008 | 点击"打印"按钮 | 弹出系统打印的窗口 | | □ 通过 □ 未通过 |
| Testcase009 | 在打印窗口中设置打印参数 | 打印效果符合要求且有效 | | □ 通过 □ 未通过 |
| Testcase010 | 打印设置是否方便用户使用 | 方便用户使用 | | □ 通过 □ 未通过 |
| Testcase011 | 打印内容是否与设置的参数一致 | 一致 | | □ 通过 □ 未通过 |
| Testcase012 | 打印的内容是否正确 | 与选择内容一致 | | □ 通过 □ 未通过 |
| Testcase013 | 打印结束后,系统是否正常运行 | 正常跳转页面 | | □ 通过 □ 未通过 |
| Testcase014 | 饼图百分比计算是否正确 | 正确 | | □ 通过 □ 未通过 |

## 7.2.5　气报警柱状图模块

### 1. 概要设计

（1）原型设计

用户在气报警柱状图页面选择时间段点击"查询"按钮,页面以柱状图的形式描述各个设备在选中时间内的报警次数和报警信息。页面设置了查询时间段的文本框以及"查询"按钮,用来实现相应功能。页面示意图如图 7-22 所示。

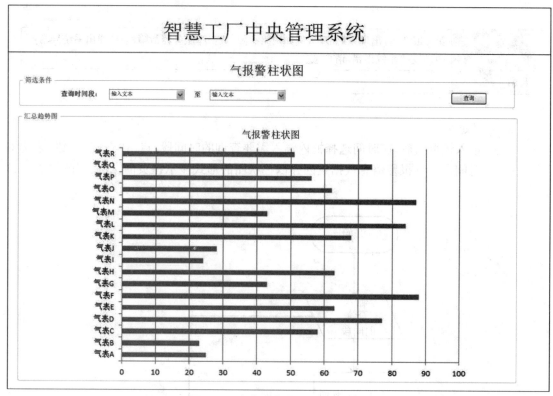

图 7-22 气报警柱状图页面示意图

（2）功能分析

● 气报警柱状图页面描述

气报警柱状图页面使用柱状图描述了各个设备在选中时间段内的报警次数及报警信息。当鼠标悬停到蓝色条形上可看到详细报警次数。

● 气报警柱状图用例描述

气报警柱状图用例描述如表 7-24 所示。

表 7-24 查询用例描述

| 用例 ID： | SFCMS-UC-07-10 | 用例名称： | 查询用例 |
|---|---|---|---|
| 执行者： | 当前用户 | | |
| 前置条件： | 用户登录成功并具有查看数据的权限 | | |
| 后置条件： | 成功查询数据并将数据以柱状图的形式显示在页面上 | | |
| 基本事件流： | 1. 用户选择需要查询的时间段并点击查询按钮<br>2. 系统根据用户选择的时间段从数据库中查询数据<br>3. 系统将查询到的数据以柱状图的形式显示在页面上 | | |
| 扩展事件流： | 1a. 系统未检测到用户发送的查询请求<br>2a. 系统在用户选择的时间段内未查询到数据<br>3a. 柱状图显示失败 | | |

| 异常事件流: | 第 2 或 3 步,出现系统故障,例如网络故障,数据库服务器故障,系统弹出系统异常页面,提示"系统出错,请重试" |
|---|---|
| 待解决问题: | |

（3）流程处理

当用户进入该页面后,在时间选择框内输入需要查询的时间段,点击"查询"按钮,系统将用户选中的时间段内气报警信息数据返回并以柱状图的形式显示在页面上,流程图如图 7-23 所示。

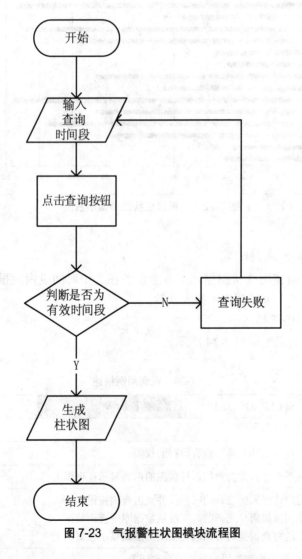

图 7-23　气报警柱状图模块流程图

（4）数据库设计

根据功能分析和流程处理可分析出气报警柱状图模块所需的数据库表,如表 7-25 至表 7-26 所示。

表 7-25　EnergyValue( 能源数据表 )

| 序号 | 列名 | 数据类型 | 数据来源 | 是否为空 | 是否主键 | 备注 |
|---|---|---|---|---|---|---|
| 1 | EID | int | 自增 | 否 | 是 | 编号 |
| 2 | InsertTime | datetime | 数据采集系统 | 是 | 否 | 插入时间 |
| 3 | PT_7 | varchar（255） | 数据采集系统 | 是 | 否 | 合成氢气出气管道压力 |
| 4 | FT_1 | varchar（255） | 数据采集系统 | 是 | 否 | 合成氢气出气管道流量 |
| 5 | FT_2 | varchar（255） | 数据采集系统 | 是 | 否 | 标准化氢气出气管道流量 |
| 6 | PT_8 | varchar（255） | 数据采集系统 | 是 | 否 | 标准化氢气出气管道压力 |
| 7 | PT_9 | varchar（255） | 数据采集系统 | 是 | 否 | 拉丝氢气出气管道压力 |
| 8 | FT_3 | varchar（255） | 数据采集系统 | 是 | 否 | 拉丝氢气出气管道流量 |
| 9 | PT_10 | varchar（255） | 数据采集系统 | 是 | 否 | 连熔氢气出气管道压力 |
| 10 | FT_4 | varchar（255） | 数据采集系统 | 是 | 否 | 连熔氢气出气管道流量 |
| 11 | PT_11 | varchar（255） | 数据采集系统 | 是 | 否 | 喷棉氢气出气管道压力 |
| 12 | FT_5 | varchar（255） | 数据采集系统 | 是 | 否 | 喷棉氢气出气管道流量 |
| 13 | PT_12 | varchar（255） | 数据采集系统 | 是 | 否 | 热加工氢气出气管道压力 |
| 14 | FT_6 | varchar（255） | 数据采集系统 | 是 | 否 | 热加工氢气出气管道流量 |
| 15 | TT_1 | varchar（255） | 数据采集系统 | 是 | 否 | 氢氧站氮气主管道温度 |
| 16 | TT_2 | varchar（255） | 数据采集系统 | 是 | 否 | 氢氧站氧气主管道温度 |
| 17 | PT_13 | varchar（255） | 数据采集系统 | 是 | 否 | 加压站沙隆达新厂进气管道压力 |
| 18 | PT_14 | varchar（255） | 数据采集系统 | 是 | 否 | 加压站沙隆达老厂进气管道压力 |
| 19 | PT_15 | varchar（255） | 数据采集系统 | 是 | 否 | 加压站氢气低压罐管道压力 |
| 20 | PT_16 | varchar（255） | 数据采集系统 | 是 | 否 | 加压站氢气高压罐管道压力 |
| 21 | PT_17 | varchar（255） | 数据采集系统 | 是 | 否 | 氧气主管道压力 |
| 22 | PT_18 | varchar（255） | 数据采集系统 | 是 | 否 | 氮气主管道压力 |
| 23 | PT_19 | varchar（255） | 数据采集系统 | 是 | 否 | 空气主管道压力 |
| 24 | PT_20 | varchar（255） | 数据采集系统 | 是 | 否 | 合成氧气管道压力 |
| 25 | PT_21 | varchar（255） | 数据采集系统 | 是 | 否 | 合成氮气管道压力 |
| 26 | PT_22 | varchar（255） | 数据采集系统 | 是 | 否 | 标准化氧气管道压力 |
| 27 | PT_23 | varchar（255） | 数据采集系统 | 是 | 否 | 拉丝氧气管道压力 |
| 28 | PT_24 | varchar（255） | 数据采集系统 | 是 | 否 | 喷棉氧气管道压力 |
| 29 | PT_25 | varchar（255） | 数据采集系统 | 是 | 否 | 连熔氧气管道压力 |
| 30 | PT_26 | varchar（255） | 数据采集系统 | 是 | 否 | 真空槽沉氮气压力 |
| 31 | PT_27 | varchar（255） | 数据采集系统 | 是 | 否 | 热加工氧气管道压力 |
| 32 | AL_1 | varchar（255） | 数据采集系统 | 是 | 否 | 纤维车间 1# 报警 |
| 33 | AL_2 | varchar（255） | 数据采集系统 | 是 | 否 | 纤维车间 2# 报警 |

表 7-26　EnergyAlarm（能源报警信息表）

| 序号 | 列名 | 数据类型 | 数据来源 | 是否为空 | 是否主键 | 备注 |
|---|---|---|---|---|---|---|
| 1 | ID | int | 自增 | 否 | 是 | 编号 |
| 2 | EAlarmDate | varchar（255） | 数据采集系统 | 是 | 否 | 报警日期 |
| 3 | EAlarmTime | varchar（255） | 数据采集系统 | 是 | 否 | 报警时间 |
| 4 | EVarName | varchar（255） | 数据采集系统 | 是 | 否 | 变量名 |
| 5 | EGroupName | varchar（255） | 数据采集系统 | 是 | 否 | 组名 |
| 6 | EAlarmValue | float | 数据采集系统 | 是 | 否 | 报警值 |
| 7 | ELimitValue | float | 数据采集系统 | 是 | 否 | 设定值 |
| 8 | EAlarmType | varchar（255） | 数据采集系统 | 是 | 否 | 报警类型 |
| 9 | EOperatorName | varchar（255） | 数据采集系统 | 是 | 否 | 操作员姓名 |
| 10 | EResumeValue | float | 数据采集系统 | 是 | 否 | 恢复值 |
| 11 | EventType | varchar（255） | 数据采集系统 | 是 | 否 | 事件类型 |
| 12 | EMachineName | varchar（255） | 数据采集系统 | 是 | 否 | 机器名 |
| 13 | EIOServerName | varchar（255） | 数据采集系统 | 是 | 否 | IO 服务器名 |
| 14 | ExtendField1 | varchar（255） | 数据采集系统 | 是 | 否 | 拓展域 1 |
| 15 | ExtendField2 | varchar（255） | 数据采集系统 | 是 | 否 | 拓展域 2 |

**2. 详细设计**

（1）项目结构

气报警柱状图页面项目结构如图 7-24 所示。

（2）实现顺序

气报警柱状图主要是将从数据库中取出当前采集到的数据信息并将其显示在页面上。页面初始化时，时间选择框默认显示本月，用户选择需要查询时间段，点击"查询"按钮，将时间段传递到后台业务处理类进行处理，查询出这一段时间内所有气体表的报警次数，以柱状图形式对比显示，横坐标为报警次数，纵坐标为气体表名称。顺序图如图 7-25 所示。

（3）实现步骤

①用户选择所要查询的时间段，点击"查询"按钮。

②GasAlarmHistogram.dire.js 处理 jsp 提交的信息，发送查询请求并提交查询时间段。

③Struts 拦截器拦截用户请求，通过拦截器机制进行分类处理，在 GasAlarmHistogramAction 类中调用 getSearchCondition()、getList()、getSingleAlarmInfo() 方法。

④GasAlarmHistogramAction 类继承 ActionSupport 实现 BaseAction 和 ModelDriven 接口，并在 GasAlarmHistogramAction 类中调用 GasAlarmHistogramService 类中的 getSearchCondition()、getList()、getSingleAlarmInfo() 方法。

⑤GasAlarmHistogramService 类实现 BaseService 接口，并在 GasAlarmHistogramService 类中调用 GasAlarmHistogramDao 类中的 getSearchCondition()、getList()、getSingleAlarmInfo() 方法。

**图 7-24　气报警柱状图页面项目结构图**

⑥GasAlarmHistogramDao 类实现 BaseDao 接口,并使用 getSearchCondition() 方法获取查询条件,并将查询结果封装为一个 Map 对象;调用 getList() 方法获取所需数据,并将其封装为一个 Map 集合;调用 getSingleAlarmInfo() 方法在 Alarm 表中查询单个设备在用户所选时间段的详细报警数据,并将查询结果封装成为一个 Map 对象;将封装的所有 Map 对象返回给 Gas-AlarmHistogramService 类。

⑦在 GasAlarmHistogramService 类中接收 GasAlarmHistogramDao 类返回的 Map 对象,并将 Map 对象返回给 GasAlarmHistogramAction 类。

⑧在 GasAlarmHistogramAction 类中接收 GasAlarmHistogramService 类中返回的对象,使用 getValue() 和 getStatus() 方法判断返回的对象是否为空,并将查询结果经过拦截处理最后以对象的形式传递给 js。

⑨WasteWaterPIE.dire.js 文件中将接收的对象解析并使用 Angular 的双向数据显示特性读取其数据并显示到页面中。

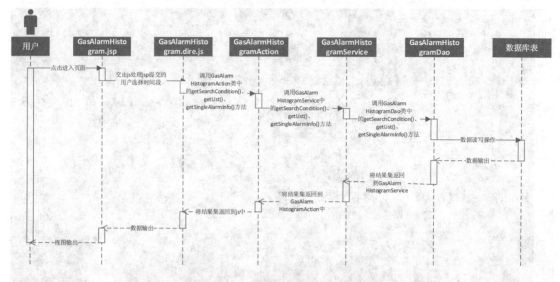

图 7-25　气报警柱状图模块顺序图

⑩用户在 JSP 页面中查看效果。

### 3. 界面效果

按照上述步骤进行模块开发并实现如图 7-26 所示效果。

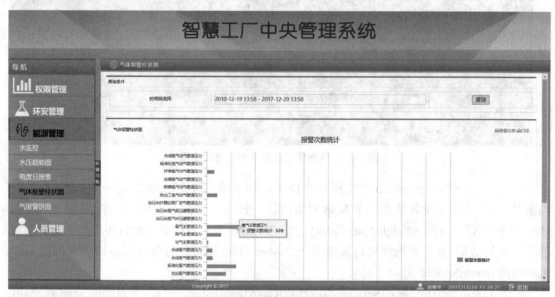

图 7-26　气报警柱状图模块效果图

### 4. 单元测试

模块完成后按照表 7-27 给出的单元测试用例进行本模块的单元测试。

**表 7-27　气报警柱状图模块单元测试**

| 测试用例<br>标识符 | 输入/动作 | 期望输出 | 实际输出 | 测试结果 |
|---|---|---|---|---|
| Testcase001 | 点击时间选择框 | 下拉出现时间选择框 | | □通过 □未通过 |
| Testcase002 | 时间选择框默认出现当前月份信息 | 当月信息 | | □通过 □未通过 |
| Testcase003 | 选择开始时间小于结束时间 | 页面提示选择时间不正确 | | □通过 □未通过 |
| Testcase004 | 选择空条件查询 | 页面提示未查询到有效信息 | | □通过 □未通过 |
| Testcase005 | 输入无效查询条件 | 页面提示未查询到有效信息 | | □通过 □未通过 |
| Testcase006 | 点击"查询"按钮 | 查询到的信息符合查询条件 | | □通过 □未通过 |

充　电　站

　　Angular 的出现很大程度上弥补了使用 HTML+JavaScript 构建 Web 应用的不足。想了解更多 Angular 的相关内容，请扫描下方二维码，还有更多程序员的趣味日常在等你！

模　块　文　档

　　✓　本模块开发过程中，小组成员每天提交开发日志。模块开发完成之后，以小组为单位提交模块开发报告并提交技术文档（不少于 3 份）。

| 能源管理模块开发报告 | | |
|---|---|---|
| 小组名称 | | |
| 负责人 | | |
| 小组成员 | | |
| | | |
| | | |
| | | |
| | | |
| 工作内容 | | |
| 状态 | ☐ 正常　☐ 提前　☐ 延期 | |
| 小组得分 | | |
| 备注 | | |

# 模块八　环境安全生产管理模块

本模块主要介绍环境安全生产管理模块(以下简称环安管理模块)的设计流程以及功能实现的过程。通过对本模块的学习,掌握 Highcharts 绘图在项目中的使用方法,能够结合所学知识完成本模块的开发。

- 熟悉环安管理模块的业务流程和设计要求。
- 掌握环安管理模块的总体结构和开发流程。
- 完成环安管理模块的单元测试。
- 提交环安管理模块开发报告及技术文档。

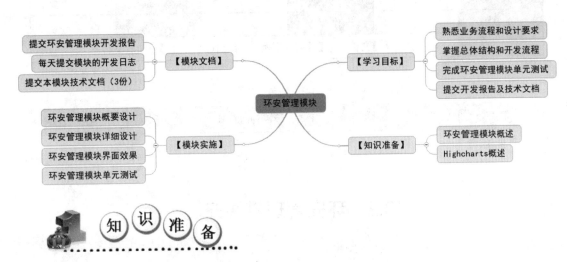

在智慧工厂中央管理系统中,甲方(需求方)要求乙方(开发方)使用监控系统提供的在合成废水和合成废气过程中实时监控的各项数据。

- 环安管理模块概述

环安管理模块主要是对生产过程中废物的排放进行管理和统计。本系统以监控的形式实时显示生产设备的运行状态及数据信息,主要使用 Highcharts 技术将数据以饼图、柱状图、趋势图的形式对采集到的数据进行分析和显示,使客户能够直观地分析出各个生产环节中的情况,减少人工干预数据的分析,在保证数据的准确性的同时还能减少客户的工作量。

● Highchars 概述

Highcharts 是纯 JavaScript 编写的一个图表库,用户需要对 Highcharts 进行简单的配置和提供图标所需的数据即可在 Web 网站或是 Web 应用程序添加有交互性的图表,支持的图表类型有曲线图、区域图、柱状图、饼图、散状点图和综合图表。HighCharts 运行速度快,兼容性好,能够完美支持当前大多数浏览器,并且主题多、动态交互性能高、操作简单。

# 8.1　环安管理任务信息

任务编号 SFCMS-08-01

表 8-1　基本信息

| 任务名称 | 环安管理模块功能实现 | | | | |
|---|---|---|---|---|---|
| 任务编号 | SFCMS-08-01 | 版本 | 1.0 | 任务状态 | |
| 计划开始时间 | | 计划完成时间 | | 计划用时 | |
| 负责人 | | 作者 | | 审核人 | |
| 工作产品 | 【　】文档　　　【　】测试用例　　　【　】代码　　　【　】可执行文件 | | | | |

表 8-2　角色分工

| 岗位 | 系统分析 | 系统设计 | 系统页面实现 | 系统逻辑编程 | 系统测试 |
|---|---|---|---|---|---|
| 负责人 | | | | | |

# 8.2　环安管理模块开发

环安管理模块主要是对工厂生产中的废水、废气排放等相关数据的采集,本模块主要分为尾气风机监控、合成废水报警饼图、合成废水趋势图、机频率数据汇总、风机频率报警柱状图五个子模块。模块用例图如图 8-1 所示。

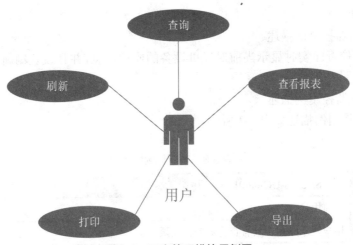

**图 8-1 环安管理模块用例图**

## 8.2.1 尾气风机监控模块

### 1. 概要设计

（1）原型设计

尾气风机监控是将烟道温度、设备运行状态和尾气风机频率以组为单位将设备信息实时显示在页面上。当出现相应的报警信息时，对应的地方会有颜色标记提示。页面设置了"刷新"按钮，实现手动刷新功能。页面示意图如图 8-2 所示。

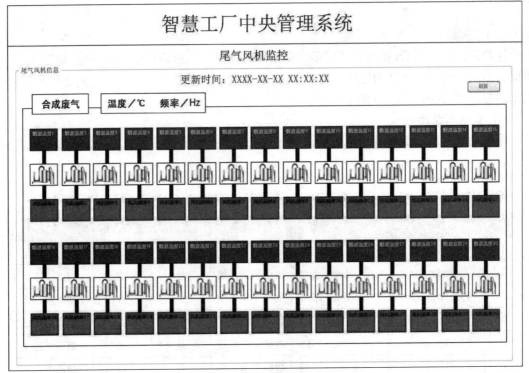

**图 8-2 尾气风机监控页面示意图**

（2）功能分析

● 尾气风机监控页面描述

尾气风机监控页面实时显示当前对风机设备的监控信息,并且设置刷新按钮可对数据进行手动刷新。

● 尾气风机监控用例描述

尾气风机监控用例描述如表 8-3 所示。

表 8-3　刷新用例描述

| 用例 ID: | SFCMS-UC-08-01 | 用例名称: | 刷新用例 |
|---|---|---|---|
| 执行者: | 当前用户 | | |
| 前置条件: | 用户登录成功并具有查看数据的权限 | | |
| 后置条件: | 刷新成功并在页面显示数据库最新的数据 | | |
| 基本事件流: | 1. 用户点击刷新按钮<br>2. 服务器请求查询数据库最新一组数据<br>3. 将最新的数据显示在页面上 | | |
| 扩展事件流: | 1a. 系统未检测到用户发送的刷新请求<br>2a. 系统未检测到用户提交的信息 | | |
| 异常事件流: | 第 2 或 3 步,出现系统故障,例如网络故障,数据库服务器故障,系统弹出系统异常页面,提示"系统出错,请重试" | | |
| 待解决问题: | | | |

（3）流程处理

用户进入该页面后,页面自动显示当前系统时间内对风机监控产生的数据,每隔 15 分钟页面会自动刷新进行数据的更新。用户点击"刷新"按钮,系统会按照当前时间进行尾气风机数据的显示,流程图如图 8-3 所示。

（4）数据库设计

根据功能分析和流程处理可分析出尾气风机监控模块所需的数据库表如表 8-4 和表 8-5 所示。

表 8-4　合成废气表（WasteGas）

| 序号 | 列名 | 数据类型 | 数据来源 | 是否为空 | 是否主键 | 备注 |
|---|---|---|---|---|---|---|
| 1 | ID | int | 自增 | 否 | 是 | 编号 |
| 2 | UpdateTime | datetime | 数据采集系统 | 是 | 否 | 更新时间 |
| 3 | FlueTemperature1 | varchar（255） | 数据采集系统 | 是 | 否 | 烟道温度 1 |
| 4 | FlueTemperature2 | varchar（255） | 数据采集系统 | 是 | 否 | 烟道温度 2 |
| 5 | FlueTemperature3 | varchar（255） | 数据采集系统 | 是 | 否 | 烟道温度 3 |
| 6 | FlueTemperature4 | varchar（255） | 数据采集系统 | 是 | 否 | 烟道温度 4 |

| 序号 | 列名 | 数据类型 | 数据来源 | 是否为空 | 是否主键 | 备注 |
|---|---|---|---|---|---|---|
| 7 | FlueTemperature5 | varchar（255） | 数据采集系统 | 是 | 否 | 烟道温度 5 |
| 8 | FlueTemperature6 | varchar（255） | 数据采集系统 | 是 | 否 | 烟道温度 6 |
| 9 | FlueTemperature7 | varchar（255） | 数据采集系统 | 是 | 否 | 烟道温度 7 |
| 10 | FlueTemperature8 | varchar（255） | 数据采集系统 | 是 | 否 | 烟道温度 8 |
| 11 | FlueTemperature9 | varchar（255） | 数据采集系统 | 是 | 否 | 烟道温度 9 |
| 12 | FlueTemperature10 | varchar（255） | 数据采集系统 | 是 | 否 | 烟道温度 10 |
| 13 | FlueTemperature11 | varchar（255） | 数据采集系统 | 是 | 否 | 烟道温度 11 |
| 14 | FlueTemperature12 | varchar（255） | 数据采集系统 | 是 | 否 | 烟道温度 12 |
| 15 | FlueTemperature13 | varchar（255） | 数据采集系统 | 是 | 否 | 烟道温度 13 |
| 16 | FlueTemperature14 | varchar（255） | 数据采集系统 | 是 | 否 | 烟道温度 14 |
| 17 | FlueTemperature15 | varchar（255） | 数据采集系统 | 是 | 否 | 烟道温度 15 |
| 18 | FlueTemperature16 | varchar（255） | 数据采集系统 | 是 | 否 | 烟道温度 16 |
| 19 | FlueTemperature17 | varchar（255） | 数据采集系统 | 是 | 否 | 烟道温度 17 |
| 20 | FlueTemperature18 | varchar（255） | 数据采集系统 | 是 | 否 | 烟道温度 18 |
| 21 | FlueTemperature19 | varchar（255） | 数据采集系统 | 是 | 否 | 烟道温度 19 |
| 22 | FlueTemperature20 | varchar（255） | 数据采集系统 | 是 | 否 | 烟道温度 20 |
| 23 | FlueTemperature21 | varchar（255） | 数据采集系统 | 是 | 否 | 烟道温度 21 |
| 24 | FlueTemperature22 | varchar（255） | 数据采集系统 | 是 | 否 | 烟道温度 22 |
| 25 | FlueTemperature23 | varchar（255） | 数据采集系统 | 是 | 否 | 烟道温度 23 |
| 26 | FlueTemperature24 | varchar（255） | 数据采集系统 | 是 | 否 | 烟道温度 24 |
| 27 | FlueTemperature25 | varchar（255） | 数据采集系统 | 是 | 否 | 烟道温度 25 |
| 28 | FlueTemperature26 | varchar（255） | 数据采集系统 | 是 | 否 | 烟道温度 26 |
| 29 | FlueTemperature27 | varchar（255） | 数据采集系统 | 是 | 否 | 烟道温度 27 |
| 30 | FlueTemperature28 | varchar（255） | 数据采集系统 | 是 | 否 | 烟道温度 28 |
| 31 | FlueTemperature29 | varchar（255） | 数据采集系统 | 是 | 否 | 烟道温度 29 |
| 32 | FlueTemperature30 | varchar（255） | 数据采集系统 | 是 | 否 | 烟道温度 30 |
| 33 | FanFrequency1 | varchar（255） | 数据采集系统 | 是 | 否 | 风机频率 1 |
| 34 | FanFrequency2 | varchar（255） | 数据采集系统 | 是 | 否 | 风机频率 2 |
| 35 | FanFrequency3 | varchar（255） | 数据采集系统 | 是 | 否 | 风机频率 3 |
| 36 | FanFrequency4 | varchar（255） | 数据采集系统 | 是 | 否 | 风机频率 4 |
| 37 | FanFrequency5 | varchar（255） | 数据采集系统 | 是 | 否 | 风机频率 5 |
| 38 | FanFrequency6 | varchar（255） | 数据采集系统 | 是 | 否 | 风机频率 6 |

| 序号 | 列名 | 数据类型 | 数据来源 | 是否为空 | 是否主键 | 备注 |
|---|---|---|---|---|---|---|
| 39 | FanFrequency7 | varchar（255） | 数据采集系统 | 是 | 否 | 风机频率 7 |
| 40 | FanFrequency8 | varchar（255） | 数据采集系统 | 是 | 否 | 风机频率 8 |
| 41 | FanFrequency9 | varchar（255） | 数据采集系统 | 是 | 否 | 风机频率 9 |
| 42 | FanFrequency10 | varchar（255） | 数据采集系统 | 是 | 否 | 风机频率 10 |
| 43 | FanFrequency11 | varchar（255） | 数据采集系统 | 是 | 否 | 风机频率 11 |
| 44 | FanFrequency12 | varchar（255） | 数据采集系统 | 是 | 否 | 风机频率 12 |
| 45 | FanFrequency13 | varchar（255） | 数据采集系统 | 是 | 否 | 风机频率 13 |
| 46 | FanFrequency14 | varchar（255） | 数据采集系统 | 是 | 否 | 风机频率 14 |
| 47 | FanFrequency15 | varchar（255） | 数据采集系统 | 是 | 否 | 风机频率 15 |
| 48 | FanFrequency16 | varchar（255） | 数据采集系统 | 是 | 否 | 风机频率 16 |
| 49 | FanFrequency17 | varchar（255） | 数据采集系统 | 是 | 否 | 风机频率 17 |
| 50 | FanFrequency18 | varchar（255） | 数据采集系统 | 是 | 否 | 风机频率 18 |
| 51 | FanFrequency19 | varchar（255） | 数据采集系统 | 是 | 否 | 风机频率 19 |
| 52 | FanFrequency20 | varchar（255） | 数据采集系统 | 是 | 否 | 风机频率 20 |
| 53 | FanFrequency21 | varchar（255） | 数据采集系统 | 是 | 否 | 风机频率 21 |
| 54 | FanFrequency22 | varchar（255） | 数据采集系统 | 是 | 否 | 风机频率 22 |
| 55 | FanFrequency23 | varchar（255） | 数据采集系统 | 是 | 否 | 风机频率 23 |
| 56 | FanFrequency24 | varchar（255） | 数据采集系统 | 是 | 否 | 风机频率 24 |
| 57 | FanFrequency25 | varchar（255） | 数据采集系统 | 是 | 否 | 风机频率 25 |
| 58 | FanFrequency26 | varchar（255） | 数据采集系统 | 是 | 否 | 风机频率 26 |
| 59 | FanFrequency27 | varchar（255） | 数据采集系统 | 是 | 否 | 风机频率 27 |
| 60 | FanFrequency28 | varchar（255） | 数据采集系统 | 是 | 否 | 风机频率 28 |
| 61 | FanFrequency29 | varchar（255） | 数据采集系统 | 是 | 否 | 风机频率 29 |
| 62 | FanFrequency30 | varchar（255） | 数据采集系统 | 是 | 否 | 风机频率 30 |
| 63 | InverterAlarm1 | varchar（255） | 数据采集系统 | 是 | 否 | 变频器报警 1 |
| 64 | InverterAlarm2 | varchar（255） | 数据采集系统 | 是 | 否 | 变频器报警 2 |
| 65 | InverterAlarm3 | varchar（255） | 数据采集系统 | 是 | 否 | 变频器报警 3 |
| 66 | InverterAlarm4 | varchar（255） | 数据采集系统 | 是 | 否 | 变频器报警 4 |
| 67 | InverterAlarm5 | varchar（255） | 数据采集系统 | 是 | 否 | 变频器报警 5 |
| 68 | InverterAlarm6 | varchar（255） | 数据采集系统 | 是 | 否 | 变频器报警 6 |
| 69 | InverterAlarm7 | varchar（255） | 数据采集系统 | 是 | 否 | 变频器报警 7 |
| 70 | InverterAlarm8 | varchar（255） | 数据采集系统 | 是 | 否 | 变频器报警 8 |

| 序号 | 列名 | 数据类型 | 数据来源 | 是否为空 | 是否主键 | 备注 |
|---|---|---|---|---|---|---|
| 71 | InverterAlarm9 | varchar（255） | 数据采集系统 | 是 | 否 | 变频器报警 9 |
| 72 | InverterAlarm10 | varchar（255） | 数据采集系统 | 是 | 否 | 变频器报警 10 |
| 73 | InverterAlarm11 | varchar（255） | 数据采集系统 | 是 | 否 | 变频器报警 11 |
| 74 | InverterAlarm12 | varchar（255） | 数据采集系统 | 是 | 否 | 变频器报警 12 |
| 75 | InverterAlarm13 | varchar（255） | 数据采集系统 | 是 | 否 | 变频器报警 13 |
| 76 | InverterAlarm14 | varchar（255） | 数据采集系统 | 是 | 否 | 变频器报警 14 |
| 77 | InverterAlarm15 | varchar（255） | 数据采集系统 | 是 | 否 | 变频器报警 15 |
| 78 | InverterAlarm16 | varchar（255） | 数据采集系统 | 是 | 否 | 变频器报警 16 |
| 79 | InverterAlarm17 | varchar（255） | 数据采集系统 | 是 | 否 | 变频器报警 17 |
| 80 | InverterAlarm18 | varchar（255） | 数据采集系统 | 是 | 否 | 变频器报警 18 |
| 81 | InverterAlarm19 | varchar（255） | 数据采集系统 | 是 | 否 | 变频器报警 19 |
| 82 | InverterAlarm20 | varchar（255） | 数据采集系统 | 是 | 否 | 变频器报警 20 |
| 83 | InverterAlarm21 | varchar（255） | 数据采集系统 | 是 | 否 | 变频器报警 21 |
| 84 | InverterAlarm22 | varchar（255） | 数据采集系统 | 是 | 否 | 变频器报警 22 |
| 85 | InverterAlarm23 | varchar（255） | 数据采集系统 | 是 | 否 | 变频器报警 23 |
| 86 | InverterAlarm24 | varchar（255） | 数据采集系统 | 是 | 否 | 变频器报警 24 |
| 87 | InverterAlarm25 | varchar（255） | 数据采集系统 | 是 | 否 | 变频器报警 25 |
| 88 | InverterAlarm26 | varchar（255） | 数据采集系统 | 是 | 否 | 变频器报警 26 |
| 89 | InverterAlarm27 | varchar（255） | 数据采集系统 | 是 | 否 | 变频器报警 27 |
| 90 | InverterAlarm28 | varchar（255） | 数据采集系统 | 是 | 否 | 变频器报警 28 |
| 91 | InverterAlarm29 | varchar（255） | 数据采集系统 | 是 | 否 | 变频器报警 29 |
| 92 | InverterAlarm30 | varchar（255） | 数据采集系统 | 是 | 否 | 变频器报警 30 |

表 8-5 环安报警信息表（Alarm）

| 序号 | 列名 | 数据类型 | 数据来源 | 是否为空 | 是否主键 | 备注 |
|---|---|---|---|---|---|---|
| 1 | ID | int | 自增 | 否 | 是 | 编号 |
| 2 | VarName | varchar（255） | 数据采集系统 | 是 | 否 | 变量名 |
| 3 | EventType | varchar（255） | 数据采集系统 | 是 | 否 | 事件类型 |

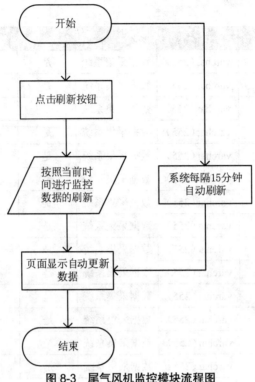

**图 8-3　尾气风机监控模块流程图**

### 2. 详细设计

（1）项目结构

尾气风机监控页面项目结构如图 8-4 所示。

（2）实现顺序

尾气风机监控主要是将从数据库中取出当前采集到的数据信息并将其显示在页面上。顺序图如图 8-5 所示。

（3）实现步骤

①用户点击"刷新"按钮。

②ExhaustFanMonitoring.dire.js 文件处理 jsp 提交的信息，发送查询请求。

③Struts 拦截器拦截用户请求，通过拦截器机制进行分类处理，在 ExhaustFanMonitoringAction 类中调用 getValue() 和 getStatus() 方法。

④ExhaustFanMonitoringAction 类继承 ActionSupport 实现 BaseAction 和 ModelDriven 接口，并在 ExhaustFanMonitoringAction 类中调用 ExhaustFanMonitoringService 类中的 getValue() 和 getStatus() 方法。

⑤ExhaustFanMonitoringService 类实现 BaseService 接口，并在 ExhaustFanMonitoringService 类中调用 ExhaustFanMonitoringDao 类中的 getValue() 和 getStatus() 方法。

```
1   ExhaustFanMonitoring    -尾气风机监控
2
3   ├─src
4   │  ├─ applicationContext.xml
5   │  ├─ EnvironmentalSafety.cfg.xml
6   │  ├─ log4j.properties
7   │  ├─ struts.xml
8   │  └─ com
9   │        └─xtgj
10  │            └─ exhaustfanmonitoring
11  │                ├─domain
12  │                │     ├─ Alarm.hbm.xml        -环安报警表配置文件
13  │                │     ├─ Alarm               -环安报警表实体
14  │                │     ├─ WasteGas.hbm.xml     -合成废气表配置文件
15  │                │     └─ WasteGas             -合成废气表实体
16  │
17  │                ├─action
18  │                │     ├─BaseAction
19  │                │     │     ├─String getValue()
20  │                │     │     └─String getStatus()
21  │                │     └─impl
22  │                │           └─ExhaustFanMonitoringAction
23  │                │                 ├─String getValue()
24  │                │                 └─String getStatus()
25
26  │                ├─service
27  │                │     ├─BaseService
28  │                │     │     ├─Map<String,Object> getValue()
29  │                │     │     └─Map<String,Object> getStatus()
30  │                │     └─impl
31  │                │           └─ExhaustFanMonitoringService
32  │                │                 ├─Map<String,Object> getValue()
33  │                │                 └─Map<String,Object> getStatus()
34
35  │                └─dao
36  │                      ├─BaseDao
37  │                      │     ├─Map<String,Object> getValue()
38  │                      │     └─Map<String,Object> getStatus()
39  │                      └─impl
40  │                            └─ExhaustFanMonitoringDao
41  │                                  ├─Map<String,Object> getValue()
42  │                                  ├─Map<String,Object> getStatus()
43  │                                  └─String varName(String varName)
44  └─WebContent
45      ├─Content
46
47      ├─FELib
48
49      ├─fonts
50
51      ├─META-INF
52
53      ├─EnvironmentalSafety
54      │
55      │      └─ ExhaustFanMonitoring.jsp        -尾气风机监控界面
56      ├─StaticSource
57      │
58      │      └─ EnvironmentalSafety
59      │
60      │          ├─ExhaustFanMonitoring
61      │          ├─ main.css
62      │          ├─ main.js
63      │          ├─ main.min.js
64      │          └─dire
65      │             └─ExhaustFanMonitoring
66      │                 ├─ ExhaustFanMonitoring.dire.js    -结果解析和数据绑定显示
67      │                 └─ ExhaustFanMonitoring.temp.html  -显示尾气风机监控界面主体
68      └─WEB-INF
69          ├─web.xml    -核心配置文件
70          └─lib
```

图 8-4  尾气风机监控项目结构图

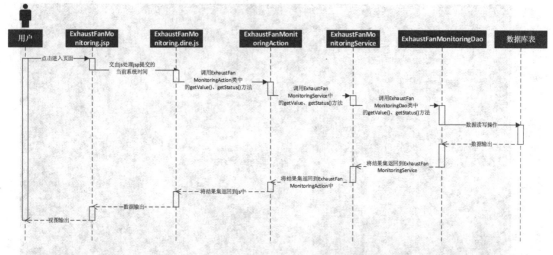

**图 8-5　尾气风机模块顺序图**

⑥ExhaustFanMonitoringDao 类实现 BaseDao 接口,在其中调用 getValue() 方法查询 WasteGas 表中的最新的一条数据,并将查询到的数据封装为一个 Map 对象;调用 varName() 方法将查询到 Alarm 表中的报警类型并将查询结果以 String 类型返回;使用 getValue() 方法将查询到的烟道温度和风机频率数据封装为一个 Map 对象;使用 getStatus() 方法将查询到的变频器报警状态和 varName() 方法返回的字符串类型的参数封装成为一个 Map 对象;将封装的 Map 对象返回给 ExhaustFanMonitoringService 类。

⑦在 ExhaustFanMonitoringService 类中接收 ExhaustFanMonitoringDao 类返回的 Map 对象,并将 Map 对象返回给 ExhaustFanMonitoringAction 类。

⑧在 ExhaustFanMonitoringAction 类中接收 ExhaustFanMonitoringService 类中返回的对象,使用 getValue() 和 getStatus() 方法判断返回的对象是否为空,并将查询结果经过拦截处理最后以对象的形式传递给 ExhaustFanMonitoring.dire.js。ExhaustFanMonitoring.dire.js 文件中将接收的对象解析并使用 Angular 的双向数据显示特性读取其数据并显示到页面中。

⑨用户在 JSP 页面中查看效果。

**3. 界面效果**

按照上述步骤进行模块开发并实现如图 8-6 所示效果。

**4. 单元测试**

模块完成后按照表 8-6 给出的单元测试用例进行本模块的单元测试。

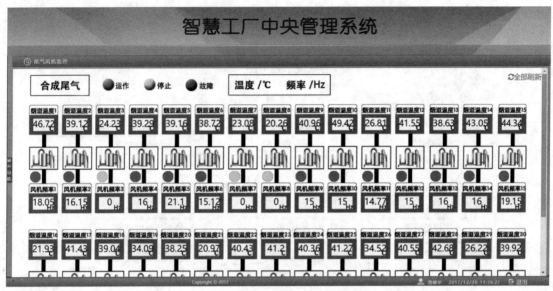

图 8-6 尾气风机监控页面效果图

表 8-6 尾气风机监控单元测试

| 测试用例<br>标识符 | 输入 / 动作 | 期望输出 | 实际输出 | 测试结果 |
|---|---|---|---|---|
| Testcase001 | 页面停留 15 分钟 | 自动更新 | | □ 通过 □ 未通过 |
| Testcase002 | 更新后页面显示更新时间 | 显示更新时系统时间 | | □ 通过 □ 未通过 |
| Testcase003 | 点击"刷新"按钮,页面根据系统时间进行刷新 | 刷新成功 | | □ 通过 □ 未通过 |
| Testcase004 | 存在故障时,页面有提示 | 页面有提示 | | □ 通过 □ 未通过 |
| Testcase005 | 每一个值与页面中的设备都是对应的存在 | ——对应 | | □ 通过 □ 未通过 |

## 8.2.2　合成废水趋势图模块

### 1. 概要设计

（1）原型设计

合成废水趋势图页面使用折线图的方式描述出了水压趋势图、供水液位趋势图、温度趋势图、pH 趋势图、供水电机频率趋势图、供水电流趋势图、供水电机电压趋势图、冷却塔风机电流趋势图和冷却塔风机频率趋势图在选中时间段内的变化趋势。页面设置了查询时间段的文本框以及"查询""查看报表""打印"和"导出"按钮,用来实现相应功能。页面示意图如图 8-7 所示。

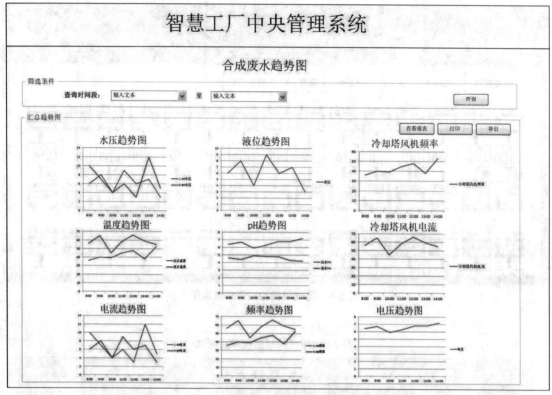

图 8-7　合成废水趋势图页面示意图

（2）功能分析

● 合成废水趋势图页面描述

合成废水趋势图页面使用折线图的方式描述对合成废水的电流、电压、频率、水压、液位、温度、pH、冷却塔风机频率及冷却塔风机电流九种监控项目在所选时间内的变化情况，将所选时间平均取 11 个时间节点，计算出每个时间段内的平均值并将其显示在页面上。

● 合成废水趋势图用例描述

表 8-7　查询用例描述

| 用例 ID： | SFCMS-UC-08-02 | 用例名称： | 查询用例 |
|---|---|---|---|
| 执行者： | 当前用户 | | |
| 前置条件： | 用户登录成功并具有查看数据的权限 | | |
| 后置条件： | 成功查询数据并将数据以折线图的形式显示在页面上 | | |
| 基本事件流： | 1. 用户选择需要查询的时间段并点击查询按钮<br>2. 系统根据用户选择的时间段从数据库中查询数据<br>3. 系统将查询到的数据以趋势图的形式显示在页面上 | | |
| 扩展事件流： | 1a. 系统未检测到用户发送的查询请求<br>2a. 系统在用户选择的时间段内未查询到数据<br>3a. 趋势图显示失败 | | |

| 异常事件流： | 第 2 或 3 步，出现系统故障，例如网络故障，数据库服务器故障，系统弹出系统异常页面，提示"系统出错，请重试" |
|---|---|
| 待解决问题： | |

表 8-8　查看报表用例描述

| 用例 ID： | SFCMS-UC-08-03 | 用例名称： | 查看报表用例 |
|---|---|---|---|
| 执行者： | 当前用户 | | |
| 前置条件： | 用户登录成功并成功查询到选择时间段的数据并将其显示在页面上 | | |
| 后置条件： | 成功将查询到的数据以报表的形式显示 | | |
| 基本事件流： | 1. 查询到用户选择时间段的数据并将其以趋势图显示<br>2. 用户点击查看报表按钮<br>3. 系统将查询到的数据以报表的形式显示在页面上 | | |
| 扩展事件流： | 3a. 图表转换失败 | | |
| 异常事件流： | 第 2 或 3 步，出现系统故障，例如网络故障，数据库服务器故障，系统弹出系统异常页面，提示"系统出错，请重试" | | |
| 待解决问题： | | | |

表 8-9　打印用例描述

| 用例 ID： | SFCMS-UC-08-04 | 用例名称： | 打印用例 |
|---|---|---|---|
| 执行者： | 当前用户 | | |
| 前置条件： | 用户登录成功并成功查询到选择时间段的数据并将其显示在页面上 | | |
| 后置条件： | 成功打印所有趋势图 | | |
| 基本事件流： | 1. 查询到用户选择时间段的数据并将其以趋势图显示<br>2. 用户点击打印按钮<br>3. 成功打印所有趋势图 | | |
| 扩展事件流： | 3a. 打印失败 | | |
| 异常事件流： | 第 2 或 3 步，出现系统故障，例如网络故障，数据库服务器故障，系统弹出系统异常页面，提示"系统出错，请重试" | | |
| 待解决问题： | | | |

表 8-10　导出用例描述

| 用例 ID： | SFCMS-UC-08-05 | 用例名称： | 导出用例 |
|---|---|---|---|
| 执行者： | 当前用户 | | |
| 前置条件： | 用户登录成功并成功查询到选择时间段的数据并以报表的形式显示在页面上 | | |
| 后置条件： | 成功导出所有数据 | | |

| 基本事件流： | 1. 查询到用户选择时间段的数据并将其以报表的形式显示<br>2. 用户点击导出按钮<br>3. 成功导出所有数据 |
| :-- | :-- |
| 扩展事件流： | 3a. 导出失败 |
| 异常事件流： | 第 2 或 3 步，出现系统故障，例如网络故障，数据库服务器故障，系统弹出系统异常页面，提示"系统出错，请重试" |
| 待解决问题： | |

（3）流程处理

当用户进入该页面后，在时间选择框内输入需要查询的时间段或选择需要查询的时间段，点击"查询"按钮，系统将返回用户选中时间段内的合成废水数据并显示在页面上，用户点击"查看报表"按钮，可将趋势图数据以报表形式进行显示。用户点击"打印"和"导出"按钮，可对报表进行相应的操作，流程图如图 8-8 所示。

（4）数据库设计

根据功能分析和流程处理可分析出合成废水模块所需的数据库表如表 8-11、表 8-12 所示。

## 2. 详细设计

（1）项目结构

合成废水趋势图页面项目结构如图 8-9 所示。

（2）实现顺序

合成废水趋势图页面初始化的时候时间选择框默认显示本月，用户选择时间段，点击"查询"按钮，对合成废水的电流、电压、频率、水压、液位、温度、pH、冷却塔风机频率及冷却塔风机电流九种监控项目分别生成折线图，同一监控项目的记录项对比显示。顺序图如图 8-10 所示。

（3）实现步骤

①用户选择所要查询时间段，点击"查询"按钮。

② WastewaterTrend.dire.js 接收时间段信息，将时间信息作为参数并发送查询请求。

③ Struts 拦截器拦截用户请求，通过拦截器机制进行分类处理，在 WastewaterTrendAction 类中调用 getList()、exprotExcel() 方法。

④WastewaterTrendAction 类继承 ActionSupport 实现 BaseAction 和 ModelDriven 接口，并在 WastewaterTrendAction 类中调用 WastewaterTrendService 类中的 getList()、exprotExcel() 方法。

⑤WastewaterTrendService 类实现 BaseService 接口，并在 WastewaterTrendService 类中调用 WastewaterTrendDao 类中的 getList()、exprotExcel() 方法。

⑥WastewaterTrendDao 类继承 HibernateDaoSupport 类并实现 BaseDao 接口，使用 getList() 方法将查询到的水压数据信息封装为一个 Map 对象并返回给 WastewaterTrendService 类。

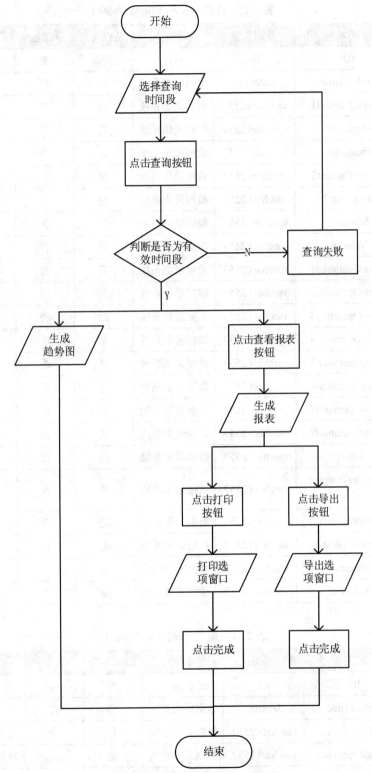

**图 8-8 合成废水趋势图模块流程图**

表 8-11 合成废水表( WasteWater )

| 序号 | 列名 | 数据类型 | 数据来源 | 是否为空 | 是否主键 | 备注 |
|---|---|---|---|---|---|---|
| 1 | ID | int | 自增 | 否 | 是 | 编号 |
| 2 | UpdateTime | datetime | 数据采集系统 | 是 | 否 | 更新时间 |
| 3 | ElectricCurrent1 | varchar（255） | 数据采集系统 | 是 | 否 | 1-4 电流 |
| 4 | Frequency1 | varchar（255） | 数据采集系统 | 是 | 否 | 1-4 频率 |
| 5 | Pressure1 | varchar（255） | 数据采集系统 | 是 | 否 | 1-4 压力 |
| 6 | ElectricCurrent2 | varchar（255） | 数据采集系统 | 是 | 否 | 5-8 电流 |
| 7 | Frequency2 | varchar（255） | 数据采集系统 | 是 | 否 | 5-8 频率 |
| 8 | Pressure2 | varchar（255） | 数据采集系统 | 是 | 否 | 5-8 压力 |
| 9 | Voltage | varchar（255） | 数据采集系统 | 是 | 否 | 电压 |
| 10 | MotorOperation1 | varchar（255） | 数据采集系统 | 是 | 否 | 电机 1 运行 |
| 11 | MotorOperation2 | varchar（255） | 数据采集系统 | 是 | 否 | 电机 2 运行 |
| 12 | MotorOperation3 | varchar（255） | 数据采集系统 | 是 | 否 | 电机 3 运行 |
| 13 | MotorOperation4 | varchar（255） | 数据采集系统 | 是 | 否 | 电机 4 运行 |
| 14 | MotorOperation5 | varchar（255） | 数据采集系统 | 是 | 否 | 电机 5 运行 |
| 15 | MotorOperation6 | varchar（255） | 数据采集系统 | 是 | 否 | 电机 6 运行 |
| 16 | MotorOperation7 | varchar（255） | 数据采集系统 | 是 | 否 | 电机 7 运行 |
| 17 | MotorOperation8 | varchar（255） | 数据采集系统 | 是 | 否 | 电机 8 运行 |
| 18 | Level | varchar（255） | 数据采集系统 | 是 | 否 | 液位 |
| 19 | BackwaterTemperature | varchar（255） | 数据采集系统 | 是 | 否 | 回水温度 |
| 20 | BackwaterpH | varchar（255） | 数据采集系统 | 是 | 否 | 回水 pH |
| 21 | WaterTemperature | varchar（255） | 数据采集系统 | 是 | 否 | 供水温度 |
| 22 | WaterpH | varchar（255） | 数据采集系统 | 是 | 否 | 供水 pH |
| 23 | ACvalve | varchar（255） | 数据采集系统 | 是 | 否 | 补碱阀 |

表 8-12 尾气塔表( GasTower )

| 序号 | 列名 | 数据类型 | 数据来源 | 是否为空 | 是否主键 | 备注 |
|---|---|---|---|---|---|---|
| 1 | ID | int | 自增 | 否 | 是 | 编号 |
| 2 | UpdateTime | datetime | 数据采集系统 | 是 | 否 | 更新时间 |
| 3 | CTFanCurrent | varchar（255） | 数据采集系统 | 是 | 否 | 冷却塔风机电流 |
| 4 | CTFanFrequency | varchar（255） | 数据采集系统 | 是 | 否 | 冷却塔风机频率 |

```
1  WastewaterTrend            一合成废水趋势图
2  └─src
3      ├─ applicationContext.xml
4      ├─ EnvironmentalSafety.cfg.xml
5      ├─ log4j.properties
6      └─ struts.xml
7
8      └─com
9          └─xtgj
10             └─wastewatertrend
11                 ├─domain
12                     ├─ GasTower.hbm.xml     一尾气塔表配置文件
13                     ├─ GasTower              一尾气塔表实体
14                     ├─ WasteWater.hbm.xml    一合成废水表配置文件
15                     └─ WasteWater            一合成废水表实体
16
17                 ├─action
18                     ├─BaseAction
19                         └─String getList()
20                     └─impl
21                         └─WastewaterTrendAction
22                             └─String getValue()
23
24                 ├─service
25                     ├─BaseService
26                         └─Map<String,Object> getList(String startTime, String endTime, int pageSize, int pageIndex, String deviceName)
27                     └─impl
28                         └─WastewaterTrendService
29                             └─Map<String,Object> getList(String startTime, String endTime, int pageSize, int pageIndex, String deviceName)
30
31                 ├─dao
32                     ├─BaseDao
33                         └─Map<String,Object> getList(String startTime, String endTime, int pageSize, int pageIndex, String deviceName)
34                     └─impl
35                         └─WastewaterTrendDao
36                             └─Map<String,Object> getList(String startTime, String endTime, int pageSize, int pageIndex, String deviceName)
37
38                 └─util
39                     ├─ DateFormat                          一时间划分工具类
40                     ├─ PageHelper                          一分页工具类
41                     └─ Map<String,Object> exprotExcel(List list)  一导出Excel工具类
42
43  └─WebContent
44      ├─Content
45
46      ├─FELib
47
48      ├─fonts
49
50      ├─META-INF
51
52      ├─EnvironmentalSafety
53          └─WastewaterTrend
54              └─WastewaterTrend.jsp            一合成废水趋势图界面
55      ├─StaticSource
56          └─EnvironmentalSafety
57              └─WastewaterTrend
58                  ├─ main.css
59                  ├─ main.js
60                  ├─ main.min.js
61                  └─dire
62                      └─WastewaterTrend
63                          ├─WastewaterTrend.dire.js   一结果解析和数据绑定显示
64                          └─WastewaterTrend.temp.html 一显示合成废水趋势图界面主体部分
65
66      └─WEB-INF
67          ├─ web.xml          一核心配置文件
68          └─ lib
```

**图 8-9　合成废水趋势图项目结构图**

⑦在 WastewaterTrendService 类中接收 WastewaterTrendDao 类返回的 Map 对象,并将 Map 对象返回给 WastewaterTrendAction 类。

⑧在 WastewaterTrendAction 类中接收 WastewaterTrendService 类中返回的对象,使用 getList() 方法判断返回的对象是否为空,并将查询结果经过拦截处理以对象的形式返回给 js。

⑨在 WastewaterTrend.dire.js 文件中将接收的对象解析并使用 Angular 的双向数据显示特性读取其数据并显示到页面中。

⑩用户在 JSP 页面中查看效果。

**3. 界面效果**

按照上述步骤进行模块开发并实现如图 8-11 所示效果。

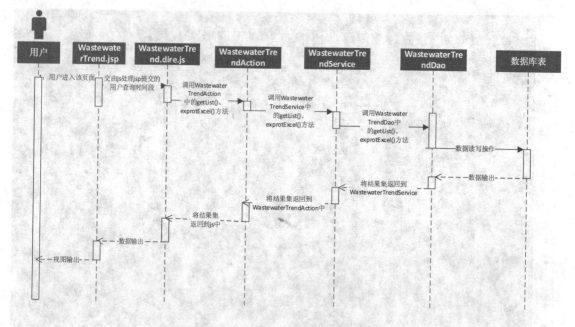

**图 8-10　合成废水趋势图模块顺序图**

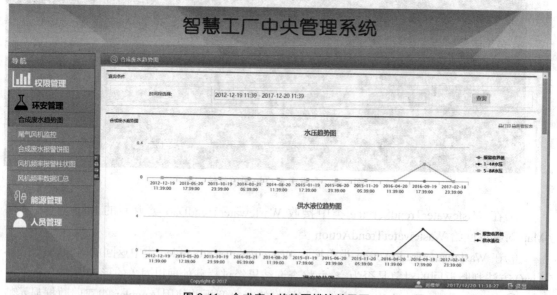

**图 8-11　合成废水趋势图模块效果图**

## 4. 单元测试

模块完成后按照表 8-13 给出的单元测试用例进行本模块的单元测试。

表 8-13　合成废水趋势图模块单元测试

| 测试用例标识符 | 输入 / 动作 | 期望输出 | 实际输出 | 测试结果 |
|---|---|---|---|---|
| Testcase001 | 点击时间选择框 | 下拉出现时间选择框 | | □ 通过 □ 未通过 |
| Testcase002 | 时间选择框默认出现当前月份信息 | 当月信息 | | □ 通过 □ 未通过 |
| Testcase003 | 选择开始时间小于结束时间 | 页面提示选择时间不正确 | | □ 通过 □ 未通过 |
| Testcase004 | 选择空条件查询 | 页面提示未查询到有效信息 | | □ 通过 □ 未通过 |
| Testcase005 | 输入无效查询条件 | 页面提示未查询到有效信息 | | □ 通过 □ 未通过 |
| Testcase006 | 点击"查询"按钮 | 查询到的信息符合查询条件 | | □ 通过 □ 未通过 |
| Testcase007 | 点击"打印"按钮 | 弹出系统打印的窗口 | | □ 通过 □ 未通过 |
| Testcase008 | 在打印窗口中设置打印参数 | 打印效果符合要求且有效 | | □ 通过 □ 未通过 |
| Testcase009 | 打印设置是否方便用户使用 | 方便 | | □ 通过 □ 未通过 |
| Testcase010 | 打印内容是否与设置的参数一致 | 一致 | | □ 通过 □ 未通过 |
| Testcase011 | 打印的内容是否正确 | 与选择内容一致 | | □ 通过 □ 未通过 |
| Testcase012 | 打印结束后，系统是否正常运行 | 正常跳转页面 | | □ 通过 □ 未通过 |
| Testcase013 | 点击"查看报表"按钮 | 弹出保存页面 | | □ 通过 □ 未通过 |
| Testcase014 | 查看报表内容是否与当前数据一致 | 一致且有效 | | □ 通过 □ 未通过 |
| Testcase015 | 点击"导出"按钮 | 系统显示保存页面 | | □ 通过 □ 未通过 |
| Testcase016 | 导出窗口中设置的导出参数是否符合要求且有效 | 导出效果符合要求 | | □ 通过 □ 未通过 |
| Testcase017 | 导出内容是否正确 | 正确 | | □ 通过 □ 未通过 |

## 8.2.3　风机频率数据汇总模块

### 1. 概要设计

（1）原型设计

风机频率数据汇总模块将用户选择时间段内风机频率报警次数的筛选查询精确到分钟，并以列表的形式显示在页面上。页面设置了查询时间段的文本框以及查询按钮，用来实现相应功能。页面示意图如图 8-12 所示。

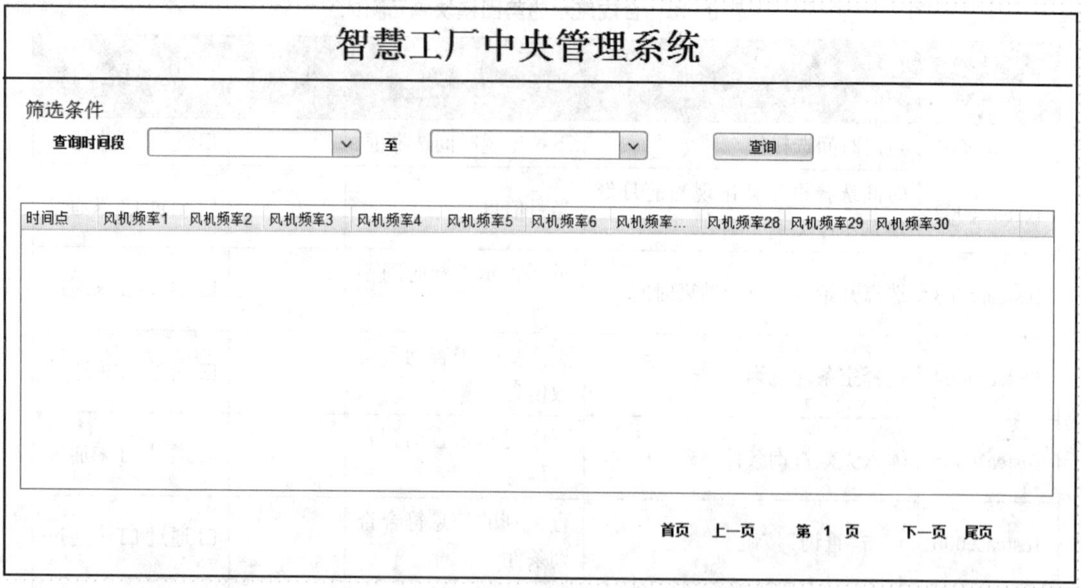

图 8-12　风机频率数据汇总页面示意图

（2）功能分析

● 风机频率数据汇总页面描述

风机频率数据汇总模块主要功能为按照时间条件进行查询，并将查询情况以列表的形式显示出风机与频率之间的关系。

● 风机频率数据汇总用例描述

风机频率数据汇总用例描述如表 8-14 所示。

表 8 -14　查询用例描述

| 用例 ID: | SFCMS-UC-08-06 | 用例名称: | 查询用例 |
|---|---|---|---|
| 执行者: | 当前用户 | | |
| 前置条件: | 用户登录成功并具有查看数据的权限 | | |
| 后置条件: | 成功查询数据并将数据以报表的形式显示在页面上 | | |
| 基本事件流: | 1. 用户选择需要查询的时间段并点击查询按钮<br>2. 系统根据用户选择的时间段从数据库中查询数据<br>3. 系统将查询到的数据以报表的形式显示在页面上 | | |
| 扩展事件流: | 1a. 系统未检测到用户发送的查询请求<br>2a. 系统在用户选择的时间段内未查询到数据<br>3a. 报表显示失败 | | |
| 异常事件流: | 第 2 或 3 步，出现系统故障，例如网络故障，数据库服务器故障，系统弹出系统异常页面，提示"系统出错，请重试" | | |
| 待解决问题: | | | |

（3）流程处理

当用户进入该页面后,在时间选择框内输入需要查询的时间段或选择需要查询的时间,点击"查询"按钮,系统将用户选中时间段风机频率在生产流程中的数据返回并以报表的形式显示在页面上,流程图如图 8-13 所示。

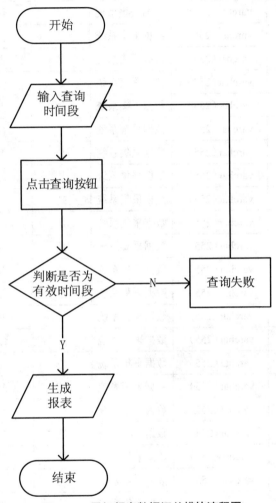

**图 8-13　风机频率数据汇总模块流程图**

（4）数据库设计

根据功能分析和流程处理可分析出风机频率数据汇总模块所需的数据库表如表 8-15 所示。

表 8-15　合成废气表（WasteGas）

| 序号 | 列名 | 数据类型 | 数据来源 | 是否为空 | 是否主键 | 备注 |
|---|---|---|---|---|---|---|
| 1 | ID | int | 自增 | 否 | 是 | 编号 |
| 2 | UpdateTime | datetime | 数据采集系统 | 是 | 否 | 更新时间 |
| 3 | FanFrequency1 | varchar（255） | 数据采集系统 | 是 | 否 | 风机频率 1 |
| 4 | FanFrequency2 | varchar（255） | 数据采集系统 | 是 | 否 | 风机频率 2 |
| 5 | FanFrequency3 | varchar（255） | 数据采集系统 | 是 | 否 | 风机频率 3 |
| 6 | FanFrequency4 | varchar（255） | 数据采集系统 | 是 | 否 | 风机频率 4 |
| 7 | FanFrequency5 | varchar（255） | 数据采集系统 | 是 | 否 | 风机频率 5 |
| 8 | FanFrequency6 | varchar（255） | 数据采集系统 | 是 | 否 | 风机频率 6 |
| 9 | FanFrequency7 | varchar（255） | 数据采集系统 | 是 | 否 | 风机频率 7 |
| 10 | FanFrequency8 | varchar（255） | 数据采集系统 | 是 | 否 | 风机频率 8 |
| 11 | FanFrequency9 | varchar（255） | 数据采集系统 | 是 | 否 | 风机频率 9 |
| 12 | FanFrequency10 | varchar（255） | 数据采集系统 | 是 | 否 | 风机频率 10 |
| 13 | FanFrequency11 | varchar（255） | 数据采集系统 | 是 | 否 | 风机频率 11 |
| 14 | FanFrequency12 | varchar（255） | 数据采集系统 | 是 | 否 | 风机频率 12 |
| 15 | FanFrequency13 | varchar（255） | 数据采集系统 | 是 | 否 | 风机频率 13 |
| 16 | FanFrequency14 | varchar（255） | 数据采集系统 | 是 | 否 | 风机频率 14 |
| 17 | FanFrequency15 | varchar（255） | 数据采集系统 | 是 | 否 | 风机频率 15 |
| 18 | FanFrequency16 | varchar（255） | 数据采集系统 | 是 | 否 | 风机频率 16 |
| 19 | FanFrequency17 | varchar（255） | 数据采集系统 | 是 | 否 | 风机频率 17 |
| 20 | FanFrequency18 | varchar（255） | 数据采集系统 | 是 | 否 | 风机频率 18 |
| 21 | FanFrequency19 | varchar（255） | 数据采集系统 | 是 | 否 | 风机频率 19 |
| 22 | FanFrequency20 | varchar（255） | 数据采集系统 | 是 | 否 | 风机频率 20 |
| 23 | FanFrequency21 | varchar（255） | 数据采集系统 | 是 | 否 | 风机频率 21 |
| 24 | FanFrequency22 | varchar（255） | 数据采集系统 | 是 | 否 | 风机频率 22 |
| 25 | FanFrequency23 | varchar（255） | 数据采集系统 | 是 | 否 | 风机频率 23 |
| 26 | FanFrequency24 | varchar（255） | 数据采集系统 | 是 | 否 | 风机频率 24 |
| 27 | FanFrequency25 | varchar（255） | 数据采集系统 | 是 | 否 | 风机频率 25 |
| 28 | FanFrequency26 | varchar（255） | 数据采集系统 | 是 | 否 | 风机频率 26 |
| 29 | FanFrequency27 | varchar（255） | 数据采集系统 | 是 | 否 | 风机频率 27 |
| 30 | FanFrequency28 | varchar（255） | 数据采集系统 | 是 | 否 | 风机频率 28 |
| 31 | FanFrequency29 | varchar（255） | 数据采集系统 | 是 | 否 | 风机频率 29 |
| 32 | FanFrequency30 | varchar（255） | 数据采集系统 | 是 | 否 | 风机频率 30 |

**2.详细设计**

（1）项目结构

风机频率数据汇总页面项目结构如图 8-14 所示。

图 8-14 风机频率数据汇总页面项目结构图

（2）实现顺序

风机频率数据汇总页面初始化时,时间选择框默认显示本月,用户选择需要查询的时间段,点击"查询"按钮,将时间段传递到后台业务处理类进行处理,查询出这一段时间内设备的报警信息数据并且以小时为单位将数据用表格的形式显示在页面上。顺序图如图 8-15 所示。

（3）实现步骤

①用户选择所要查询时间段,点击"查询"按钮。

②FanFreDataSummary.dire.js 文件发送查询请求。

③Struts 拦截器拦截用户请求,通过拦截器机制进行分类处理,在 FanFreDataSummaryAction 类中调用 getList() 方法。

④FanFreDataSummaryAction 类继承 ActionSupport 并实现 BaseAction 和 ModelDriven 接口,并在 FanFreDataSummaryAction 类中调用 FanFreDataSummaryService 类中的 getList() 方法。

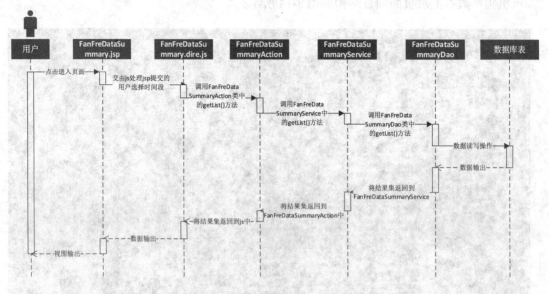

图 8-15 风机频率数据汇总模块顺序图

⑤FanFreDataSummaryService 类实现 BaseService 接口,并在 FanFreDataSummaryService 类中调用 FanFreDataSummaryDao 类中的 getList() 方法。

⑥FanFreDataSummaryDao 类实现 BaseDao 接口,调用 getList() 方法查询 WasteGas 表中所有风机的频率数据并将其封装成一个 Map 集合;将封装 Map 对象返回给 FanFreDataSummaryService 类。

⑦在 FanFreDataSummaryService 类中接收 FanFreDataSummaryDao 类返回的 Map 对象,并将 Map 对象返回给 FanFreDataSummaryAction 类。

⑧在 FanFreDataSummaryAction 类中接收 FanFreDataSummaryService 类中返回的对象,使用 getList() 方法判断返回的对象是否为空,并将查询结果经过拦截处理最后以对象的形式传递给 js。

⑨FanFreDataSummary.dire.js 文件中将接收的对象解析并使用 Angular 的双向数据显示特性读取其数据并显示到页面中。

⑩用户在 JSP 页面中查看效果。

**3. 界面效果**

按照上述步骤进行模块开发并实现如图 8-16 所示效果。

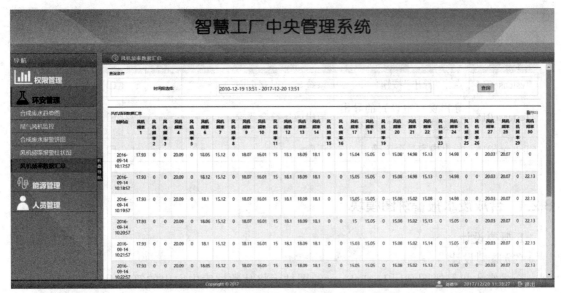

**图 8-16　风机频率数据汇总模块效果图**

### 4. 单元测试

模块完成后按照表 8-16 给出的单元测试用例进行本模块的单元测试。

**表 8-16　风机频率数据汇总模块单元测试**

| 测试用例标识符 | 输入／动作 | 期望输出 | 实际输出 | 测试结果 |
|---|---|---|---|---|
| Testcase001 | 点击时间选择框 | 下拉出现时间选择框 | | □ 通过 □ 未通过 |
| Testcase002 | 时间选择框默认出现当前月份信息 | 当月信息 | | □ 通过 □ 未通过 |
| Testcase003 | 选择开始时间小于结束时间 | 页面提示选择时间不正确 | | □ 通过 □ 未通过 |
| Testcase004 | 选择空条件查询 | 页面提示未查询到有效信息 | | □ 通过 □ 未通过 |
| Testcase005 | 输入无效查询条件 | 页面提示未查询到有效信息 | | □ 通过 □ 未通过 |
| Testcase006 | 点击"查询"按钮 | 查询到的信息符合查询条件 | | □ 通过 □ 未通过 |
| Testcase007 | 点击"上一页" | 页面跳转至上一页 | | □ 通过 □ 未通过 |
| Testcase008 | 点击"下一页" | 页面跳转至下一页 | | □ 通过 □ 未通过 |
| Testcase009 | 点击"首页" | 页面跳转至首页 | | □ 通过 □ 未通过 |
| Testcase010 | 点击"末页" | 页面跳转至末页 | | □ 通过 □ 未通过 |
| Testcase011 | 点击数字页码 | 页面跳转至该页 | | □ 通过 □ 未通过 |
| Testcase012 | 饼图信息与所选报表内容是否一致 | 一致 | | □ 通过 □ 未通过 |
| Testcase013 | 饼图百分比计算是否正确 | 正确 | | □ 通过 □ 未通过 |

续表

| 测试用例<br>标识符 | 输入 / 动作 | 期望输出 | 实际输出 | 测试结果 |
|---|---|---|---|---|
| Testcase014 | 点击"导出"按钮 | 系统显示保存页面 | | □ 通过 □ 未通过 |
| Testcase015 | 导出窗口中设置的导出<br>参数是否符合要求、有效 | 导出效果符合要求 | | □ 通过 □ 未通过 |
| Testcase016 | 导出内容是否正确 | 正确 | | □ 通过 □ 未通过 |

## 8.2.4　合成废水报警饼图模块

### 1. 概要设计

（1）原型设计

合成废水报警饼图利用 Highcharts 绘图技术将从数据库中取出的符合用户选择时间段内合成废水生产流程中的报警信息并对其进行分析，并以饼图的形式将其显示在页面上。页面设置了查询时间段的文本框以及查询按钮，用来实现相应功能。页面示意图如图 8-17所示。

图 8-17　合成废水报警饼图

（2）功能分析

● 合成废水报警饼图页面描述

合成废水报警饼图描述了在合成废水过程中各个设备在选中时间段内的报警次数，并以饼图的形式对比显示报警信息。

● 合成废水报警饼图用例描述

合成废水报警饼图用例描述如表 8-17 所示。

表 8-17　查询用例描述

| 用例 ID： | SFCMS-UC-08-07 | 用例名称： | | 查询用例 |
|---|---|---|---|---|
| 执行者： | 当前用户 | | | |
| 前置条件： | 用户登录成功并具有查看数据的权限 | | | |
| 后置条件： | 成功查询数据并将数据以饼图的形式显示在页面上 | | | |
| 基本事件流： | 1. 用户选择需要查询的时间段并点击查询按钮<br>2. 系统根据用户选择的时间段从数据库中查询数据<br>3. 系统将查询到的数据以饼图的形式显示在页面上 | | | |
| 扩展事件流： | 1a. 系统未检测到用户发送的查询请求<br>2a. 系统在用户选择的时间段内未查询到数据<br>3a. 饼图显示失败 | | | |
| 异常事件流： | 第 2 或 3 步，出现系统故障，例如网络故障，数据库服务器故障，系统弹出系统异常页面，提示"系统出错，请重试" | | | |
| 待解决问题： | | | | |

（3）流程处理

当用户进入该页面后，在时间选择框内输入需要查询的时间段，点击"查询"按钮，系统将用户选中时间段合成废水过程中的设备报警信息数据返回并以饼图的形式显示在页面上，流程图如图 8-18 所示。

（4）数据库设计

根据功能分析和流程处理可分析出合成废水模块所需的数据库表如表 8-18 所示。

表 8-18　环安报警信息表（Alarm）

| 序号 | 列名 | 数据类型 | 数据来源 | 是否为空 | 是否主键 | 备注 |
|---|---|---|---|---|---|---|
| 1 | ID | int | 自增 | 否 | 是 | 编号 |
| 2 | AlarmDate | varchar（255） | 数据采集系统 | 是 | 否 | 报警日期 |
| 3 | AlarmTime | varchar（255） | 数据采集系统 | 是 | 否 | 报警时间 |
| 4 | VarName | varchar（255） | 数据采集系统 | 是 | 否 | 变量名 |
| 5 | GroupName | varchar（255） | 数据采集系统 | 是 | 否 | 组名 |
| 6 | AlarmValue | float | 数据采集系统 | 是 | 否 | 报警值 |

| 序号 | 列名 | 数据类型 | 数据来源 | 是否为空 | 是否主键 | 备注 |
|---|---|---|---|---|---|---|
| 7 | LimitValue | float | 数据采集系统 | 是 | 否 | 设定值 |
| 8 | AlarmType | varchar（255） | 数据采集系统 | 是 | 否 | 报警类型 |
| 9 | OperatorName | varchar（255） | 数据采集系统 | 是 | 否 | 操作员姓名 |
| 10 | ResumeValue | float | 数据采集系统 | 是 | 否 | 恢复值 |
| 11 | EventType | varchar（255） | 数据采集系统 | 是 | 否 | 事件类型 |
| 12 | MachineName | varchar（255） | 数据采集系统 | 是 | 否 | 机器名 |
| 13 | IOServerName | varchar（255） | 数据采集系统 | 是 | 否 | IO 服务器名 |
| 14 | ExtendField1 | varchar（255） | 数据采集系统 | 是 | 否 | 拓展域 1 |
| 15 | ExtendField2 | varchar（255） | 数据采集系统 | 是 | 否 | 拓展域 2 |

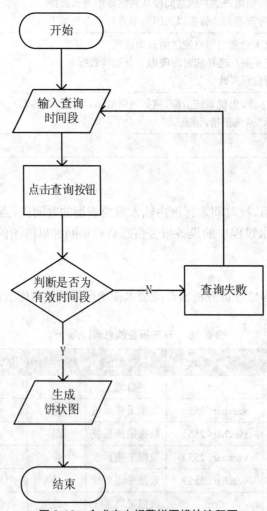

图 8-18　合成废水报警饼图模块流程图

## 2.详细设计

### （1）项目结构

合成废水报警饼图页面项目结构如图 8-19 所示。

**图 8-19 合成废水报警饼图页面项目结构图**

### （2）实现顺序

合成废水报警饼图页面初始化的时候时间选择框默认显示本月,用户选择需要查询的时间段,点击"查询"按钮,将时间段传递到后台业务处理类进行处理,统计所有监控项目的报警次数,以饼图形式显示。顺序图如图 8-20 所示。

### （3）实现步骤

①用户选择所要查询的时间段,点击"查询"按钮。

②WasteWaterPIE.dire.js 文件处理 jsp 提交的信息,发送查询请求并提交查询的时间段。

③Struts 拦截器拦截用户请求,通过拦截器机制进行分类处理,在 WastewaterPIEAction 类中调用 getList() 和 getSingleAlarmInfo() 方法。

④WastewaterPIEAction 类继承 ActionSupport 实现 BaseAction 和 ModelDriven 接口,并在

WastewaterPIEAction 类中调用 WastewaterPIEService 类中的 getList() 和 getSingleAlarmInfo() 方法。

⑤WastewaterPIEService 类实现 BaseService 接口,并在 WastewaterPIEService 类中调用 WastewaterPIEDao 类中的 getList() 和 getSingleAlarmInfo() 方法。

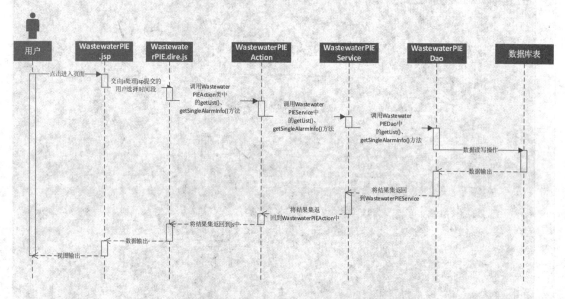

图 8-20　合成废水报警饼图模块顺序图

⑥WastewaterPIEDao 类实现 BaseDao 接口,在其中调用 getList() 方法在 EnergyValue 表中查询每个设备指定时间段报警的次数,并将查询到的数据封装为一个 Map 对象;调用 get-SingleAlarmInfo() 方法在 Alarm 表中查询单个设备在用户所选时间段的详细报警数据,并将查询结果封装成为一个 Map 对象;将封装的所有 Map 对象返回给 WastewaterPIEService 类。

⑦在 WastewaterPIEService 类中接收 WastewaterPIEDao 类返回的 Map 对象,并将 Map 对象返回给 WastewaterPIEAction 类。

⑧在 WastewaterPIEAction 类中接收 WastewaterPIEService 类中返回的对象,使用 getList() 和 getSingleAlarmInfo() 方法判断返回的对象是否为空,并将查询结果经过拦截处理最后以对象的形式传递给 js。

⑨WasteWaterPIE.dire.js 文件中将接收的对象解析并使用 Angular 的双向数据显示特性读取其数据并显示到页面中。

⑩用户在 JSP 页面中查看效果。

### 3. 界面效果

按照上述步骤进行模块开发并实现如图 8-21 所示效果。

**图 8-21 合成废水报警饼图模块效果图**

## 4. 单元测试

模块完成后按照表 8-19 给出的单元测试用例进行本模块的单元测试。

**表 8-19 合成废水报警饼图模块单元测试**

| 测试用例标识符 | 输入 / 动作 | 期望输出 | 实际输出 | 测试结果 |
|---|---|---|---|---|
| Testcase001 | 点击时间选择框 | 下拉出现时间选择框 | | □ 通过 □ 未通过 |
| Testcase002 | 时间选择框默认出现当前月份信息 | 当月信息 | | □ 通过 □ 未通过 |
| Testcase003 | 选择开始时间小于结束时间 | 页面提示选择时间不正确 | | □ 通过 □ 未通过 |
| Testcase004 | 选择空条件查询 | 页面提示未查询到有效信息 | | □ 通过 □ 未通过 |
| Testcase005 | 输入无效查询条件 | 页面提示未查询到有效信息 | | □ 通过 □ 未通过 |
| Testcase006 | 点击"查询"按钮 | 查询到的信息符合查询条件 | | □ 通过 □ 未通过 |
| Testcase007 | 饼图信息与所选报表内容是否一致 | 一致 | | □ 通过 □ 未通过 |
| Testcase008 | 点击饼图 | 饼图下方出现对应列表数据 | | □ 通过 □ 未通过 |
| Testcase009 | 点击"上一页" | 页面跳转至上一页 | | □ 通过 □ 未通过 |
| Testcase010 | 点击"下一页" | 页面跳转至下一页 | | □ 通过 □ 未通过 |
| Testcase011 | 点击"首页" | 页面跳转至首页 | | □ 通过 □ 未通过 |
| Testcase012 | 点击"末页" | 页面跳转至末页 | | □ 通过 □ 未通过 |
| Testcase013 | 点击数字页码 | 页面跳转至该页 | | □ 通过 □ 未通过 |

### 8.2.5　风机频率报警柱状图模块

**1. 概要设计**

（1）原型设计

风机频率报警柱状图利用 Highcharts 绘图技术将用户所选时间段内的风机频率在生产流程中的数据以图表的形式将其显示在页面上。页面设置了查询时间段的文本框以及查询按钮，用来实现相应功能。页面示意图如图 8-22 所示。

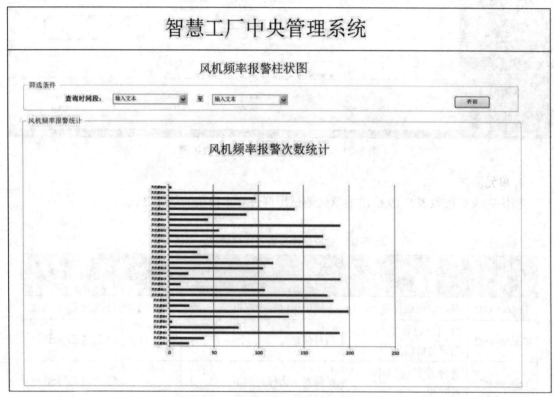

图 8-22　风机频率报警柱状图

（2）功能分析

风机频率报警柱状图页面描述：风机频率报警柱状图描述了在用户所选时间段内所有风机频率监控项的报警次数，并以柱状图形式对比显示。

风机频率报警柱状图用例描述如表 8-20 所示。

表 8-20　查询用例描述

| 用例 ID： | SFCMS-UC-08-08 | 用例名称： | 查询用例 |
|---|---|---|---|
| 执行者： | 当前用户 | | |
| 前置条件： | 用户登录成功并具有查看数据的权限 | | |
| 后置条件： | 成功查询数据并将数据以柱状图的形式显示在页面上 | | |

续表

| 基本事件流： | 1. 用户选择需要查询的时间段并点击查询按钮<br>2. 系统根据用户选择的时间段从数据库中查询数据<br>3. 系统将查询到的数据以柱状图的形式显示在页面上 |
|---|---|
| 扩展事件流： | 1a. 系统未检测到用户发送的查询请求<br>2a. 系统在用户选择的时间段内未查询到数据<br>3a. 柱状图显示失败 |
| 异常事件流： | 第 2 或 3 步，出现系统故障，例如网络故障，数据库服务器故障，系统弹出系统异常页面，提示"系统出错，请重试" |
| 待解决问题： | |

（3）流程处理

当用户进入该页面后，在时间选择框内输入需要查询的时间段，点击"查询"按钮，系统将用户选中时间段各生产过程中风机频率报警信息的数据返回并以柱状图的形式显示在页面上，流程图如图 8-23 所示。

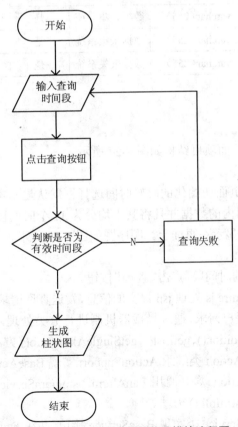

**图 8-23　风机频率报警柱状图模块流程图**

（4）数据库设计

根据功能分析和流程处理可分析出合成废水模块所需的数据库表如表 8-21 所示。

表 8-21　环安报警信息表( Alarm )

| 序号 | 列名 | 数据类型 | 数据来源 | 是否为空 | 是否主键 | 备注 |
|---|---|---|---|---|---|---|
| 1 | ID | int | 自增 | 否 | 是 | 编号 |
| 2 | AlarmDate | varchar（255） | 数据采集系统 | 是 | 否 | 报警日期 |
| 3 | AlarmTime | varchar（255） | 数据采集系统 | 是 | 否 | 报警时间 |
| 4 | VarName | varchar（255） | 数据采集系统 | 是 | 否 | 变量名 |
| 5 | GroupName | varchar（255） | 数据采集系统 | 是 | 否 | 组名 |
| 6 | AlarmValue | float | 数据采集系统 | 是 | 否 | 报警值 |
| 7 | LimitValue | float | 数据采集系统 | 是 | 否 | 设定值 |
| 8 | AlarmType | varchar（255） | 数据采集系统 | 是 | 否 | 报警类型 |
| 9 | OperatorName | varchar（255） | 数据采集系统 | 是 | 否 | 操作员姓名 |
| 10 | ResumeValue | float | 数据采集系统 | 是 | 否 | 恢复值 |
| 11 | EventType | varchar（255） | 数据采集系统 | 是 | 否 | 事件类型 |
| 12 | MachineName | varchar（255） | 数据采集系统 | 是 | 否 | 机器名 |
| 13 | IOServerName | varchar（255） | 数据采集系统 | 是 | 否 | IO 服务器名 |
| 14 | ExtendField1 | varchar（255） | 数据采集系统 | 是 | 否 | 拓展域 1 |
| 15 | ExtendField2 | varchar（255） | 数据采集系统 | 是 | 否 | 拓展域 2 |

### 2. 详细设计

（1）项目结构

风机频率报警柱状图页面项目结构如图 8-24 所示。

（2）实现顺序

风机频率报警柱状图页面初始化的时候时间选择框默认显示本月，用户选择需要查询的时间段，查询出这一段时间内的数据并且将其平均分为 11 个时间段，将每个时间段的数据算出平均值，并以柱状图形式显示在页面上。顺序图如图 8-25 所示。

（3）实现步骤

①用户选择所要查询的时间段，点击"查询"按钮。

②FanAlarmHistogram.dire.js 处理 jsp 提交的信息，发送查询请求并提交查询时间段。

③Struts 拦截器拦截用户请求，通过拦截器机制进行分类处理，在 FanAlarmHistogramAction 类中调用 getSearchCondition()、getList()、getSingleAlarmInfo() 方法。

④FanAlarmHistogramAction 类继承 ActionSupport 实现 BaseAction 和 ModelDriven 接口，并在 FanAlarmHistogramAction 类中调用 FanAlarmHistogramService 类中的 getSearchCondition()、getList()、getSingleAlarmInfo() 方法。

⑤FanAlarmHistogramService 类实现 BaseService 接口，并在 FanAlarmHistogramService 类中调用 FanAlarmHistogramDao 类中的 getSearchCondition()、getList()、getSingleAlarmInfo() 方法。

```
1   FanAlarmHistogram                    一风机频率报警柱状图
2   src
3       applicationContext.xml
4       EnvironmentalSafety.cfg.xml
5       log4j.properties
6       struts.xml
7       com
8           xtgj
9               FanAlarmHistogram
10                  domain
11                      Alarm.hbm.xml            一环安报警信息表配置文件
12                      Alarm.java              一环安报警信息表实体
13                  action
14                      BaseAction
15                          String getList()
16                          String ggetSingleAlarmInfo()
17                          String getSearchCondition()
18                      impl
19                          FanAlarmHistogramAction
20                              String getList()
21                              String getSingleAlarmInfo()
22                              String getSearchCondition()
23
24                  service
25                      BaseService
26                          String getList(String startTime, String endTime, int pageSize, int pageIndex, String deviceName)
27                          String ggetSingleAlarmInfo(String startTime, String endTime, String alarmText, int pageIndex, int pageSize)
28                          String getSearchCondition()
29                      impl
30                          FanAlarmHistogramService
31                              String getList(String startTime, String endTime, int pageSize, int pageIndex, String deviceName)
32                              String getSingleAlarmInfo(String startTime, String endTime, String alarmText, int pageIndex, int pageSize)
33                              String getSearchCondition()
34
35                  dao
36                      BaseDao
37                          String getList(String startTime, String endTime, int pageSize, int pageIndex, String deviceName)
38                          String ggetSingleAlarmInfo(String startTime, String endTime, String alarmText, int pageIndex, int pageSize)
39                          String getSearchCondition()
40                      impl
41                          FanAlarmHistogramDao
42                              String getList(String startTime, String endTime, int pageSize, int pageIndex, String deviceName)
43                              String getSingleAlarmInfo(String startTime, String endTime, String alarmText, int pageIndex, int pageSize)
44                              String getSearchCondition()
45
46                  util
47                      DateFormat.java         一时间划分工具类
48                      PageHelper.java         一分页工具类
49
50  WebContent
51      Content
52
53      FELib
54
55      fonts
56
57      META-INF
58
59      EnvironmentalSafety
60          FanAlarmHistogram
61
62              FanAlarmHistogram.jsp           一风机频率报警柱状图界面
63      StaticSource
64
65          EnvironmentalSafety
66
67              FanAlarmHistogram
68                  main.css
69                  mein.js
70                  main.min.js
71                  dire
72                      FanAlarmHistogram
73                          FanAlarmHistogram.dire.js      一结果解析和数据绑定显示
74                          FanAlarmHistogram.html         一显示风机频率报警柱状图界面主体部分
75
76
77      WEB-INF
78          web.xml            一核心配置文件
79          lib
```

**图 8-24　风机频率报警柱状图页面项目结构图**

⑥FanAlarmHistogramDao 类实现 BaseDao 接口，在其中调用 getSearchCondition() 方法获取查询条件，并将查询条件封装为一个 Map 对象；调用 getList() 方法获取所需的数据，并将其封装为一个 Map 集合；调用 getSingleAlarmInfo() 方法在 Alarm 表中查询单个设备在用户所选时间段的详细报警数据，并将查询结果封装成为一个 Map 对象；将封装的所有 Map 对象返回给 FanAlarmHistogramService 类。

⑦在 FanAlarmHistogramService 类中接收 FanAlarmHistogramDao 类返回的 Map 对象，并将 Map 对象返回给 FanAlarmHistogramAction 类。

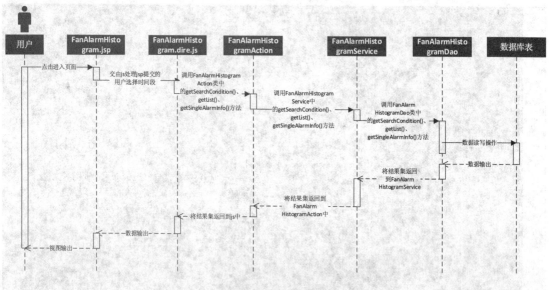

图 8-25　风机频率报警柱状图模块顺序图

⑧在 FanAlarmHistogramAction 类中接收 FanAlarmHistogramService 类中返回的对象,使用 getSearchCondition()、getList() 和 getSingleAlarmInfo() 方法判断返回的对象是否为空,并将查询结果经过拦截处理最后以对象的形式传递给 js。

⑨FanAlarmHistogram.dire.js 文件中将接收的对象解析并使用 Angular 的双向数据显示特性读取其数据并显示到页面中。

⑩用户在 JSP 页面中查看效果。

**3. 界面效果**

按照上述步骤进行模块开发并实现如图 8-26 所示效果。

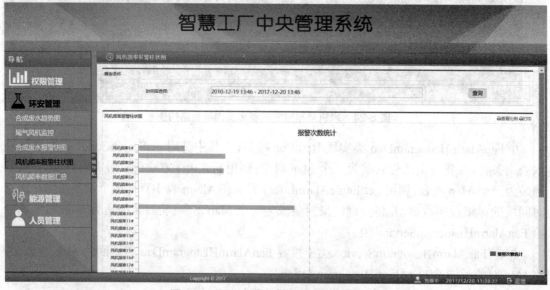

图 8-26　风机频率报警柱状图模块效果图

## 4. 单元测试

模块完成后按照表 8-22 给出的单元测试用例进行本模块的单元测试。

表 8-22　风机频率报警柱状图模块单元测试

| 测试用例标识符 | 输入 / 动作 | 期望输出 | 实际输出 | 测试结果 |
|---|---|---|---|---|
| Testcase001 | 点击时间选择框 | 下拉出现时间选择框 | | □ 通过 □ 未通过 |
| Testcase002 | 时间选择框默认出现当前月份信息 | 当月信息 | | □ 通过 □ 未通过 |
| Testcase003 | 选择开始时间小于结束时间 | 页面提示选择时间不正确 | | □ 通过 □ 未通过 |
| Testcase004 | 选择空条件查询 | 页面提示未查询到有效信息 | | □ 通过 □ 未通过 |
| Testcase005 | 输入无效查询条件 | 页面提示未查询到有效信息 | | □ 通过 □ 未通过 |
| Testcase006 | 点击"查询"按钮 | 查询到的信息符合查询条件 | | □ 通过 □ 未通过 |
| Testcase007 | 点击"打印"按钮 | 弹出系统打印的窗口 | | □ 通过 □ 未通过 |
| Testcase008 | 在打印窗口中设置打印参数 | 打印效果符合要求且有效 | | □ 通过 □ 未通过 |
| Testcase009 | 打印设置是否方便用户使用 | 方便 | | □ 通过 □ 未通过 |
| Testcase010 | 打印内容是否与设置的参数一致 | 与选择内容一致 | | □ 通过 □ 未通过 |
| Testcase011 | 打印的内容是否正确 | 正确 | | □ 通过 □ 未通过 |
| Testcase012 | 打印结束后,系统是否正常运行 | 正常跳转页面 | | □ 通过 □ 未通过 |
| Testcase013 | 点击"查看比例"按钮 | 弹出层显示对应饼图 | | □ 通过 □ 未通过 |

✓ 本模块开发过程中,小组成员每天提交开发日志。模块开发完成之后,以小组为单位提交模块开发报告及本模块技术文档(不少于 3 份)。

| 环境安全管理模块开发报告 | |
|---|---|
| 小组名称 | |
| 负责人 | |
| 小组成员 | |
| | |
| | |
| | |
| 工作内容 | |
| 状态 | ☐ 正常　☐ 提前　☐ 延期 |
| 小组得分 | |
| 备注 | |

# 模块九  系统测试和部署

本模块主要介绍如何实现 Web 应用程序的测试和部署,通过本模块的学习,理解并掌握系统测试和系统部署的主要流程以及系统测试方法,调试程序使之达到预期的结果。

- 熟悉项目测试文档以及项目部署文档的结构。
- 掌握项目测试的主要流程及其方法。
- 熟悉本系统所需测试的所有用例以及预期结果。
- 掌握项目部署的主要流程及其方法。

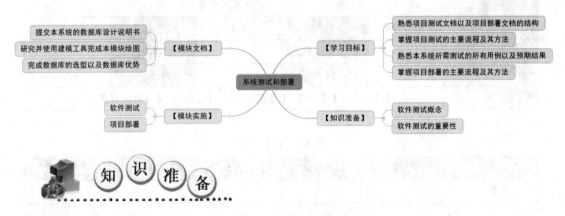

随着软件的大型化和复杂化,软件的质量变得尤为重要,保证软件质量的重要手段之一就是软件测试。软件测试可以对软件质量进行全面的评估,通过持续的测试及时改进软件质量,降低软件开发的成本。

- 软件测试概念

软件测试是伴随着软件的发展而产生的,软件测试是一种实际输出与预期输出之间的审核或者比较过程。软件测试的经典定义是:在规定的条件下对程序进行操作,以发现程序错误,衡量软件质量,并对其是否能满足设计要求进行评估的过程。

● 软件测试的重要性

软件测试是软件开发过程中的一个重要组成部分,在这个过程中,将对智慧工厂中央管理系统中的功能进行验证和确认。并根据需求文档以及设计文档对智慧工厂中央管理系统的功能用例以及系统进行测试,将整个系统作为测试的对象,在实际的应用环境中,在用户的直接参与下进行,其目的是尽快尽早地发现功能与用户需求和预先定义的是否一致以及本系统存在的各种问题。并且在实际的运行环境中可以对系统本身性能的实现、与其他系统配合情况、环境异常情况和人为恶意破坏时系统自我保护等特点进行测试。软件测试合格后,将进行系统的部署,系统部署是将系统部署在甲方服务器上的过程,包括对网络环境、硬件环境、软件环境的安装以及配置,以保证系统在服务器上稳定的运行。

# 9.1　系统测试和部署任务信息

任务编号 SFCMS-09-01

表 9-1　基本信息

| 任务名称 | 系统测试和部署 | | | | |
|---|---|---|---|---|---|
| 任务编号 | SFCMS-09-01 | 版本 | 1.0 | 任务状态 | |
| 计划开始时间 | | 计划完成时间 | | 计划用时 | |
| 负责人 | | 作者 | | 审核人 | |
| 工作产品 | 【 】文档　【 】图表　【 】测试用例　【 】代码　【 】可执行文件 | | | | |

表 9-2　角色分工

| 岗位 | 系统分析 | 系统设计 | 系统页面实现 | 系统逻辑编程 | 系统测试 |
|---|---|---|---|---|---|
| 负责人 | | | | | |

# 9.2　软件测试

软件测试是软件开发过程中的一个重要组成部分,是对产品进行验证和确认的过程,在这个阶段要针对智慧工厂中央管理系统进行测试计划的制定以及测试用例的编写。并按照计划以及测试用例对项目进行测试,整理出测试结果并对其进行分析,最后对项目进行 Bug 的修复,软件测试基本顺序如图 9-1 所示。

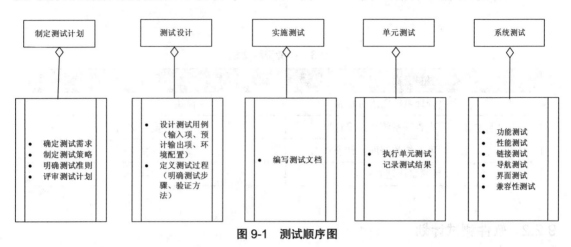

图 9-1　测试顺序图

## 9.2.1　系统测试简介

### 1. 系统测试目的

智慧工厂中央管理系统的系统测试是基于本系统的整体需求说明书的黑盒类测试,对象不仅仅包括需测试的软件,还要包含软件所依赖的硬件如服务器、外部设备、数据监控系统等外部条件。系统测试应该在实际的应用环境中,在用户的直接参与下进行,目的是在实际运行环境中,观察系统本身性能的实现。系统测试的内容可包括:功能测试、用户界面测试、安全性和访问控制测试、兼容性测试、性能测试等。

### 2. 系统测试范围

系统测试主要根据用户需求说明书以及系统设计过程中的相应文档对系统进行检验,包括功能测试、性能测试、安全性和访问控制测试、用户界面测试以及兼容性测试等,而单元测试主要由开发人员来执行,最终的系统测试是由测试人员进行测试。

● 功能测试主要针对登录模块、权限管理模块、人员管理模块、能源管理模块、环安管理模块共五个模块的所有功能进行测试,记录相应的测试流程以及测试结果(相当于开发过程中的单元测试)。

● 性能测试是对系统整体进行的测试,包括大数据量测试、负载测试、压力测试、按钮状态是否正确测试、非法访问测试等。

● 链接测试是对系统内各个链接的测试,包括所有链接是否链接到了对应的页面、链接的页面是否存在、系统内是否存在无效页面等。

● 导航测试是对导航栏的导航链接进行测试包括导航是否流动到目的地等。

● 界面测试主要包括调整浏览器大小后页面还能否完整显示、页面中的提示、警告、或错误说明是否清楚、明了、恰当等。

● 兼容性测试包括改变浏览器是否会对系统造成影响以及分辨率是否会影响页面效果等。

### 3. 测试参考资料

在软件测试过程中将根据开发过程中提交的文档进行全面详细的测试,具体文档如表 9-3 所示。

**表 9-3 参考资料文档**

| 资料名称 | 备注 |
| --- | --- |
| 《智慧工厂中央管理系统需求分析报告》 | 模块二提交文档 |
| 《智慧工厂中央管理系统详细设计》 | 模块三提交文档 |
| 《智慧工厂中央管理系统数据库设计说明书》 | 模块四提交文档 |
| 《项目测试计划表》 | 表 9-4 |

## 9.2.2 软件测试计划

在制定进行测试计划之前要整理软件测试所需资源,包括:软件资源、硬件资源、人力资源,具备了这些条件,测试才能展开。软件测试要规定清晰的测试计划和测试内容,明确测试目的和测试周期,每一个测试周期的时间起始点都要写明,以便测试进度的如期进行。本项目测试计划表如表 9-4 所示。

**表 9-4 项目测试计划表**

| 测试阶段 | 测试内容 | | 测试目的 | 测试人数 | 工作时间 |
| --- | --- | --- | --- | --- | --- |
| 环境配置 | 准备 SQL Sever 2008 R2 数据库 | | 搭建系统测试环境 | 2 | 1 |
| 功能测试 | 登录模块 | 登录 | 核实所有功能均已实现,即可按用户的需求使用系统<br>● 业务流程检验:各个业务流程能够满足用户需求,用户使用不会产生疑问<br>● 数据准确:各数据输入输出时系统计算准确 | 4 | 3 |
| | 权限管理模块 | 添加、修改、删除、分配权限 | | | |
| | 人员管理模块 | 添加、修改、删除、分配功能分组、分配特殊功能、条件查询、修改密码 | | | |
| | 能源管理模块 | 刷新、查询、查看报表、打印、导出、查看饼图 | | | |
| | 环安管理模块 | 刷新、查询、查看报表、打印、导出、查看饼图 | | | |
| 性能测试 | ● 最大并发数<br>● 发送请求时系统的响应时间 | | 核实系统在大流量的数据与多用户操作时软件性能的稳定性,使用时不会造成系统崩溃或相关的异常现象 | 2 | 2 |

| 测试阶段 | 测试内容 | 测试目的 | 测试人数 | 工作时间 |
|---|---|---|---|---|
| 界面测试 | ● 页面结构包括菜单、背景、颜色、字体、按钮、Title、提示信息的一致性等<br>● 友好性、易用性、合理性、正确性 | 核实网站风格是否符合标准,能够保证用户界面友好性、易操作性,符合用户操作习惯 | 2 | 1 |
| 链接测试 | ● 点击系统中所有链接 | 核实系统中所有链接是否为有效链接 | 1 | 1 |
| 导航测试 | ● 导航跳转为正确的模块<br>● 不同权限的导航目录要匹配 | 确认系统中权限管理设置是否可靠并能够正常显示 | 1 | 1 |
| 兼容测试 | ● 用不同版本的不同浏览器:IE6.0、IE8.0、火狐、遨游、搜狗、360 浏览器,分辨率:1024×768、800×600,操作系统:Win XP、Win 2003<br>● 不同操作系统、浏览器、分辨率等组合测试 | 核实系统在不同的软件和硬件配置中运行是否稳定 | 2 | 1 |

### 9.2.3　系统测试环境的配置

在配置测试环境的过程中,需要遵循以下几个原则:

● 符合软件运行的最低要求,要保证能支撑软件正常运行。

● 测试机的操作系统选用相对普及的操作系统版本,保证不存在差异性。

● 营造相对简单、独立的测试环境,除测试机的操作系统外,在测试机上只安装本系统测试过程中必须的软件,以免不相关的软件影响测试的实施。

● 在实施软件测试前,要利用有效的正版杀毒软件检测软件环境,保证测试环境没有病毒的破坏。

#### 1. 网络环境

网络环境是指由软件运行时的网络系统、网络结构以及其他网络设备构成的环境,在本系统中,使用 Windows 自带的网络即可。

#### 2. 服务器环境

**表 9-5　服务器环境配置表**

| 资源名称 / 类型 | 配　　置 |
|---|---|
| 测试 PC | 主频 1.6 GHz,硬盘 40 G,内存 512 MB |
| 应用服务器 | Tomcat 服务器 |
| 数据库管理系统 | SQL Server 2008 R2 |
| 应用软件 | Eclipse |

### 3. 搭建环境流程

根据所需的网络环境、服务器环境以及软硬件的需求,进行环境的搭建。在环境搭建过程中系统也会暴露问题,需要进行记录并修改,直至环境搭建完成。搭建环境步骤如图9-2所示。

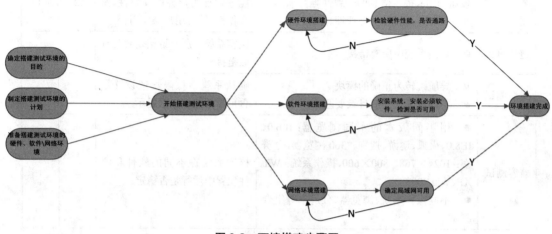

**图9-2　环境搭建步骤图**

## 9.2.4　软件测试过程

### 1. 测试流程

**表9-6　测试流程表**

| 测试用例标识符 | 输入/动作 | 期望输出 | 实际输出 | 测试结果 | 备注 |
|---|---|---|---|---|---|
| 业务测试 | | | | | |
| Testcase | 用户登录流程 | 完成流程 | | □通过 □未通过 | |
| Testcase | 管理员添加员工信息流程 | 完成流程 | | □通过 □未通过 | |
| 功能测试 | | | | | |
| Testcase | | | | □通过 □未通过 | |
| Testcase | | | | □通过 □未通过 | 登录功能 |
| Testcase | | | | □通过 □未通过 | |
| Testcase | | | | □通过 □未通过 | 权限模块测试 |
| Testcase | | | | □通过 □未通过 | |

| 测试用例标识符 | 输入 / 动作 | 期望输出 | 实际输出 | 测试结果 | 备注 |
|---|---|---|---|---|---|
| Testcase | | | | □ 通过 □ 未通过 | |
| Testcase | | | | □ 通过 □ 未通过 | 人员管理模块测试 |
| Testcase | | | | □ 通过 □ 未通过 | |
| Testcase | | | | □ 通过 □ 未通过 | |
| Testcase | | | | □ 通过 □ 未通过 | 能源管理模块测试 |
| Testcase | | | | □ 通过 □ 未通过 | |
| Testcase | | | | □ 通过 □ 未通过 | |
| Testcase | | | | □ 通过 □ 未通过 | 环安管理模块测试 |
| Testcase | | | | □ 通过 □ 未通过 | |
| Testcase | | | | □ 通过 □ 未通过 | |
| 系统测试 | | | | | |
| Testcase001 | 大数据量测试 | | | □ 通过 □ 未通过 | |
| Testcase002 | 负载测试 | | | □ 通过 □ 未通过 | 性能测试 |
| Testcase003 | 压力测试 | | | □ 通过 □ 未通过 | |
| Testcase004 | 所有链接是否全部链接到了所属页面 | | | □ 通过 □ 未通过 | |
| Testcase005 | 链接的页面是否存在 | | | □ 通过 □ 未通过 | 链接测试 |
| Testcase006 | 系统上是否有孤立的页面 | | | □ 通过 □ 未通过 | |
| Testcase007 | 模块的链接是否符合权限范围 | | | □ 通过 □ 未通过 | 导航测试 |
| Testcase008 | 导航是否流动到目的地 | | | □ 通过 □ 未通过 | |
| Testcase009 | 调整浏览器大小，页面是否还能完整显示 | | | □ 通过 □ 未通过 | |
| Testcase010 | 提示、警告、错误说明是否清楚、明了、恰当 | | | □ 通过 □ 未通过 | |
| Testcase011 | 是否有错误提示 | | | □ 通过 □ 未通过 | 界面测试 |
| Testcase012 | 是否有提示说明 | | | □ 通过 □ 未通过 | |
| Testcase013 | 分辨率测试 | | | □ 通过 □ 未通过 | |
| Testcase014 | 更换浏览器以及版本进行测试 | | | □ 通过 □ 未通过 | 兼容性测试 |

## 2. 测试人员

表 9-7　测试人员表

| 职务 | 姓名 | E-mail | 电话 |
|---|---|---|---|
| 开发工程师 | | | |
| 测试人员 | | | |

### 9.2.5　软件测试结果

在进行软件测试过程中不可能所有的功能用例全部通过复杂的测试,因此,在软件测试的过程中将当时没有通过测试的用例进行记录并在全部用例都测试完成后进行 Bug 的修复。Bug 修复表如表 9-8 所示。

表 9-8　Bug 修复表

| 测试用例标识符 | 错误或问题描述 | 错误原因 | 解决方案 | 测试结果 |
| --- | --- | --- | --- | --- |
| 例:Testcase | 跳转的页面不存在 | 地址拼写错误 | 改正地址拼写 | √通过 □ 未通过 |
| Testcase | | | | □ 通过 □ 未通过 |
| Testcase | | | | □ 通过 □ 未通过 |
| Testcase | | | | □ 通过 □ 未通过 |
| Testcase | | | | □ 通过 □ 未通过 |
| Testcase | | | | □ 通过 □ 未通过 |
| Testcase | | | | □ 通过 □ 未通过 |
| Testcase | | | | □ 通过 □ 未通过 |
| Testcase | | | | □ 通过 □ 未通过 |

# 9.3　项目部署

## 9.3.1　环境准备

### 1. Java 环境

本系统使用 JDK7 开发,双击运行即可安装。版本如图 9-3 所示。

图 9-3　JDK 版本图

检验是否安装成功,cmd 进入命令行模式,输入 Java,出现如图 9-4 所示页面表示安装JDK 完成。

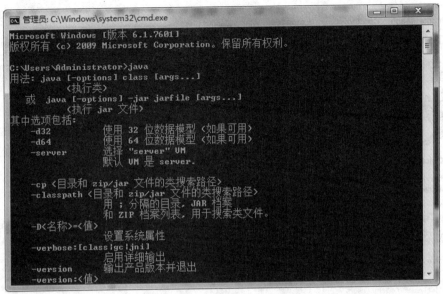

图 9-4 Java 安装成功示意图

### 2. Web 容器

（1）安装

本系统开发环境使用 Tomcat6 及以上版本，资料包"开发工具"目录中提供了 apache-tom-cat-7.0.63.zip。解压安装包到固定文件夹中。建议不要解压到中文目录下。

（2）配置

Tomcat 不需要配置，在启动时它自动确定目录。

（3）运行

运行 Tomcat 目录中的 bin/startup.bat，启动 Tomcat，如果无法启动可以到 logs 文件中查看错误日志，启动后在浏览器输入"http：//localhost：端口号 / 项目名"，进入如图 9-5 所示画面即表示 Tomcat 安装成功。

### 3. Eclipse 环境

本系统使用 Eclipse 工具进行开发，在"开发工具"目录中有 eclipse-jee-mars-R-win32-x86_64.zip 安装包。解压安装包到固定位置，运行 eclipse.exe，初次运行需要确定工作区，工作区是创建 project 工程的地方，选择一个容易操作到的目录作为工作区，建议不要安装到中文目录下。

### 4. SQL Server 安装

（1）安装 SQL Server 环境

本系统数据库采用 SQL Server 2008 R2，在"开发工具"目录中有安装包，解压安装包并安装到固定位置，安装完成后如图 9-6 所示。

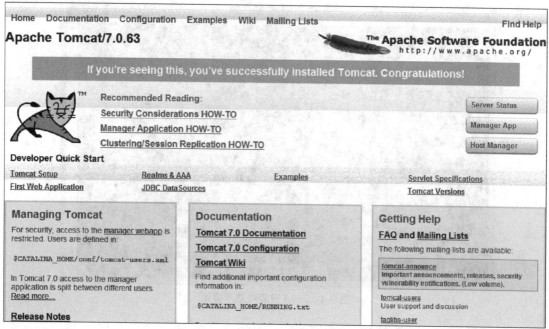

图 9-5　Tomcat 安装成功示意图

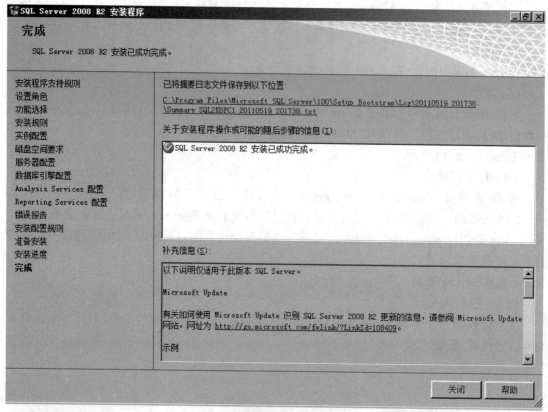

图 9-6　数据库安装成功示意图

（2）SQL 文件的导入

将 SQL 文件附加到数据库中，创建完整的数据库，并进行简单的测试，验证数据库是否能正常使用，完整数据库如图 9-7 所示。

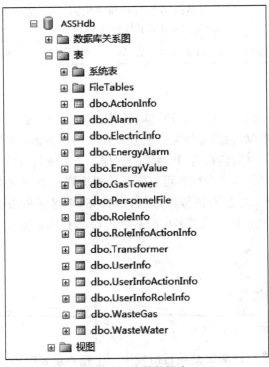

**图 9-7　完整数据库**

## 9.3.2　系统部署

### 1. Server 配置

本系统使用的是 Tomcat7 作为 Web 容器，需要将 Tomcat 配置到 Server 服务器中，并进行相应的参数配置。

### 2. 访问形式

（1）使用 IP 地址访问

将项目部署到 Tomcat 服务器上。启动 Tomcat，打开浏览器，在地址栏中输入"http://localhost：8080/ 项目名"，进入项目登录界面，对在客户机上的系统进行简单的测试，保证该项目能够正常的使用服务器数据库数据并正常运行。运行成功的项目文件结构如表 9-9 所示。

**表 9-9　项目文件结构**

| 目录 | 描述 |
| --- | --- |
| \ 项目名 | Web 应用程序的根目录，属于此 Web 应用程序的所有文件都存放在这个目录下 |
| \ 项目名 \WEB-INF | 存放在 Web 应用程序的部署描述符文件 web.xml |

续表

| 目录 | 描述 |
|------|------|
| \ 项目名 \WEB-INF\classes | 存放 Servlet 和其他有用的类文件 |
| \ 项目名 \ WEB-INF\lib | 存放 Web 应用程序需要用到的 jar 文件,这些 jar 文件可以包含 Servlet、Bean 和其他有用的文件 |
| \ 项目名 \WEB-INF\web.xml | web.xml 文件包含 Web 应用程序的配置和部署信息 |

（2）使用域名访问

除了可以通过 IP 访问空间,还可以通过域名对空间进行访问,域名是为了方便记忆而专门建立的一套地址转换系统,但是要访问一台互联网上的服务器,必须通过访问 IP 地址来实现。域名解析就是将域名重新转换为 IP 地址的过程。一个域名对应一个 IP 地址,但一个 IP 地址可以对应多个域名,所以,多个域名可以同时被解析到一个 IP 地址。域名的解析需要由专业的域名服务器（DNS）来完成,流程为:域名→ DNS（域名解析服务器）→空间网站,整个过程为自动操作,只需要将申请到的域名与网站空间 IP 进行绑定即可。

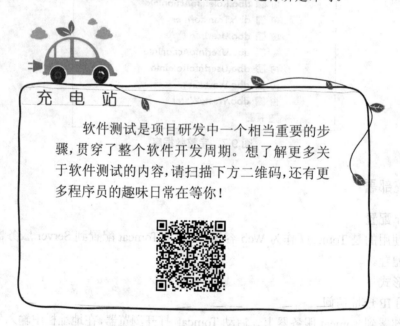

充电站

软件测试是项目研发中一个相当重要的步骤,贯穿了整个软件开发周期。想了解更多关于软件测试的内容,请扫描下方二维码,还有更多程序员的趣味日常在等你!

模 块 文 档

✓ 完成本模块的学习后,填写并提交智慧工厂中央管理系统测试报告（参见本书附录 10）。

### 智慧工厂中央管理系统测试报告

| 测试用例标识符 | 测试用例名称 | 状态 | 测试结果 | 备注 |
|---|---|---|---|---|
| 业务测试 | | | | |
| Testcase001 | | | | |
| Testcase002 | | | | |
| 组装功能测试 | | | | |
| Testcase003 | | | | |
| Testcase004 | | | | 登录功能 |
| Testcase005 | | | | |
| Testcase006 | | | | |
| Testcase007 | | | | |
| Testcase008 | | | | 权限模块测试 |
| Testcase009 | | | | |
| Testcase010 | | | | |
| Testcase011 | | | | |
| Testcase012 | | | | 人员管理模块测试 |
| Testcase013 | | | | |
| Testcase014 | | | | |
| Testcase015 | | | | |
| Testcase016 | | | | 能源管理模块测试 |
| Testcase017 | | | | |
| Testcase018 | | | | |
| Testcase019 | | | | |
| Testcase020 | | | | 环安管理模块测试 |
| Testcase021 | | | | |
| Testcase022 | | | | |
| 系统测试 | | | | |
| Testcase023 | | | | |
| Testcase024 | | | | 性能测试 |
| Testcase025 | | | | |
| Testcase026 | | | | |
| Testcase027 | | | | |
| Testcase028 | | | | 链接测试 |
| Testcase029 | | | | |

| 测试用例<br>标识符 | 测试用例名称 | 状态 | 测试结果 | 备注 |
|---|---|---|---|---|
| Testcase030 | | | | 导航测试 |
| Testcase031 | | | | |
| Testcase032 | | | | |
| Testcase033 | | | | |
| Testcase034 | | | | 界面测试 |
| Testcase035 | | | | |
| Testcase036 | | | | |
| Testcase037 | | | | |
| Testcase038 | | | | |
| Testcase039 | | | | 兼容性<br>测试 |

# 附　录

## 附录 1　图书管理系统可行性研究报告（样例）

| 项目名称 | | 图书管理系统可行性研究报告 |
|---|---|---|
| 项目背景 | | 对于图书馆庞大的进出图书流量,繁多的图书种类,要管理这些依靠人力已经远远不足,不仅会花费很多人力物力,而且还会花费额外的费用,因此,计算机系统的应用就显得非常重要,可以通过软件实现对图书的进、销、存管理,提高工作效率、服务质量和管理水平,并且使得图书馆管理人员可以轻松地进行管理。因而研发图书馆管理系统已经成为一件迫在眉睫的事 |
| 项目研发目的 | | 以最低的成本,在最短的期限内开发出具有管理图书和用户信息功能的图书馆管理信息系统。包括人力与设备费用的节省、处理速度的提高和人员工作效率的提高等 |
| 市场可行性 | 市场应用范围 | 大型图书馆或校园图书馆 |
| | 产品定位 | 中大型图书馆 |
| 技术可行性 | 功能方向确定（数据流图） | |
| | 框架及其技术分析 | SSM（Spring MVC+Spring+MyBatis） |

| 项目名称 | | 图书管理系统可行性研究报告 |
|---|---|---|
| 资源可行性 | 开发人员资源 | 对于此系统的开发,需要至少两名有经验的软件开发人员,系统的操作人员以及后期维护人员 |
| | 开发周期资源 | 30 天 |
| | 开发软件资源 | Eclipse　　　　　　4.5.0<br>Tomcat　　　　　　7.0<br>JDK　　　　　　　　1.7<br>SQL Server　　　　2008R2 |
| | 开发设备资源 | CPU:Pentium Ⅲ 500 以上处理器<br>内存:128 MB 以上<br>硬盘:500 G 以上 |
| 社会可行性 | 法律可行性 | 所有软件都用正版,技术资料都由提出方保管,数据信息均可保证合法来源。所以,在法律方面是可行的 |
| | 政策可行性 | 本系统的开发没有国家或地方政府的限制 |
| 结论 | | 本项目具有方便快捷等优势,使得图书管理实现电子化,符合社会信息化发展的需要,技术、经济、操作、法律方面都是可行的,因此,开发该系统是可行的 |

# 附录2　图书管理系统需求分析报告(样例)

| 项目名称 | 图书管理系统需求分析报告 |
|---|---|
| 业务需求 | 在图书管理系统中,管理员为每个读者建立一个账户,账户内存储每个人的详细信息并依据读者类别的不同给每个读者发放借书卡(提供借书卡号、姓名、部门或班级等信息)。读者可以凭借书卡在图书馆进行图书的借、还、续借、查询等操作,不同类别的读者在借书限额、还书期限以及续借的次数上要有所不同<br><br>借阅图书时,由管理员录入借书卡,系统首先验证该卡号的有效性,若无效,则提示无效的原因;若有效,则显示卡号、姓名、借书限额、已借数量等信息,本次实际借书的数量不能超出可再借数量的值。完成借书操作的同时要修改相应图书信息的状态、读者信息中的已借数量、在借阅信息中添加相应的记录<br><br>归还图书时,由管理员录入借书卡号和待归还的图书编号,显示借书卡号、读者姓名、读书编号、读书名称、借书日期、应归还日期等信息,并自动计算是否超期以及超期的罚款金额,若进行续借则取消超期和罚款等信息;若图书有损坏,由管理员根据实际情况从系统中选择相应的损坏等级,系统自动计算损坏赔偿金额。完成归还操作的同时,修改相应图书信息的状态、修改读者信息中的已借数量、在借书信息中对相应的借书记录做标记、在还书信息中添加相应的记录<br><br>图书管理员不定期的对图书进行添加、修改和删除等操作,在图书尚未归还的情况下不能对图书信息进行删除。也可以对读者信息添加、修改和删除。也可以对读者信息进行添加、修改、删除等操作,在读者还有未归还图书的情况下不能删除读者信息<br><br>系统管理员主要进行图书管理员权限的设置、读者类别信息的限制以及罚款和赔偿标准的设置、数据备份和数据恢复等处理 |
| 系统总体结构设计 | |

续表

| 项目名称 | | 图书管理系统需求分析报告 |
|---|---|---|
| 系统功能需求 | 模块划分 | 读者信息管理模块<br>图书信息管理系统<br>图书借阅管理系统<br>信息统计管理系统<br>系统维护管理系统 |
| | 功能描述 | 读者信息管理模块:对读者的信息进行添加、修改、删除等操作<br>图书信息管理系统:对图书的信息进行添加、修改、删除等操作<br>图书借阅管理系统:对图书的借阅状态进行管理<br>信息统计管理系统:对图书总量、图书类别、借阅排行等进行管理<br>系统维护管理系统:对读者类别、图书类别进行设置、罚金标准等设置 |
| 系统非功能需求 | 数据库需求 | 数据库内的数据都由系统前端监控系统提供,系统会要求前端监控系统将所需数据写入指定的数据表,以便完成对数据的实时更新,在此过程中系统将会对大量的数据进行保存,所以要求数据库的存储空间足够大,能够满足系统最大限度的对数据进行分析。 因此选择 SQL Server 数据库 |
| | 开发环境需求 | <table><tr><td>条件</td><td>软件名称</td><td>版本号</td></tr><tr><td>运行环境</td><td>Eclipse</td><td>4.5.0</td></tr><tr><td>服务器</td><td>Tomcat</td><td>7.0</td></tr><tr><td>环境变量</td><td>JDK</td><td>1.7</td></tr><tr><td>数据库支持</td><td>SQL Server</td><td>2008R2</td></tr></table> |
| | 框架需求 | SSM（Spring MVC+Spring+MyBatis） |
| | 开发人员需求 | 1. 具有较强的用户需求判断、引导、控制能力<br>2. 优秀的业务理解、交流能力<br>3. 文字表达能力要强,能够快速分析功能需求涉及到的文案、数据、跳转<br>4. 精通软件开发体系架构,熟悉管理系统开发流程,熟练掌握系统设计工具 |
| | 服务器硬件需求 | CPU:Pentium Ⅲ 500 以上处理器<br>内存:2 GB 以上<br>硬盘:500 G 以上 |

# 附录 3　图书管理系统详细设计（样例）

| 项目名称 | 图书管理系统详细设计 |
|---|---|
| 系统模块以及子模块功能划分 | 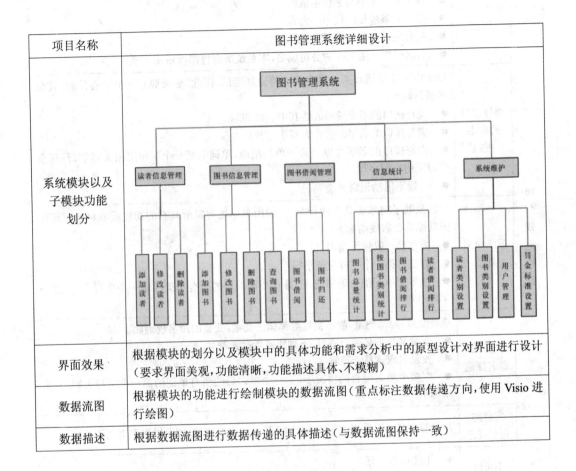 |
| 界面效果 | 根据模块的划分以及模块中的具体功能和需求分析中的原型设计对界面进行设计（要求界面美观，功能清晰，功能描述具体、不模糊） |
| 数据流图 | 根据模块的功能进行绘制模块的数据流图（重点标注数据传递方向，使用 Visio 进行绘图） |
| 数据描述 | 根据数据流图进行数据传递的具体描述（与数据流图保持一致） |

| 项目名称 | | 图书管理系统详细设计 |
|---|---|---|
| 命名规范设计 | 包的命名规范 | Java 包是将相关的类和接口组织成层级结构的名称空间。包的命名规则如下：<br>● 包名都是由小写字母组成的<br>● 包名应该能反映包中的内容<br>● 包名应该是独有的,不可重复的<br>● 包名可以采用倒序的公司域名,本系统所有包都以 com 开头 |
| | 类与接口的命名规范 | Java 中主要是通过类与接口完成特定功能的,因此,必须要有一个中心目的,其命名规则如下：<br>● 类与接口的名字应该表达其中心目的<br>● 类与接口的名字一般由大写字母开头<br>● 类与接口的名字可以由若干单词组成,单词的第一个字母采用大写字母,其余字母采用小写字母<br>● 一般不用动词命名类 |
| | 方法命名规范 | 方法反映了对象所具有的行为,一般用来描述对象所具有的功能或者对象可操作的功能其命名规则如下：<br>● 方法名一般使用动词<br>● 方法名第一个字母应该小写<br>● 在多个单词混合的情况下,第一个单词后的所有单词的第一个字母大写,其余字母小写 |
| | 变量的命名规范 | 成员变量、局部变量、静态变量等都属于变量,变量的命名规则如下：<br>● 变量名开头必须为字母、下划线或者美元符号<br>● 变量名应该易于理解<br>● 在多个单词混合的情况下,第一个单词后的所有单词的第一个字母大写,其余字母小写 |
| | 常量的命名规范 | 常量的命名一般采用大写的英文单词,若有多个单词,则可以采用下划线连接 |
| | 不可取规则 | ● 不能以数字开头<br>● 名称中不能使用 Java 提供的关键字<br>● 坚决不能使用中文或拼音命名 |

# 附录4　图书管理系统数据库设计说明书(样例)

| 项目名称 | 图书管理系统数据库设计 |
|---|---|
| 数据库选型 | SQL Server 2008 R2 |
| 数据库概念结构 | 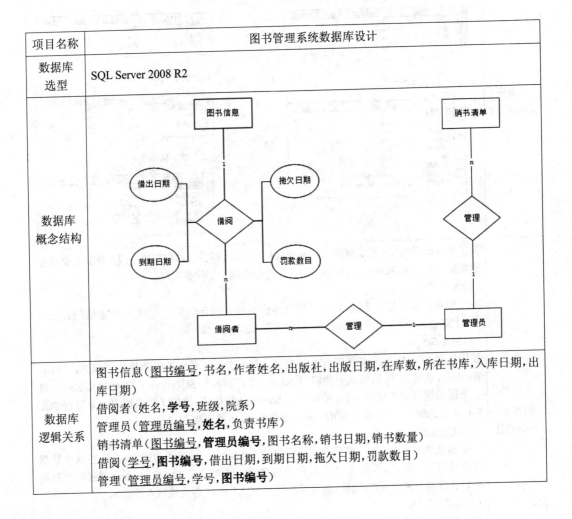 |
| 数据库逻辑关系 | 图书信息(<u>图书编号</u>,书名,作者姓名,出版社,出版日期,在库数,所在书库,入库日期,出库日期)<br>借阅者(姓名,**学号**,班级,院系)<br>管理员(<u>管理员编号</u>,**姓名**,负责书库)<br>销书清单(<u>图书编号</u>,**管理员编号**,图书名称,销书日期,销书数量)<br>借阅(<u>学号</u>,**图书编号**,借出日期,到期日期,拖欠日期,罚款数目)<br>管理(<u>管理员编号</u>,学号,**图书编号**) |

| 项目名称 | 图书管理系统数据库设计 |
|---|---|
| 数据库<br>物理结构 | 〈1〉 借阅者清单<br><br><br>〈2〉 图书表单<br><br><br>〈3〉 管理员表单<br><br><br>〈4〉 管理表单<br><br><br>〈5〉 销书清单表单<br> |
| 数据库<br>安全设计 | 为了实现数据的安全性，SQL Server 通过检查口令、审核用户权限等手段来保护数据库中的数据。在 SQL Server 中，数据库的安全性分为四个层次来实现：<br>（1）操作系统<br>用户要想进入数据库系统，首先必须是操作系统下的合法用户，只有操作系统的合法用户，才能登录进入相应的操作系统，进而才能连接 SQL Server<br>（2）SQL Server<br>要想连接 SQL Server，必须进行身份验证。SQL Server 系统提供两种认证模式，一种是 Windows 认证模式，该模式只要将 Windows 账户加入到 SQL Server，登录 SQL Server 时就无需再进行身份验证；另一种是 SQL Server 认证模式，该模式要求用户必须具有 SQL Server 登录账户，只有通过 SQL Server 身份验证，才能连接 SQL Server<br>（3）SQL Server 数据库<br>连接 SQL Server 以后，如果用户要想访问 SQL Server 中的某个数据库，必须在这个数据库中具有用户账户，否则，将无法登录该数据库。通常，可以将 SQL Server 登录账户直接映射成数据库用户账户，这样，就可以在登录 SQL Server 后直接进入数据库<br>（4）数据库对象<br>当用户登录到数据库以后，如果用户需要操作数据库中的对象，则必须设置数据库中的用户账户具有操作相应对象的权限。如果一组用户需要相同的权限，可以在数据库中定义数据库角色，给角色赋予权限，然后将这些用户设置为这个角色的成员，从而使用户获得角色的权限。使用数据库角色可以对用户权限进行统一管理，而不必去给每个用户分配权限 |
| 数据字典 | 整理数据字典，方便开发人员进行编写 |

# 附录 5　开发日志模板

| 撰写人 | | 日期 | |
|---|---|---|---|
| 小组名称 | | 职务 | |
| 自评得分 | | 完成情况 | ☐ 未完成 ☐ 完成 |

| 工作主要内容： |
|---|
| |
| 未完成原因： |
| |
| 遇到的问题： |
| |
| 解决方案： |
| |
| 心得： |
| |
| 备注： |

注：自评得分参考附录六个人评分标准。

# 附录 6　个人评分标准

| 工作进度（4分） | 是否完成当天计划所有内容 |
|---|---|
| 完成质量（4分） | 1. 完成内容是否符合设计要求<br>2. 开发过程中是否与同组成员进行沟通，是否存在因为沟通原因造成的系统错误<br>3. 开发过程中的各项命名是否符合本系统命名规范<br>4. 开发过程中是否遇到技术难点，是否解决 |
| 协作创新（2分） | 同组人员是否能够相互协作，满足工作要求 |
| 总分 | 最终得分 = 工作进度分数 + 完成质量分数 + 协作创新分数 |

# 附录 7 模块完成报告

| 小组名称 | 小组名称 | | |
|---|---|---|---|
| 负责人 | 小组负责人姓名 | | |
| 小组成员 | 成员 1 | 成员 1 开发角色 | |
| | 成员 2 | 成员 2 开发角色 | |
| | 成员 3 | 成员 3 开发角色 | |
| | 成员 4 | 成员 4 开发角色 | |
| | 成员 5 | 成员 5 开发角色 | |
| 工作内容 | 本模块的完成情况、完成内容、数据库的设计（具体到每个人的工作内容） | | |
| 状态 | □正常 □提前 □延期 | | |
| 小组得分 | 指导教师按照评分标准进行小组打分（十分制） | | |
| 备注 | 模块是否有问题未解决，是否遇到了技术难点，安排在什么时候进行解决 | | |

注：指导教师根据附录 8 教师评分标准进行打分。

# 附录8 教师评分标准

| 工作进度(4分) | 是否完成模块所有内容 |
|---|---|
| 完成质量(4分) | 1. 模块内容丰富、科学,积极健康<br>2. 呈现方式详细、清晰、合理<br>3. 界面效果是否符合系统定位以及项目背景<br>4. 界面排版格式是否符合规范<br>5. 使用 JavaScript 脚本实现的界面特效是否正常运行<br>6. 软件功能是否达到设计要求<br>7. 功能是否能正确、稳定地运行<br>8. 开发过程中技术运用是否合理、命名是否规范<br>9. 是否提交开发日志以及日志是否合格<br>10. 技术文档是否提交完整 |
| 协作创新(2分) | 同组人员是否能够相互协作,满足工作要求 |
| 总分(10分) | 最终得分 = 工作进度分数 + 完成质量分数 + 协作创新分数 |

# 附录9 模块开发技术说明书

| 撰写人 | | 日期 | |
|---|---|---|---|
| 小组名称 | | 职务 | |

本模块技术要点：

内容：

备注：

# 附录 10  智慧工厂中央管理系统测试流程

| 测试用例标识符 | 测试用例名称 | 状态 | 测试结果 | 备注 |
|---|---|---|---|---|
| 业务测试 | | | | |
| Testcase001 | | | | |
| Testcase002 | | | | |
| 组装功能测试 | | | | |
| Testcase003 | | | | |
| Testcase004 | | | | 登录功能 |
| Testcase005 | | | | |
| Testcase007 | | | | |
| Testcase008 | | | | 权限模块测试 |
| Testcase009 | | | | |
| Testcase010 | | | | |
| Testcase011 | | | | 人员管理模块测试 |
| Testcase012 | | | | |
| Testcase013 | | | | |
| Testcase014 | | | | 能源管理模块测试 |
| Testcase015 | | | | |
| Testcase016 | | | | |
| Testcase017 | | | | 环安管理模块测试 |
| Testcase018 | | | | |
| Testcase019 | | | | |
| Testcase020 | | | | 性能测试 |
| Testcase021 | | | | |
| Testcase022 | | | | 链接测试 |
| 系统测试 | | | | |
| Testcase023 | | | | |
| Testcase024 | | | | 链接测试 |

| 测试用例<br>标识符 | 测试用例名称 | 状态 | 测试结果 | 备注 |
|---|---|---|---|---|
| Testcase025 | | | | 导航测试 |
| Testcase026 | | | | |
| Testcase027 | | | | |
| Testcase028 | | | | 界面测试 |
| Testcase029 | | | | |
| Testcase030 | | | | |
| Testcase031 | | | | 兼容性<br>测试 |
| Testcase032 | | | | |
| Testcase033 | | | | 导航测试 |
| Testcase034 | | | | 界面测试 |
| Testcase035 | | | | |
| Testcase036 | | | | |
| Testcase037 | | | | |
| Testcase038 | | | | 兼容性<br>测试 |
| Testcase039 | | | | |

# 附录 11 智慧工厂中央管理系统 Bug 修复表

| 测试用例标识符 | 错误或问题描述 | 错误原因 | 解决方案 | 测试结果 |
|---|---|---|---|---|
| 例：Testcase | 跳转的页面不存在 | 地址拼写错误 | 改正地址拼写 | √通过 □ 未通过 |
| Testcase | | | | □ 通过 □ 未通过 |
| Testcase | | | | □ 通过 □ 未通过 |
| Testcase | | | | □ 通过 □ 未通过 |
| Testcase | | | | □ 通过 □ 未通过 |
| Testcase | | | | □ 通过 □ 未通过 |
| Testcase | | | | □ 通过 □ 未通过 |
| Testcase | | | | □ 通过 □ 未通过 |
| Testcase | | | | □ 通过 □ 未通过 |